JN252110

# 遊戯療法

## 様々な領域の事例から学ぶ

伊藤良子
[編著]

ミネルヴァ書房

はじめに——子どもから学ぶ

　多くの大人は，子どもの考えることや感じていることは，自分たちよりも劣っていると思っているのではなかろうか。子どもは何もわかっていないとすら考えているのではなかろうか。しかし，そうではない。むしろ反対に，子どもは，大人よりも豊かな感受性によって様々なことを感じ取っている。他方，人間は，大人になるにしたがって，現実に適応するために感性が削ぎ落とされていくことは否めない事実である。

　遊戯療法（プレイセラピー）の場において，臨床心理士等のセラピストは，子どもたちが表現する豊かな内的世界に出会う。そこには，大人の意識がみずからにおいて把握しているよりも深く，大人たちが忘れ去った原初的な世界，すなわち誕生と死にかかわる人間存在の本質をこそ見ることができる。しかしながら，大人は，みずからの中にあるこうした子どもの心に今や気がつかない。

　近年，子どもたちを巡ってあまりにも多くの悲しい出来事が生じている。子どもたちは，幼くして様々な困難を抱えて懸命に生きている。そこには，社会に潜在していた課題が，時代を経るにしたがって家族に押し付けられるようになり，子どもたちをより生きにくくさせていると言わざるを得ない事態が起こっている。しかし，大人たちはそのことの重大性に気がついていない。

　このような子どもたちとその保護者とともにあろうとするのが遊戯療法である。遊戯療法の場には，子どもの状態に不安を感じた保護者が子どもを連れて来室する。子どもの示す様々な状態は，大人にとっては困ったことであるが，そこには，子どもの真剣な生き様がある。それは，人間の生に必然的に生じる困難にいかに向き合うべきかの問い，すなわち，人間存在の本質的あり方についての問いであると言えよう。したがって，保護者が子どもを連れてきたというよりも，子どもが，心と身体そして行動などのすべての表現によって，保護者を来室させるに至ったとすら感じさせられる場合も少なくないのである。

　さて，臨床心理士養成大学院等における心理臨床実践の最初には，子どもの

遊戯療法を担当する場合が多い。しかしながら，それは，子どもの遊戯療法が簡単だからではない。反対に，遊戯療法の場においてこそ，子どもが表現するものによって，成人の心理臨床以上に人間の原初的次元に深く触れ，そこに生じる心の成長と着実な変化の過程を共有する体験ができるからである。こうした体験は，あらゆる年代の心理療法を行う基盤になるのであって，成人が抱える課題が非常に複雑で困難になっている今日，子どもが向き合っている内的世界を彼らと共有する体験は，誠に重要で貴重なものとなるのである。それゆえに，遊戯療法はけっして安易に行われることがあってはならず，たんに遊べばよいと考える態度は危険と言わざるを得ない。

　本書の刊行は，上記のような趣旨のもと，子どもが遊びにおいて表現しているものを，真摯に受け取る専門性が磨かれることを目指している。

　内容は以下のとおりである。

　第1章においては，まず，遊戯療法の本質について述べる。遊びの特質・遊戯療法の場の構造・初回面接・アセスメント・親子並行面接などの遊戯療法における重要な観点を理解いただきたい。

　第2章では，事例によって異なる遊びの質が示される。神経症の状態の子どものみならず，自閉症の状態の子どもにおいても，遊戯療法を用いることの重要な意義に注目してお読みいただきたい。

　第3章では，遊戯療法は，今日，多様な領域に導入されていることが，臨床心理士養成大学院の附属心理相談室，教育領域，福祉領域，医療領域，被災地において行われた事例とともに示される。現代社会が抱える重い課題に対して遊戯療法がどのように貢献しているか，各事例から感じ取られることと思う。

　第4章においては，遊戯療法の理論について，精神分析理論・ユング心理学・子ども中心療法の観点から述べられる。遊戯療法における言葉，遊びによるイメージ表現や象徴，子どもとの関係性についての理解が深まることを願う。

　なお，本書では，事例の中では，クライエントは Cl，セラピストは Th と表記し，クライエントの言葉は「　」，セラピストの言葉は〈　〉で示すこととする。

　また，事例の記述にあたっては，プライバシーを保護するための十分な配慮と工夫を行った。


編者　伊藤良子

# 遊戯療法
## ──様々な領域の事例から学ぶ──
## 目　次

はじめに──子どもから学ぶ

第 1 章

# 遊戯療法の本質

遊戯療法とは，子どもに対して実施される「遊び」による心理療法である。心理療法は，主に言葉によって行われるが，子どもにおいては，言葉での表現が不十分な場合もあることから，「遊び」による心理療法，つまり，遊戯療法が用いられる。しかし，遊びには，言葉をも超える重要な働きがある。

　筆者は，子どもとの遊戯療法を通して，子どもにとって遊びとは生きることそのものだと考えるに至っている。それは，子どもの遊びには，生きることのすべての要素が見事に包含されているからである。さらにいえば，子どもは人間としての生の課題にふさわしい遊びをする。遊びにおいて，この世界の探究がなされたり，不安や恐怖と向き合ったり，あるいは，赤ん坊になったり，お母さんになったり，また，仕事をしたりするなど，様々な場面や物語が展開される。不安な場面や激しい攻撃的な場面が生じてくることも多い。遊びによってみずからの課題に向き合っているといえるのである。したがって，当然，子どもの遊びは成長に伴って変化していく。

　本章では，以下の五つの観点から遊戯療法の本質に迫っていこう。

①「遊び」とは何か：遊びが本来的にもつ特質について

②「場」と「時間」の構造がもつ意味：遊びの特質が活かされるために

③初回面接で行うこと：遊戯療法の意義を子どもと共有するために

④アセスメント：子どもを理解する重要な手がかりについて

⑤親子並行面接：その意義と困難な課題について

# ① 「遊び」とは何か

伊藤　良子

　子どもは自発的に遊び出す。他方，言葉は自発的に生じることはなく，誕生後の人間関係において獲得する。このように，「遊び」と言葉は大きく異なっている。言葉は，意識的な表現が主になるが，遊びには，無意識的な象徴表現やイメージ表現が生じてくる。そこには，誕生や死，親子や家族，戦いや天災，病いや事故，学校や職場，救急車や病院等々，現実の場面や非現実の場面，生死にかかわる様々な場面や物語，さらに聖的な世界も現われ出てくる。登場する物や人物もまた様々である。したがって，こうした遊びにおいては，言葉以上に深い表現も生じてくるのである。

　言葉は，象徴表現のもっとも精巧なものであり，意志の伝達の手段として，また，論理的思考において重要な役割を果たすが，幼い子どもの言葉による表現は，継時的にしか語ることができず，限定的なものにもならざるを得ない。それに対して，遊びには，様々な思いが，用いられる玩具や物語の登場人物に仮託されて，時には相反する感情を同時的に表現することも可能になる。したがって，遊戯療法は，イメージ表現を用いた心理療法ととらえることもできるのであり，それゆえ，成人にも適用し得る。

　筆者は，先述のように，このような子どもの真剣な遊びをともにした遊戯療法の体験を通して，遊びはまさに生きることそのものであると感じるに至ったが，この視点は，ウィニコット（Winnicott, D. W.）が，遊びの特徴について注目している以下の諸点と重なるものである。

　ウィニコット（1971/1979）は，遊びの特徴として，まず第一に，「夢中」，すなわち，「容易にそれから離れられず，他の侵入を許さない領域」にあることを挙げている。たしかに，遊びにおける子どもの真剣さとその集中力は凄い。さらに彼は，遊ぶことの領域は，内的現実でも，また，外的世界でもなく，「外的現実から対象や現実を集め，それらを，内的あるいは個人に特有な現実に由来する，あるサンプルのために利用する」「身体をも巻き込んでいる」「信頼が含まれている」「本質的な満足を与える」等を挙げ，そして最後に，「遊ぶことは本来的に感動的で不確かなものである」と述べている。この「不確かさ」こそ，遊びの，したがって，遊戯療法の醍醐味であろう。

　これらの一つ一つは，筆者自身が遊戯療法において子どもの遊びを体験したときの実感と見事に一致している。そこには，一回一回，新たな出会いがある。この実感は，真に遊戯療法を体験した者にのみ与えられる〈宝〉のようなものだと思う。まさしく遊びは，子どもの生に必然的な心の内界と外界そしてこの両者を繋ぐ身体という神聖な領域にかかわるものであって，生きることそのものと言えよう。

　以上，遊びとは何か，その特質について全般的に述べたが，さらに（1）子どもはなぜ遊ぶのか，（2）遊びに生じること，（3）成長に伴う遊びの変化という遊びの重要な三つの側面について考えていこう。


## 1．子どもはなぜ遊ぶのか

　子どもはなぜ遊ぶのだろう。まず，子どもの遊びの動機に関する先人の知見を見ておこう。

　遊びの動機については，フロイト（Freud, S.）の時代から研究されている。とくにフロイト（1920/1970）は，1歳半の孫（男児）が，自分から繰り返し行うようになった「イナイイナイバー遊び」を数週間にわたって詳細に観察した結果，遊びは「快の獲得」のためになされているとの結論に至っている。なぜ遊びは快をもたらすのか，どのような作用を子どもに及ぼすのか。その点を明

らかにするために，フロイトが観察した子どもの遊びの概略を以下に記しておく。

　　　子どもは糸巻きのひもの端をもちながら自分の寝台のへりごしにその糸
　　巻きをたくみに投げ込んだ。こうして糸巻きが姿を消すと，子どもは，
　　「オーオーオーオ」（いない）といい，それからひもを引っぱって糸巻きを
　　ふたたび寝台から出し，それが出てくると，こんどは嬉しげな「ダー」
　　（いた）という言葉で糸巻きを迎えた。さらにその後，子どもの母親が，
　　何時間も留守にして戻ってくると，子どもは母親に「オーオーオーオ」
　　（いない）と挨拶したのである。

　この興味深い場面について，フロイトは，子どもが，母親が留守にしていた長い一人ぼっちの間に，自分の映像を姿見の中に発見し，その姿見の前で低くかがみこんで，映像を「いない」にしてしまう遊びをしていたことに思い至り，この遊びによって，子どもは，自分の前から母親の姿を消してしまう手段を発見していたとの理解がもたらされたと述べている。

　フロイトは，この「イナイイナイバー遊び」を「消滅と再現とを現わす完全な遊び」ととらえ，母親の不在時に子どもがこの遊びを繰り返し行ったことについて，この体験が不快であったにもかかわらず，繰り返されたのは，母親の不在を「受け身」としてではなく，「能動的な役割」にして遊びにおいて行っていたとの考えに至ったのである。さらに，子どもが物を投げ捨てたことは，置き去りにした母親に対する「復讐」や「反抗」でもあるとの見解を示した。

　以上のように，フロイトは，この観察によって，1歳半の幼い子どもであっても，置き去りにされた辛い体験を，遊びを用いて主客逆転させて，支配性や主体性を獲得して生きようとしているという驚くべき視点を見出したのである。

　フロイトが報告した「イナイイナイバー遊び」は，生後6か月ごろから生じてくるものである。この遊びについて，ラカン（Lacan, J., 1966/1972）は，子どもが，鏡の像をみずからの像であることに気づき，喜びをもってその像との遊びを始めることの重要性に注目して，この時期を「鏡像段階」と名づけ，ここに，精神分析のまったき意味における「同一化」が生じていることを示した。

また，マノーニ（Mannoni, M., 1967/1975）は，ラカンの観点を踏まえ，この遊びについて，「母親の身体と自分の身体との関連において，自分の同一性の基盤を確立しようとするものである」と述べている。

　子どもの遊びは，上述のように，自己の基盤と主体性の確立という人間存在の根本的な課題にかかわるものであることに鑑みれば，子どもが，生きるために，そして成長するために，さらに困難や不安を乗り越えるために，けっして欠くことのできないものであるとの認識がもたらされるのである。


## 2. 遊びに生じること

### (1)遊びに生じる肯定的な側面と否定的な側面

　子どもの成長にとって，とくに困難や不安な状態において，遊ぶことの重要性が明確になったが，そうした遊びには，どのようなことが生じるのだろう。

　この点について，遊戯療法家たちの考えを見ておこう。

　そこには，遊びに生じる肯定的な側面に注目した立場と，遊びに生じてくる，いわば否定的ともいえる側面，つまり，遊びの中で生じる不安によって遊びが制止される側面を強調した立場がある。前者の立場には，アクスライン（Axline, V. M.），ツリガー（Zulliger, H.），カルフ（Kalff, D. M.），ウィニコット，エリクソン（Erikson, E. H.）ら多くの遊戯療法家がいる。それに対して，後者の立場から，言葉による解釈の重要性を主張したのは，クライン（Klein, M.）である。また，ラカンの影響を受けているマノーニ（1967/1975）やドルト（Dolt, F., 1971/1975）は，クラインとは異なる観点から解釈を重視している。マノーニは，「言語の秩序」がもたらされることの意義を，ドルトは，「身体像の言語」という視点から生きられた出来事の言語化とその意味の解釈を与えることの意義を，主張している。

　これらのすべての立場において，子どもの抱える困難や不安が遊びに表現されるという点では一致しているが，表現された遊びに対するセラピストの態度については，それぞれの考え方に違いがある。セラピストとしての態度の違い

についてさらに検討していこう。

## (2)アクスライン・ツリガー・カルフ・ウィニコット・エリクソンの観点

　米国の来談者中心療法の理論をもとに遊戯療法を行ったアクスライン（1972）は，遊びにおいて，子どもの自己理解が深まり，本来の成長がもたらされるとの考えを示している。そのために，セラピストは，指示されない自由な場における遊びに表現された子どもの情動的な態度を認知して，子どもが洞察を得られるように言葉によって「反射」するとともに，「受容」している気持ちを伝えることが重視された。ここでは，セラピストから子どもへの「反射」のための言葉が用いられている。

　他方，スイスのツリガー（1951/1978）は，1951年に，長年の経験をまとめて，『遊びの治癒力』という著書を出版している。それは，アクスラインのような，「反射」さえも必要としないという観点であった。彼は，精神分析の立場から，当初は，「解釈」をしないといけないとの考えをもっていた。しかし，遊びにおいて，解釈をする前に治癒された経験を積み重ねたことから，遊びそのものに「治癒力」があると考えるに至り，それを「純遊び療法」と呼んだ。1978年に，『遊びの治癒力』の日本語訳が出版されたとき，この書名は，遊戯療法を行っていた者たちに衝撃をもって受け止められた。日本の遊戯療法は，主に来談者中心療法に基づいていると考えられているが，ツリガーの「遊びの治癒力」という表現が，さらに根本的な影響を与えたように思う。実際，今日，日本でなされている遊戯療法の多くは，いわば「純遊び療法」ともいえるものであろう。ただし，「遊びの治癒力」が生じるには，その場の守りを欠くことはできないのであるが，現状では，この点の認識が，不十分であるといわざるを得ない。遊戯療法の場の守りについては，後の節で詳述する。まず，以下に彼の観点を見ておこう。

　ツリガー（1951/1978）においても，「遊び」は「病因的な葛藤」をあらわにすると理解されている。この点はフロイトの考え方と同様であるが，彼は，この葛藤が「無意識過程の無解釈」によって，「劇的に行動的に変容し解消する」

ことを示すに至った。ツリガーによれば，遊びにおいて「陶冶された欲動満足」がなしとげられ，「昇華の道づくり」ができると考えられたのである。

　ここで重要な点は，彼が，子どもとの関係について，「私たちは私たち自身を直接無意識系との結合の中に置いている」と述べていることである。そのような二人の場における遊びは「直接無意識系とかかわっている」ので，「治癒力」が生じる。遊びにおいて，子どもとセラピストが無意識の次元で繋がることによって，そこに「昇華」による「治癒力」が生じると考えられたのである。

　ツリガーの観点が日本において受け入れられたのは，それに先だって，河合（1969）によって，スイスのユング心理学の「象徴」や「自己治癒の力」の観点とそれに基づいたカルフの「箱庭療法」が導入されて，日本全国に「乾いた土に水が浸み込むがごとくに」（伊藤，1988）広く浸透していたという下地があったからといえよう。こうして，「遊びの治癒力」についても，「昇華」という見方を超えて，「象徴」や「イメージ」の観点から，子どもが表現したものの意味を理解する道が与えられ，日本における遊戯療法と遊戯療法家のあり方に，根本的な進歩をもたらしたのである。

　ユング（Jung, C. G.）の教えを受け，「箱庭療法」を子どもに導入したカルフ（1966/1972）は，「自由であると同時に保護された空間」における「象徴体験」が重要であることを示した。したがって，セラピストの解釈を言葉で伝える必要はなく，セラピストと子どもの間に信頼，つまり，一種の「母と子の一体性」を作り出すと述べている。

　さらに英国対象関係論の立場のウィニコット（1971/1979）も，「遊ぶことはそれ自体が治療である」との考えを示すとともに，遊びは，「幼児と母親像の間にある潜在空間に属している」と述べている。そのときの幼児は，「誕生間もない時期の絶対的依存状態に近い状態にあり，母親像は，幼児が当然のごとく求めてくる適応的機能を有している」のであって，「遊ぶことには当然信頼が含まれている」という。したがって，彼においても重要なことは，「解釈」ではなく，「子どもが自分自身を突然発見する」という契機であった。

　また，米国の自我心理学者のエリクソン（1950/1977）も「『遊びの中で実際

に最後まで演じること』が子ども時代に許されるもっとも自然な自己治癒の手段」と述べている。

　上記の遊戯療法家たちにおいては，母子間の信頼感にも比された，子どもとセラピストとの関係性が，子どもの遊びに「治癒力」をもたらすと考えられたのである。

### (3)クラインの観点

　以上の考え方と異なり，遊びには強い不安が起こり，それによって遊びの制止さえ生じるという重要な点に注目したのが，英国のクライン（Klein, M.）である。

　クライン（Klein, 1952）は，遊びの制止のような状態の根底に原初的な次元の不安を見て取り，死の不安にさらされた3～4か月までの乳児の不安を「迫害不安」，その後6か月までの不安を「抑うつ不安」と名づけ，その不安の詳細な機制を次のようにとらえた。すなわち，誕生間もない乳児は，快と不快の状態において，それぞれを外部から来るものと受け取り，不快な状態にある場合は外界からの攻撃として「迫害不安」を感じ，怒りや敵意に満ちた状態になる。しかし，その後の6か月ごろまでの時期には，全体的存在としての母親を認識できるようになって，快も不快も同じ母親から与えられていたことに気づき，怒りを向けていたことに対する罪悪感から「抑うつ不安」が生じる。さらに，ここから，母親への感謝や償いの気持ちが生じるとの考えを示したのである。

　上述のように，誕生時からの早期母子関係に生じる原初的不安を重視したクライン（1957/1975）は，早期関係がセラピストへの疑念や不信などの「陰性転移」となって遊びの制止等に表われ出てくるが，転移の「解釈」によって，セラピストへのよき感情である「陽性転移」が生じ，母親等との関係や不安に根ざした問題に改善がもたらされることを，事例を提示して詳述している。それゆえ彼女は，子どもの遊びの仕方についての「解釈」を重視したのである。

## ⑷不安についての理解と対応

　以上，フロイト，アクスライン，ツリガー，カルフ，ウィニコット，エリクソン，クラインらによって，遊びにおいては，子どもの不安な体験とそれに対する懸命の対応が現われ出てくること，また，セラピストが子どもの不安等を深く理解することの重要性が明らかにされたが，そこに表現された不安等の解釈という態度については，見解が異なっていた。すなわち，アクスラインでは，言葉による「反射」が，ツリガーやカルフ，ウィニコット，エリクソンでは，遊びそのものから生じてくる「治癒の作用」が重視された。それに対して，クラインにおいては，遊びには転移が現われ出ているとの考えから，「遊びに表現された転移の解釈」が強調され，マノーニやドルトでは，「言語の秩序をもたらす解釈」や「言語化」が重要とされたのである。

　セラピストの態度において，このような違いがあるのは，不安についての理解の相違によると考えられる。

　では，クラインが述べるような，遊びを制止するほどの強い不安に子どもがさらされることはあるのだろうか。筆者もそのような場合はたしかにあると考えている。そもそも遊戯療法の場に子どもが保護者に連れられて来ることにな

---

（1）「転移」とは，フロイトによって発見された現象である。彼は，クライエントが，苦痛な観念をセラピストの人格に移して，それを恐れることを見出し，この現象は，両親に対する人間関係の再現であると考えた。その後，転移を「陽性転移」と「陰性転移」に区別し，治療の妨げになるのは主に「陰性転移」であり，意識化し得る「陽性転移」は治療の成功の担い手になることが示されたが，さらに，「生の欲動」と「死の欲動」の二元論を提唱し，「陰性転移」をもたらすのは，人間の根源にある「死の欲動」であるとの観点を強調するに至った。クラインやラカンは，この「死の欲動」論を継承している。

　また，フロイトは，クライエントからの転移に対する反応としてセラピストに生じる感情等を「逆転移」ととらえた。それに対して，ラカンは，転移は，たんなるクライエントの無意識の現われではなく，セラピストの欲動をめぐって生じるのであって，それゆえ，転移と逆転移は一つの現象であるとの考えを提示した。

　詳しくは『心理治療と転移——発話者としての〈私〉の生成の場』（伊藤，2001）を参照されたい。

るのは，遊べない状態，あるいは，遊びの機能が十分に働かないような混乱した状況になって，子どもの心身や行動に変調を来たしている事態と考えられるのである。

　それに対して，子どもは，安心して自由に遊ぶことができると感じ取った遊戯療法の場においては遊び出す。このような子どもとセラピストが共有する場に生じる遊びにおいて，彼らの状態に変化や成長がもたらされることは，ほとんどの遊戯療法家が体験してきたと思う。筆者もその一人である。

　しかしながら，子どもの不安や怒りがあまりにも強く，遊びが続けられないほどになる場合もある。それは，たとえば，初回面接の場における母子分離不安の状態や遊戯療法の経過中に強い攻撃性が生じたときなどである。それは，まさしく不安によって遊びが制止された状態である。そのようなときには，筆者の経験では，セラピストによる子どもの気持ちを表現する言葉が，攻撃性によって生じていた子どもの不安を軽減して，遊びを続けることができた（伊藤，1985）。セラピストの言葉による明確化と理解が「守り」の機能を果たしたと思われるのである。さらに，この子どもは，終結近くの回に「ママはずっと病気……」と，母親の長年の苦しみを言葉で表現した。このように遊戯療法の最終期には，子どもは，セラピストの解釈はなくとも，家族の課題の本質を，みずから言葉にするにも至るのである。

　ラカン（Lacan, 1975）は，クラインの解釈内容について，「まったく野蛮な」と述べつつ，「象徴」が投げ込まれた意義を見て取っている。すなわち，「解釈内容」と「言語の象徴的秩序」のどちらが，人間の主体性の確立に寄与し得るか，考え方が大きく分かれるところといえるのである。

　なお，クラインの著書の訳本『羨望と感謝』が，日本で最初に出版されたのは1975年である。当時は，子どもの早期段階の原初的不安に関する彼女の理論は，悲観的すぎるとして，米国と同様に日本でもなかなか受け入れられなかった。しかしながら，クラインが明らかにした子どもの早期段階の発達論は，言葉や発達の遅れや偏りがあるとされた子どもが，遊戯療法の場で表現する心的世界の理解を可能にしたのであり，その意義は非常に大きい。筆者は，クライ

ンやラカンの理論によって，子どもについての理解を深めた観点を，1981年に日本心理学会で報告しているが，この子どもは，心理検査によって，発達の中等度の遅れがあるとされていたにもかかわらず，遊戯療法によって大きな変化が生じ，普通学級に入学し，大学を卒業するに至った（伊藤，1985）。

　しかし，日本において，クライン理論が，深刻な心的問題を抱えた成人の理解にも寄与するとの認識が生じるようになったのは，1980年代半ば以降である。


## 3. 成長に伴う遊びの変化

　遊びは，成長に伴って変化する。それは，人間の心身の成長に伴って，課題も変化してくるからである。

　乳児は，誕生数日後から大人の眼を凝視する。それは，「原始反射」（黒丸，1973）ととらえられているが，その後，自分の眼前のものを追視するようになる。ここでなされている「見ること」は，寝返りもできない無力な状態にある乳児にあっても，他者の助けなしにできることである。そこに乳児の主体的な「見ること」が始まっていると考えられよう。大人が，乳児の眼前でガラガラを振ってあやすのは，このような遊びを子どもが喜ぶことを感じるからであろう。筆者は，これを「見る遊び」ととらえているが，さらに生後3か月ごろになると，自分の手や足を見る遊びをする。

　手や足を見る遊びにおいては，何が生じているのか。このとき，子どもは自分の身体の一部の手足であるにもかかわらず，それを外界として見ているのであるが，その手や足は，明確な意志とはいえない乳児の思いを叶えて動く。こうして，いわば，外界への働きかけによる自分の手足との共同作業が可能となり，ここに，手足を使った見ることによる遊びが生じる。

　このように，子どもはこの世に生を受けるや「見る遊び」によって，主体的にこの世界の探索を始める。こうして，乳児の「見る遊び」の対象は広がっていき，他者を見ることによって，自己の身体像を発見するに至る（伊藤，1984）。

　このような自己の身体像の獲得において，フロイトの発見した「イナイイナ

イバー遊び」とラカンの「鏡像段階」論は，幼い子どもの遊びの重要性をこそ認識させたのである。また，この生後6か月ごろの時期は，クライン理論においても，子どもの発達に大きな変化が生じる時期，つまり，母親との全体的対象関係への移行期として注目された時期である。このような一致は，興味深い事実である。こうして，子どもの「見る遊び」は，ついには，世界を観ること（世界観）にまで広がっていく。

　以上に述べた遊びの変化は，ウィニコット（1979）が，遊びの諸相を「移行現象から遊ぶことへ，遊ぶことから他者と共有する遊ぶことへ，そこから文化的体験へとまっすぐに発展していく」ととらえていることに重なってこよう。

　まさしく遊びは，成人における文化的体験以上の創造的な体験なのである。

---

（2）「移行現象」とは，ウィニコットの概念である。たとえば，幼児が一方の手でシーツをつかみ，指と一緒に口に入れて指しゃぶりをするような体験を指しているが，そこには考えることや空想することが結びついてくると考えられている。

# ② 「場」と「時間」の構造がもつ意味

　遊戯療法において重要なことは，子どもが自発的に遊び，主体的な遊びが生じることである。それは，創造的な体験，さらに，象徴体験になる。

　そのために，遊戯療法を行うプレイルームは，子どもの自由な表現を守る場となっていることが大切にされる。セラピストは，その場の守り人である。それに対して，訓練や指導による「遊び」は，本来の遊びの機能を十分に発揮するものではない。この点は，無意識を重視する理論的立場の遊戯療法においても，アクスライン等の子ども中心療法の立場においても共通する考え方である。

　本節では，このような遊びを守る場としてのプレイルームを整えるために考えておくこととして，次の4点，（1）守秘による守り，（2）場と時間による守り，（3）母子分離不安に対する守り，（4）プレイルームのあり方と遊具による守りについて，以下に検討していく。


## 1. 守秘による守り

　まず，第一点として，子どもの内的世界の表現に関する秘密が守られることの重要性について述べたい。

　クライエントの語った内容について，臨床心理士等セラピストは守秘義務を課せられているが，子どもの表現したものは，とくに保護者に対しては，秘密にする必要はなく，むしろ，話す方が保護者の役に立つとの考えもあろう。し

かしながら，子どもであるからこそ，その表現は，秘密として守られることが
重要になってくるのである。すでに述べたように，遊びにおいて，子どもは，
様々な不安や体験を表現する。それが可能になるのは，安心して自由に遊ぶこ
とができると感じた場においてである。しかし，保護者は，子どもに何らかの
「問題」があると心配して，遊戯療法の場に子どもを伴うのであって，子ども
の方も，その場で自由に遊べるなどとは思いもせずにやって来るであろう。し
かも，保護者が子どもの状態を心配するのは，子どもの遊びを含む日々の行動
を「困った問題」「悪い状態」「病気」等と考えているからである。したがって，
子どもは，自分が遊ぶことを大人は喜ばないと感じていたり，さらには，自分
は悪い子と思っていることすらある。つまり，保護者の前では，子どもの遊び
は制約されたものになっている可能性がある。それゆえにこそ，子どもの遊び
の主体性を尊重するために，秘密が守られることが大切になってくる。遊戯療
法を行うに当たって，そのことを子どもに伝えるとともに，保護者に対しても
遊戯療法の本質についての理解がもたらされるように，丁寧に説明することが
必要になるのである。

　しかしながら，保護者にこのことが理解されるのはなかなか難しい。子ども
にどのような技法が用いられているのか，保護者は当然知りたいであろうし，
実際に「見せてほしい」との希望が出されることもある。それゆえ，セラピス
トは，子どもの成長にとっての，「秘密」を持つことの本質的な意義について
理解されるよう努めるのである。

　他方，子どもにおいて，自分の内的世界を持つことが可能になるために，プ
レイルームでの表現をその場のものとして抱えることが重要になってくる。し
かし，遊戯療法の場における子どもの遊びには，しばしば破壊的・攻撃的なも
のが生じ，それによって不安が喚起され，子どもは遊びを続けることができな
くなることも起こってくる。たとえば，保護者にかかわる遊びをしていた場合，
子どもは不安になって，プレイルームを出て，保護者のところに行こうとする
こともある。保護者の存在が心配になるのである。そのような場合，セラピス
トは，子どもの不安を軽減し，遊びが続くように，子どもを不安から守るとと

もに，それが外部にまで拡散することによる危険から子どもを守るのである。このような危機的ともいえる状況においてこそ，セラピストは，子どもの遊びの守り人としての役割をしっかりと果たす。こうして，プレイルームが〈心の器〉となって，子どもの遊びの主体性や創造性が守られるのである。

　遊戯療法においては，上述した点を守るために，構造が重視される。この点について，次に述べていこう。


## 2.「場」と「時間」による守り

### ⑴場と時間を決めることにより見えてくるもの

　遊戯療法は，通常，週に1回，50分間，プレイルームという場と開始時間および終了時間を一定に決めた構造で，継続的に行われる。

　ここで重要なことは，担当するセラピスト・プレイルーム・開始時間・終了時間がつねに同じで変わらないことが子どもに明確に伝えられていることである。すなわち，遊戯療法が継続的になされることが決まったならば，次回からも約束の時間に同じセラピストが待っていることを子どもに直接伝えることが大切になるのである。実際，子どもから，次回も同じセラピストかと，問うてくることもある。

　なぜ，このように，セラピストのみならず，場や時間等を厳密に決めることが大切なのだろうか。こうした約束は，子どもが安心して来室するための守りとなるのであるが，同時に，この構造は，常識で考える以上の様々なことを理解する手がかりを与えるものとなる。

　たとえば，開始後，まもなくの回に，子どもは，伝えられていた終了時間が来ても，もっと長く遊びたいと主張し，プレイルームから退室しようせず，時間を守らないことがある。そのような場合，子どもは，次回，来ることができないのではないか等，来室に対する不安を持っていることが少なくない。子どもが自分の心や課題に向き合いだしたとき，当然，こうした不安が生じるのである。したがって，セラピストの基本的態度として，継続的に実施されること

と次回の日時を丁寧に子どもに伝えることが重要になる。

　また，毎週来室の予定なのに，保護者の都合で休みが多くなった場合には，子どもは，終了時間が来ても退室を強く拒否するようにもなる。あるいは，保護者や相談機関側等の都合で毎週ではなく，隔週等の方針で始められた場合においても，退室渋りが生じることがある。そこには，遊戯療法が休みになることに対する子どもの抗議，つまり，遊戯療法の必要性についての訴えがあるといえよう。子どもは遊戯療法の場が自分に必要であることを無意識的に確実にわかるようである。

　したがって，実施日や終了時間が決められていることは，休みになった場合に対して，子どもからの必要性の訴えを可能にする好機を与えるものとなる。場と時間を守ることは，子どもの切実な思いを受け止め，子どもの主体性を守る構造といえるのである。

　反対に，子どもが学校から帰るのが遅くなったりして休む場合がある。そのようなときには，前回の子どもの遊びとそれについてのセラピストの理解や態度の見直しをすることも必要になろう。セラピストへの不信が生じている場合もあるからである。その前提として，子どもの状態を深く理解するために，セラピストは，子どもの遊びの展開や遊戯療法の過程がどのように進んでいるのか十分に把握して，毎回，その場に臨んでいることが求められるのである。

　また，病気をしたこともない子どもが，風邪などで休むことがある。このような状態は，子どもの心身の緊張した状態が緩んできて，母親との関係が密になってきている場合に生じることがある。したがって，このことを母親と共有し，看病を手厚くする意味を伝える。こうして，言葉の発達が遅れていた子どもが，風邪で寝込んだのを契機に言葉が増え出すことは，けっして珍しくない。

　さらに，子どもがみずから休みたいと言うことも生じてくる。このような場合には，それについて子どもと話し合うことによって，たとえば，友人との遊びが楽しくなった等，外的な場面での子どもの成長を知ることになる。こうして，遊戯療法の終結について，子どもと検討する時期が来たこともわかる。

　以上のように，場と時間の構造が決まっていることによって，遊戯療法の進

行状況や子どもとセラピストとの関係の理解，終結の判断等のための材料が与えられるのである。

## (2)〈心の器〉としてのプレイルーム

　次に，さらに加えるべき重要な点について述べる。それは，プレイルームという場において，子どもは空間と時間という人間存在と世界の基盤となる根本的秩序を体験するということである。幼い子どもにおいては，1週間後の次回の来談を楽しみに待つことによって，時間が体験され，日にちの経過と曜日の認識が生まれてくる。また，この時間の体験は，とくに自閉症の状態の子どもにあっては，自己の生成の契機となる。彼らは，みずからの身体において，確実にプレイルームと外の世界の違いを感じている。それゆえ，退室を嫌がることもある。しかし，そのような場合であっても，時間が来たら終了してプレイルームから外の世界へ出て行くことになる。この毎回の繰り返しが，内部と外部，つまり，自他の分化や対象との分離をもたらす体験となる。

　以上に述べたように，遊戯療法の場に明確な構造があることは，遊びにおける表現を守り，この場が子どもとセラピストのみによって共有される場であるとの安心感を子どもにもたらす。こうして，プレイルームは，子どもにおける内的空間としての〈心の器〉に対応するものとなって，子どもがみずからの課題と向き合うことによる心身の成長をもたらす場となるのである。

## 3.　母子分離不安に対する守り

　これまでに述べてきたことからも理解されるように，主体的に遊ぶためには，保護者と分離して，一人でプレイルームに入室する必要がある。しかし，保護者，とくに母親との分離に強い不安がある子どもは，母親と別れてプレイルームに入ることが困難になる。このような分離不安は，回を追うごとに強くなり，自宅を出るときから激しく泣き出すような状態が生じることもある。

　母子分離不安は，母子関係が安定しておらず，根底に不安感があるというこ

とである。母親の存在が子どもの心に内在化しておらず，母親が目の前にいないと自分が見捨てられたと感じるのである。ここで重要なことは，母親を希求する気持ちと母親への怒りという両価性により大きな不安が生じているということである。

　母親と別れて入室する際に生じるこの不安こそ，その子どもの根底にある原初的不安に基づくものであり，したがって，ここに表れてきた強い不安を，セラピストが母親に代わって受け止めることが重要になる。子どもは，泣きつつもセラピストに抱っこを求めてくる場合も少なくない。両価性があるということである。それゆえに，母親と分離して，子どもとセラピストが二人でプレイルームに入室するのである。こうして，子どもの不安や怒りなどの否定的な感情を，セラピストが受け止めることができたならば，二人の関係は確実に深まって安心感が生まれる。このようにして表出された不安な状態は，母親に向けられていた原初的不安が，セラピストに向け換えられた「陰性転移」ともいえるのであり，それが，セラピストにしっかりと受け止められることによって，肯定的な感情，いわば，「陽性転移」が，セラピストに向けられてくる。それは，母親との関係に還元され，母子関係が安定したものとなるのである。ここにセラピストとしての重要な働きがあることを強調しておきたい。

　他方，こうした状況を避け，分離しないで母親と一緒に入室することにした場合には，子どもの遊戯療法も親面接も混乱したものになり，本来の遊戯療法と親面接それぞれの機能を果たすことがまったくできない状況にもなる。

## 4. プレイルームのあり方と用意される遊具による守り

### (1)遊戯療法の場としてのプレイルーム

　プレイルームはどのような場であり，そこに置かれる遊具はどのようなものが適切なのだろう。また，どのような配慮が必要なのだろう。

　プレイルームが，遊戯療法の本質に合致するものとなるためには，子どもが安心して自由に遊ぶことができる場となることが何よりも重要になる。したが

って，基本的には，遊戯療法のための専用の部屋が用意されること，また，幼児と中学生では適切な部屋の大きさが違うので，大小二つの部屋が用意されることが望ましい。しかし，遊戯療法室ではなく，診察室の片隅や物置等で行うこともある。その場合には，物理的な意味でのプレイルームはなくとも，セラピストとの関係性が器となるような，心理的な意味での遊戯療法の場が作りだされることによって，遊びにおける自由な表現は可能になる。

## ⑵プレイルームと遊具についての配慮

　以上の点を踏まえ，物理的・心理的な意味でのプレイルームのあり方について具体的に検討していこう。

　まず，入室時から考えていく。子どもは保護者と離れて一人で部屋に入ることになる。自分はなぜここに連れて来られたのか，自分が悪いからなのだろうか，何をされるのか等々，子どもは，様々な思いや不安をもってやって来るであろうことを考えると，プレイルームは，検査や治療を受けるような印象を与えるのではなく，一見して，自由な温かい雰囲気が感じられる場となっていることが望まれるのである。

　また，子どもが自由に遊べるように，大声を出しても外に漏れることがない防音扉があり，窓ガラスは，力一杯ボールを投げる等しても危険がないように配慮されていることが必要になる。そこには，遊具を子どもが自分で見つけて取り出せるような高さの遊具棚，砂遊びができる砂場，水の使用が可能な流し，描画ができる机や椅子等が基本的なものとして用意されることになる。幼児には箱積木や滑り台，高学年には卓球台等が重要な役割を果たすこともある。さらに，箱庭療法のための砂箱やミニチュア棚も備えておきたい。

　遊具としては，アクスライン（1947/1972）は，哺乳瓶，家族人形，家具つきの家，兵隊と戦争ごっこの道具，ままごと道具，クレヨン，粘土，砂，水，鉄砲，木槌，車，飛行機，テーブル，電話，ほうき，古新聞，画用紙，家，人，動物を挙げ，「これら遊具は，扱い易く，頑丈なものであること，機械的なおもちゃも創造的な遊びをさまたげるので勧められない」と述べている。

　ツリガー（1951/1978）は，「素朴であればあるほど，それだけ有用である。遊具は子どもの創造的な空想のじゃまにできるだけならないものであるべきである」と述べるとともに，プレイルームの戸棚の中には，「あらゆる可能な遊び，いろいろな遊具がいっぱいなければならない」としている。すなわち，人形，ぬいぐるみ動物，人形劇装置，粘土や油土，木，ハギレ，針，糸，はさみ，板，槌，釘抜き，鉛筆，水彩絵の具，仕事台を挙げている。

　河合（1969）は，箱庭療法について，「できるだけ多彩な表現の可能性を引き出したいと思うので，とくに指定せず，多くのものを用いる」と述べている。ぜひ用意すべきものとしては，人，動物，木，花，乗物，建築物，橋，柵，石，怪獣が挙げられているが，人については，老若男女をはじめ多様な役割，形，大きさ，材質のものを用意しておくこと，人以外のものについても同様に，様々なあり方のものがそれぞれ数多く揃えられていることが必要であり，とくに乗物では，戦車や軍艦，救急車や消防車が非常に大切なものとされている。

　それに対して，クライン（1957/1975）は，「おもちゃは単純なものにしておくと同様に，遊戯室の備品もまた単純なものでなければならない」と述べている。また「精神分析に必要なもの以外は，何も備品に含めてはいけない」ことを強調し，子どもの遊具は，「それぞれその子のための一つの引出しに鍵をかけてしまっておく」ことを勧めている。彼女は，「小さな人形をいくつももっていること」が一番大事であるとしているが，主なものとして，大小二つのサイズの木製の男女の人形，自動車，手押し車，ブランコ，汽車，飛行機，動物，木，ブロック，家，ヘイ，紙，ハサミ，ナイフ，鉛筆，チョークや絵具，のり，ボール，はじき玉，粘土，ひもを挙げている。

　以上，遊具の種類については，それぞれの理論的立場や技法によって異なる側面は見られるが，何よりも子どもの感情や無意識の表現を可能にすること，その子どもの時間には遊具を独占できること，遊びを開始する前に子どもの遊びの前回からの継続性を守るように整えられていること等の点では，どの立場においても一致しているといえよう。また，子どもは思いもかけない使い方をするので，どのようなものでも遊具になると筆者は考えている。

# ③ 初回面接で行うこと

伊藤　良子

　遊戯療法の初回面接において，セラピストの行うことは何か，また，それらは，なぜ重要なのか，以下に，順次，詳述していこう。

## 1. 「子どもの主訴」を受け取り，遊戯療法の方針を決めるための
　　アセスメントを行うこと

### ⑴「保護者の主訴」と「子どもの主訴」

　言葉や発達の遅れ，自閉症，対人関係の問題，不登校，神経症や心身症的な状態，非行等，様々な問題において子どもが心配な状態になったとき，親等の保護者が，子どもを連れて相談機関を訪れる。このとき，保護者の相談内容は「主訴」と呼ばれ，通常は，この「主訴」の改善に向けて相談が開始される。

　ここで，注目しておきたい点は，上のような保護者の主訴があるように，子どもには，彼ら自身が感じている「子どもの主訴」があるということである。保護者の主訴は，主に子どもの行動に現れてきたものであるのに対して，子どもの感じている主訴は，そうした行動の根底にある不安等である。しかし，多くの保護者は，このことに気がついていない。さらにいえば，保護者以上に，相談を受ける立場の者にそのような視点がない場合があるように思う。それゆえであろう，子どもに来室意欲が生じるように，初回面接において，子どもとの間で，相談に来ることになった理由について明確にしておく必要があるとの

考え方がある。しかし，子どもに来談理由を伝えることは，子どもの状態を「治すべき状態」「困った子」として伝えることになる。それは，遊戯療法の本質的あり方とはまったく異なる。また，重篤な病いや遺伝性疾患を抱えた子ども，養親に育てられた子ども等，「告知」こそが，重要なテーマになってくる場合もある。子ども自身にその来談理由を伝える際には，どれほど慎重になされても，慎重すぎることはないといえよう。

　他方，遊戯療法の初回面接の場において，安心して自由に遊ぶことができたならば，そこに，子ども独自の遊びが現れ出てくる。こうしてセラピストは，子どもの「主訴」を受け取ることが可能になる。この子どもの「主訴」をもとにしてこそ，遊戯療法の開始とその方針を決めるためのアセスメントが行えるのである。なお，アセスメントについては，後に詳述する。

## ⑵初回面接の遊びに表れる子どもの「主訴」

　このような「主訴」は，すべての子どもの初回面接の遊びに表現されると言っても過言ではない。そのことを示す具体的な例を次に紹介しよう。

　筆者は，数年前に「遊戯療法」に関するDVDの作成にかかわった（伊藤，2013）。その際，一人の幼児に初回面接を体験してもらい，それをDVDに収めるという提案をした。このような形式を考えたのは，筆者は，遊戯療法の初回面接において，どのような子どもであっても，その子どもの内界が表現されることを経験してきたからであり，遊戯療法を学ぶ人たちに，それを，実際の場面から感じ取っていただきたいと願ったからであった。

　この初回面接の撮影に協力を依頼した幼児は，子役俳優の卵であり，仕事として来た。彼は，事前に，母親から「お姉さんと50分間遊ぶ場面を撮影する」と聞かされて，「遊び」に来たのであった。したがって，シナリオはない。

　当日，セラピスト役になった臨床心理士とともに，彼は，50分の「初回面接」を体験した。待合室で母親と別れ，自己紹介されたセラピストとともにプレイルームに向かった。そして，プレイルームに入室すると，すぐに棚にあったプラレールに関心を示し，それを取り出して，セラピストに話しかけながら

遊び始めた。時間が進むと，彼は，「アッ，サメがいる」「ニョロニョロだ」と
それまで近づかなかったサメや蛇などの怖い動物にも関心を示した。その後，
セラピストから終了時間が近くなったことを告げられると，彼は，「違う遊び
したい」と棚に行き，「いっぱいトミカがある」と，ミニカーを手にするや勢
いよく走らせて，「僕ね，これね，道路にバーンと走り出したことある」と，
自分のお尻を触りながらセラピストに言った。

　この幼児は，何らかの心配な状態があって，来室したのではない。それにも
かかわらず，自由に安心して遊ぶことができる遊戯療法の場において，しかも
その最後に，彼は，自分の危険な行動とそこに感じたであろう不安を，遊びに
表現しつつセラピストに訴えた。このような不安は，すべての子どもが日々，
体験していることであろう。子どもの健康な成長のためには，こうした不安を
理解して受け止める存在が必要なのであって，それゆえ，遊戯療法は，すべて
の子どもにとって貴重な場になるといえるのである。

　このように，子どもであっても，遊戯療法の場において「主訴」が表現され
る。しかも，それは保護者の「主訴」とは異なることが少なくないという事実
は，看過できない。したがって，初回面接において，この「子どもの主訴」を
受け取って理解することの重要性を，まず，第一に強調しておきたい。

　しかし，「子どもの主訴」が，初回面接で表現されるためには，これまでに
何度も繰り返し述べてきたように，その場が安心して自由に遊ぶことができる
構造になっていることが必要となる。その構造については，前節で取り上げた。
本節では，そのような構造がもつ意味は，どのように子どもとの間で共有され
るのか，いつ子どもに伝えるのか等について，実際的な場面に即して考えてい
こう。

　この点に関して配慮しておきたいことは，それが伝えられるのは，子どもが
構造の「枠」にかかわる行動をしたときであって，事前の説明は，最小限に留
めるということである。むしろ反対に，子どもの方から，様々な行動によって，
遊戯療法がどういう場か，セラピストがどういう人か等々，遊戯療法について
の重要な問いを問うてくる。そのときこそ，構造の意味，したがって，この

「場」の意味を共有する好機となるのである。このような「問い」によって，子どもは，遊戯療法の場が「日常」とは異なる「非日常」の場であることを，感じ取っていくようである。

## 2. 来室した子どもの不安を取り除くこと

　初回，子どもは様々な不安をもって来室する。何をされるのだろう，自分の悪いことなどを怒られるのだろうか，保護者から見捨てられるのではないか等々の不安もあろう。したがって，初回には，まず，こうした不安を軽減するようなかかわりが必要になる。そのために，セラピストが自己紹介をした後に，プレイルームの場所，保護者と別れて一人でプレイルームに入ること，その間に保護者は別の面接室で保護者の担当者と話をしていること，その場所，遊びが終わって保護者と会う場所等，開始から終了までの道筋を安心できるように，とくに保護者が必ず待っていることをわかりやすく伝えて，プレイルームに案内する。

　こうして，プレイルームに入室する。このとき，扉を開け，入り口から見えるプレイルームの様子が，子どもに安心感をもたらすような雰囲気であるならば，子どもは，プレイルームに吸い込まれるように入って行く。砂場があることに驚きの声を漏らしたり，不安な顔がパッと明るくなることもある。

　他方，不安が強いときは入室が困難になる。しかし，すでに述べたように（p.19），入室しないとさらに混乱が生じる。セラピストのきっぱりとした態度が入室を可能にするように思う。

## 3. 遊具は持ち込まないように伝えること

　入室すると，プレイルームの遊具で自由に遊んでよいことが伝えられる。このとき，子どもは，家から遊具を持って来ていることもある。そのような場合に，そのまま遊具の持ち込みを見過ごしていると，たとえば，次第に高価なも

のを持って来るようになることもある。そこには，それらのモノによって，自分を認めてもらおうとしている不安等も見て取れるのであるが，このような持ち込みは，いずれ，持って来るものがなくなって，来室を困難にしてしまうことにも至る。それゆえ，そうしたことが最初に起こったときに，何も持参しなくてよいことを伝えておきたい。

　遊具を持参したことが入室前にわかったなら，「母に預かってもらおう」等と提案し，プレイルームに持って行かないように伝える。また，入室後に，ポケットから遊具を出してくることもある。このような場合には，棚や入り口などに置いておくこと等を提案し，部屋の中の遊具で自由に遊ぶことを勧める。

　しかしながら，遊具を離せない子どももいる。とくに自閉症の状態の子どもなどモノへの固執が強い場合には，遊具を手放すようにいわれると，不安でパニックになってしまうこともある。そのようなときにこそ，その不安をセラピストが受け止めることが重要になる。これが遊戯療法でなされることである。セラピストは，入室時から，その覚悟をもって遊戯療法を始めるのである。

　このようなかかわりによって，何が起こるのだろうか。

　第一に，子どもは，遊具を持ち込むことなく入室することによって，モノではなく，セラピストとの安定した関係の樹立を可能にする心の作業がなされる。

　第二に，遊戯療法の経過中の遊具の持ち込み，たとえば，ゲーム機の持参などは，セラピストとの関係の拒否の表明である場合もある。遊具の持ち込みについて話し合うことによって，子どもに生じてきたセラピストに対する否定的な感情の共有が可能になろう。

　第三に，子どもが使用する遊具やその扱い方から，そこに生じている表現の変化等を理解することができるのであるが，様々な遊具の持ち込みによって，表現の理解が十分になされなくなることを防ぐ。

　しかし，たとえば，学校でまったく話すことができない「選択性緘黙」の子どもの遊戯療法においては，家からモノを持って来るようになることが少なくない。ある子どもは，当初は，言葉を発することもないのみならず，まったく動くことすらなかったが，次第に自分の気に入りの身の回りのモノを持ってく

るようになって，とうとう大好きな飼い犬を筆者に見せるために家から連れて
こようとした。犬を連れてくることは，母に止められて，できなかったのであ
るが，セラピストに伝えたいという思いがこれほどまでに強くなったのである。
その後，プレイルームの箱庭を用いて，子どもの思いや内的世界が表現される
ようになって，学校においても言葉で話すようになるに至った。したがって，
遊具の持ち込みについては，どのような意味があるか，子どもの状態を慎重に
理解し，判断していくことになるといえよう。

　なお，クライン（1957/1975）は，子どもが持参したものも遊びに使っている
と述べている。それは，子どもの表現に対する解釈が重視されているからであ
ろう。


## 4．遊具は持ち帰らないように伝えること

　子どもは，プレイルームで遊んだ遊具を持って帰りたいと言うことがある。
持って帰りたいという気持ちは，セラピストとのよい体験を持ち帰りたいとの
思いからでもあるので，そうした気持ちを受け取りつつ，置いて帰るように伝
える。それは，モノではなく，セラピストという人間との関係を子どもの中に
内在化させることになると考えられるからである。

　しかし，持ち帰りについても，様々なことが起こる。以下は，震災支援とし
て実施した集団による遊戯療法において生じたことである。

　子どもは，初回の後半，筆者に厳しく指示しながら折り紙遊びをするように
なっていたが，作品の一つを持って帰りたいと何度も要求した。筆者は，〈こ
こに置いておこう。次回まで大切に置いておく〉と応えた。しかし，子どもが
退室後，一つの作品が無くなっていた。退室時のすばやい動きの様子などから，
持ち帰ったように筆者は感じていたが，次回以降，そのことについては話し合
わなかった。それから2年後，次回が終結という回，子どもから，「これは，
持って帰れない？」という話が出された。〈持って帰ってどうしたい？〉と尋
ねると，「壁に貼っておく。前のも貼っている。ボロボロになっている」と，

自分から持って帰ったことが話された。

　震災支援は，遠方から訪問するので，遊戯療法の間隔は，半年に一回ぐらいであった。また，場所がないので，児童館の広い部屋を借りて集団によって実施したが，継続性を守るために，毎回，同じセラピストが同じ子どもを担当するという構造で行った。筆者が担当したこの子どもは，筆者がどこからやってくるのか，年齢は幾つか，どこに泊まっているのか，これは仕事か，他へも行くのか，次回はいつか等々，様々なことを尋ねていた。また，訪問するとすぐ筆者の横にやってきて，入室の時間を待っていた。筆者は，その子どもが作ったたくさんの作品を持ち帰り，数か月後の遊戯療法の日には，持って行き，プレイルームに用いた部屋に置いていた。こうして，最終回を迎える前の回，子どもは初回に自分から持ち帰ったことを話したのである。壁に貼って，いつも見ることができるようにしていたのであろう。半年に一回という遊戯療法の間隔を，子どもはこのようにして補っていたのだと，あらためて教えられたのである。

　その子どもが持ち帰りたかった気持ちは，痛いほどわかった。それにもかかわらず，持ち帰らないという「枠」を伝えた。子どもは，それにもかかわらず，巧妙な方法で持ち帰った。筆者はその後もずっとそのことを考えつつ，毎回，それまでに作製された作品を持って行き，同じところに置いていた。そして，2年後，子どもから，持ち帰ったことや持ち帰ったものは家の壁にずっと貼ってあったことが話されたのである。

　この子どもの持ち帰りについて，セラピストはずっと考え続けていたが，子どもも，また，モノを超えたセラピストとの関係を，感じ取っていったように思う。構造があるからこそ，「枠」を破ることを巡って，意味ある対話が生まれる。「枠」を破ることによって，遊戯療法の場の意味とセラピストとの関係性を強く感じつつ，それを外部にまで拡大する試みがなされたのであろうと思う。

　震災によって生じた「母の主訴」であったこの子どもの神経症的な状態は，終結時には消失していた。それは，「夜尿」であった。まさしく器から無意識

的に漏れるテーマであった。そこに，主体的な「枠破り」が生じ，セラピストとともに漏れたものを抱えることになった。

## 5. 遊具の片付けはしなくてよいと伝えること

終了時，子どもは，散らかした遊具を片付けようとすることがある。その場合には，片付けないでよいことが伝えられる。その際，自宅では片付けをするようにいわれているであろうから，混乱しないように，「ここは，片付けなくてよい」という言い方で，遊戯療法の場と外界との違いがわかるように伝える。しかし，そのようにいわれても，子どもは片付けてから帰ろうとすることもしばしばある。

なぜ，片付けなくてよいのか。それは，この場は，教育や躾，訓練のための場ではなく，自由に遊ぶ場だからである。片付けることを考えると，当然，自由に遊べなくなるであろう。来室する子どもの多くは，エネルギーがあり，プレイルーム一杯に遊具を散らかすこともある。片付けることを考えたら，けっしてこのような遊びはできない。

他方，保護者の「主訴」として，「散らかしたものを片付けない」「何度，言い聞かせても言った通りしない」等々と訴えられることが多い。それにもかかわらず，そうした訴えに反して，子どもは，プレイルームでは，自分から片付けをすることが少なくない。多くの子どもは，しっかりと躾けられており，むしろ，「良い子」としてずっと頑張ってきたことがよくわかるのである。

それゆえであろう，子どもは，思いっきり散らかして遊び，「ここは，誰が片付けるのか」と問うこともある。セラピストが片付けるとわかると，嬉しそうな様子を見せる。こうして，「日常」とはまったく違う場を，心と身体で感じるようである。

実際，強迫的な状態のために来室したある子どもは，片付けなくてもよいといわれても，一つの遊びが終わるごとに丁寧に片付けないといられなかったが，次第に片付けなくなり，それと並行して，子どもの状態そのものも変化した。

子どもに安心感がもたらされたと考えられるのである。


## 6. 終了時間を伝えること

　入室後の早い段階で，子どもがプレイルームで落ち着いたころに，あらかじめ，終了時間を伝える。そして終了時間になると，はっきりとそのことを伝える。これによって，子どもは，プレイルームの遊びには時間という「枠」があることを認識し，時間を体験する。

　そして，この初回面接の終了時には，今回の来室についてどのように感じたのか，次回からも来室したいか，子どもの気持ちを聞いておきたい。なぜなら，遊戯療法が必要か否かは，子ども自身がよくわかっているからであり，そうした子どもの気持ちを尊重するためである。しかし，保護者は続けて来ようと考えておらず，子どもの希望どおりにならない場合もあるので，まずは，親とその担当者を交えて相談しようと，子どもに伝えることになろう。

　その結果，継続して来室することが決まれば，次回の日時を伝え，今後は毎回，継続的に待っていることを明確に伝えることが重要になる。継続的な来室が保障されることは，子どもに安心感を与えるのである。

# 4 アセスメント

伊藤　良子

　遊戯療法における「アセスメント」とは，子どもがどのような課題や不安を抱えているのか，そのあり方について理解することである。このアセスメントによって，遊戯療法を実施するための面接間隔・その子どもに適したプレイルーム・親面接をはじめとする面接構造等が決定される。それゆえ，非常に重要になるのであって，アセスメントは，まず，初回面接において行われるが，その後も経過に伴って修正がなされつつ，子どもの理解を深めていくことになる。

　以下，（1）アセスメントとそれに基づく方針において重要になること，（2）子どもの遊びにおけるアセスメント，（3）保護者からの生育歴等の報告によるアセスメントについて述べていく。

## 1.　アセスメントとそれに基づく方針において重要になること

　子どもについてのアセスメントには三つの層がある。第一は，子どもの遊びによるアセスメント，第二は，兄弟姉妹も含む親子関係からのアセスメント，第三は，親と祖父母との関係に至る3代にわたる家族関係からのアセスメントである。第二と第三は，子どもの育ちの環境にかかわるものであり，主に保護者からの報告によって得られる。したがって，アセスメントは，大きくわけると，子どもの遊び等の表現と，保護者からの生育歴等の報告から得られるものの二つによって行われることになる。

　ここで，大切にしたいことは，子どものアセスメントは，先に述べたように，「子どもの主訴」を受け取ることが中心になるということである。

　しかし，既述したように，この「子どもの主訴」というとらえ方については，いまだ認識が十分でなく，子どもについての相談は，保護者からの申込みで始まり，保護者からの生育歴や問題歴等の報告を踏まえ，「保護者の主訴」を主にして判断されることが多い。それゆえ，それに対して，子どものセラピストは，子どもの遊びに表現されたものを第一に受け取ることが，一層重要になるのである。次いで，子どもについてのセラピストの理解が，生育歴や問題歴等の遊戯療法の場の外から得られた情報と整合性をもつか吟味するのである。このようにして，セラピストは，遊びに表現された子どもの様々な思いを慎重に受け取ったアセスメントを行う。

　このアセスメントに基づいて決定される方針において，とくに重要なのは面接間隔である。遊戯療法は，毎週，実施されることが基本である。それは，毎週の実施と隔週等の実施では，遊戯療法の進行が確実に異なってくるからである。子どもの将来を考えれば，この時期に与えられた時間は非常に貴重であり，それをより大切に使うためには，毎週の実施が望まれるのである。また，間隔があくと，子どもの状態によっては危険なことも起こり得る。

　他方，日本社会の現状としては，医療機関等では隔週通院が通常のものになっているので，より一層丁寧なアセスメントを行い，そのアセスメントに基づいて，遊戯療法の間隔を決定し，毎週の実施が必要な場合には，保護者等にその意義を伝えていくことが，子どもに対する専門家としての責務であると考えられよう。

　しかし，現実には，保護者の状況等で，このようにはできない場合もある。そのときは，たとえ来室の間隔があいても，遊戯療法の本質的な意義が損なわれないように，継続性を子どもとの間で共有できるように努めることになる。

　以下，子どもの遊びによるアセスメントと保護者からの報告によるアセスメントのそれぞれについて述べていく。

## 2．子どもの遊びによるアセスメント

### (1)子どもの遊びの三つの次元

　子どものアセスメントは，彼らの遊びに表現されたものによってなされる。これは，心理検査等の負担を子どもにかけることなく，遊びの場においてアセスメントができるという遊戯療法ならではの大きな長所でもある。

　ここで，注目しておきたい点は，子どもは，自分の課題にふさわしい遊び，また，自分の発達課題にふさわしい遊びを，みずからするようになるということである。こうして，その遊びにおいて，子どもの課題がセラピストに共有される。さらに，子どもに直接かかわることによって，子どもとセラピストの関係が深まり，彼らの課題やあり方に変化がもたらされる。

　また，遊びが制止されて，成長が滞っている状態にあるときもある。このようなときには，より一層アセスメントを十分にして，セラピストの理解を深め，子どもを守ることが重要になる。すなわち，アセスメントは，評価のためではなく，子どもとの関係を深めるためのものである。

　さて，子どものあり方は，非常に多様で，柔軟性がある。子どもは，懸命に生きており，そのあり方には子どもの懸命な生き様がある。そのあり方を理解するのが，遊戯療法におけるアセスメントの第一歩である。

　このことを大前提としつつ，子どものあり方には，自閉症の水準と神経症の水準，そして両者の移行の水準の三つの水準があることを踏まえて，アセスメントにおいては，遊戯療法に生じた三つの遊び，つまり，「見る遊び」「鏡像遊び」「象徴遊び」が手がかりになることを示していく（伊藤，2009b）。すなわち，自閉症の水準は「見る遊び」の次元，自閉症から神経症への移行の水準は「鏡像遊び」の次元，神経症の水準は「象徴遊び」の次元に対応するのであって，これらは，子どもの成長の道筋とも一致していることを明らかにする。

　なお，自閉症においては，遊戯療法を用いても効果がないとする考え方がある。こうした考え方においては，自閉症の子どもに対しては，訓練や療育等の積極的な指導が行われている。その観点から見れば，遊戯療法では，自閉症で

あっても，神経症であっても，かかわり方に違いがないので，不十分であると誤解されている可能性があろう。

　たしかに，遊戯療法におけるセラピストの基本的態度は，どのような子どもであっても，まったく違いはない。その子どもの自由で主体的な遊びを守るのである。ここで重要な点は，自閉症の状態にある子どもたちの不安感や恐怖心は非常に大きいことから，セラピストの態度は，一層，子どもの遊びを守るものになるということである。自閉症の状態の子どもにおいて，セラピストは，彼らをつねに見守り，その欲求や要求・遊びの意図についてのかすかなサインも，瞬時に受け取って，それに応じる。こうした適切かつ瞬時の応答がなければ，子どもの要求は消失してしまい，セラピストとの安定した関係は生じない。

　このような点で，自閉症の水準と神経症の水準では，セラピストのかかわり方は大きく異なってくるのであって，それゆえにこそ，アセスメントが重要になるのである。

　以下に，自閉症の水準と神経症の水準に生じる遊びの違いを明らかにする。子どもの遊びには，先に述べたように，「見る遊び」「鏡像遊び」「象徴遊び」の三つの次元があると筆者は考えている。ここでは，子どもの発達と遊び，そして他者との関係性の観点から，子どものあり方の違いについて詳述する。

### (2)自閉症の水準における「見る遊び」

　米国における精神疾患の分類と診断の手引きである DSM-5（American Psychiatric Association, 2013/2014）には，「自閉スペクトラム症」の診断基準として，「対人的相互作用における持続的な欠陥」「行動，興味，または活動の限局された反復的な様式」「発達早期に存在」「知的能力障害や全般的発達遅延では説明できない」の4点が挙げられている。

　筆者は，子どもの遊びをともにすることによって，この「行動，興味，活動の限局された反復的様式」は「対人的相互作用の持続的な欠陥」によること，つまり，「限局された反復」は，たんなる反復ではなく，モノを見ることをめぐってなされているという重要な事実を，子どもたちから教えられた。この

「限局された反復的様式」こそ「見る遊び」に収斂するものであり，そこでの「見る遊び」においては，人が見られることはない。こうして「見る遊び」が繰り返される。したがって，このような「見る遊び」の「反復的様式」というあり方にある子どもは，DSM-5 の「自閉スペクトラム症」の状態に合致することになる。しかし，こうした基準の列挙による診断ではなく，以下に記載するように，彼らの遊びの本質的意味を理解してアセスメントすることが重要になるのである。

　すでに述べたように，子どもは，生まれるや「見る遊び」を始める。触覚や聴覚・嗅覚の遊びもあるが，外的世界や対象を客観的に把握することになる視覚的な「見る遊び」は，生きるうえでとくに重要な遊びである。しかし，この遊びは，多くの子どもにおいて，早い段階でその対象や質が変化していく。

　他方，自閉症の状態にある子どもは，この「見る遊び」を懸命に続けている。たとえば，棚に積木を並べて，それを見る。手に持った電車を眼前で左右に動かして，それを見る等々である。すなわち，並べるだけではなく，見ることに集中しているのである。そこでは，何がなされているのか，以下に示す（伊藤，1984）。

　ある幼児は，テレビの番組欄のある新聞をずっと持って見ており，それを取り上げられるとパニックになった。プレイルームへの入室時にも新聞を手放すことがなかったが，それでも，持ち込まないようにすると，プレイルームでは，宙に指で何かを書いて，走り回っていた。その後，それが黒板に描かれるようになり，テレビ画面の正確な再現であることがわかった。さらに彼は，来所日のテレビ番組名と時間を次々と言い続けた。新聞によって時間の経過を見ていたようであった。また，他の幼児は，来室時に利用している交通機関の各駅名をすべて覚えていた。その後，彼は世界地図を見るようにもなった。

　このように，彼らは，見ることによって「時間」「空間」を把握していることが理解されるのである。したがって，自閉症の子どもは，迷子になることはないようである。見ることによって一人で生きるすべを身につけているとすら言えるのである。

　では，自閉症の子どもの遊戯療法において，「対人的相互作用」はどのように生じ得るのであろうか。「見る遊び」は，どのように共有され得るのであろうか。それは，「見る遊び」を見守ることにおいてこそ可能になる。

　ある子どもは，終始，電車を「見る遊び」をしていた。筆者は，それを見守り続けていたが，数か月後，筆者の手を取って，滑り台を滑るように要求し，滑り台を滑るセラピストを「見る遊び」をするようになった。セラピストに守られた安心した場においては，モノではなく，セラピストを「見る遊び」をするようになったのである。こうして，見る対象がモノから人に変わった。その後，自分は滑り台を背にして後を向いて立ち，セラピストが滑ると振り返って見ることを繰り返した。まさに「イナイイナイバー遊び」であった。さらに，セラピストの顔や耳を見，身体の周りを回ってセラピストの全身を「見る遊び」も生じた。これこそ，セラピストにおいて自己を「見る遊び」であった。

　以上のように，「見る遊び」の意味がわかることによって，自閉症の水準にあるとのアセスメントができるのであり，このアセスメントを踏まえて，子どものあり方が理解されて，彼らの遊びに展開をもたらすようなセラピストとの濃密なかかわりが可能になるのである。

### ⑶自閉症の水準から神経症の水準への移行期に生じる「鏡像遊び」

　乳児が 6 か月になるころから生じてくるのが，「イナイイナイバー遊び」である。筆者は，ラカンの「鏡像段階」論を基に，この遊びを「鏡像様遊び」または「鏡像遊び」と名づけた（伊藤，1984）。遊戯療法において生じた「鏡像遊び」を以下に紹介しよう。

　自閉状態としては軽度だったある幼児は，来室して間もなく，ボールを 2 個取り，一つをセラピストに持たせた。次に，ヘルメットを 2 個出し，一つをセラピストに被らせ，もう一つは，みずから被った。セラピストは，投げ合いをするのかと思い，ボールを「投げるよ」と言って投げた。すると，幼児はすぐに，自分のボールを投げ捨てた。その結果，この幼児とセラピストは，再び，同じ姿になった。幼児が意図していたのは，セラピストに自分と同じ姿をさせ，

そのセラピストを「見ること」であったのである。

　この遊びこそ，「鏡像遊び」といえよう。その後，砂に足を埋めては出す等の身体を用いた「イナイイナイバー遊び」がなされた。次いで，この子どもは，粘土で顔を作り，自分の名前をはじめて言った。また，積木に乗って自動車遊びをするなどの象徴形成が可能になった。

　子どもは，繰り返し，「イナイイナイバー遊び」や「鏡像遊び」をすることによって，対象は眼前に見えていなくても，存在しているという「他者の存在」の恒常性を体験する。この他者は，子どもの不快な状態にあって，その苦痛を和らげるように，子どもの欲求や感情を受け止める「器（コンテイナー）」（Bion, 1962）となって，快の状態を子どもにもたらしてきたのであった。このようにして，不快な状態が子どもに受け入れられるようになって，子どもはみずからにおいて「自己の欲求や感情を感じる」ことができるようになっていく。

　このような「他者の存在」の体験を経て，子どもはこの他者に同一化し，そこに「自己の全体像」を見る。こうして，身体が手や足という部分としてバラバラにとらえられていた状態から，全体的な身体イメージが生まれるのである。この身体イメージの獲得は，自分という存在の対象化を可能にし，言葉を発する主体としての〈私〉の生成と象徴形成の基盤となる。

　以上のように，自閉状態が軽い場合には，遊戯療法を始めた早い段階に，「鏡像遊び」がなされるようになり，その後，象徴表現が生じてくる。

　これらのことから，「見る遊び」の次元にある子ども，「鏡像遊び」の次元にある子ども，「象徴遊び」の次元にある子どもは，連続的なものであると理解されるのである。

　次に「象徴遊び」について述べていく。

## ⑷神経症の水準における「象徴遊び」

　象徴的な遊びは，通常，1歳〜1歳半を過ぎた子どもに生じてくる遊びである。自閉症の中核状態にある子どもに，象徴遊びは生じにくいが，神経症の状態にある子どもでは，象徴遊びが主となる。

　さて，神経症の状態にある子どもにおいては，遊びに象徴表現が生じ，そこには，子ども独自の内的世界や物語が展開される。以下のとおりである。

　先に取り上げた「選択性緘黙」の子ども（p. 26）は，いろいろなモノを持参した時期を経て，棚に子どもの部屋と家の外にある公園の場面を作った。公園には賑やかに談笑している人びとがいて，母親は，乳母車に赤ちゃんを乗せてその公園に行こうとしていた。他方，部屋には，赤い公衆電話の前に手足のないこけし人形が置かれていた。筆者には，選択性緘黙という状態にあって，話がしたい，他者と繋がりたい，それにもかかわらず手も足も出ないというこの子どもの切実な思いがヒシヒシと伝わってきた。

　神経症の状態の子どもにおいては，遊びにこのような象徴表現がなされるが，こうした「象徴遊び」は，いわば，すべての子どもに生じてくる。子どもは，このようにして，様々な遊びに不安や怒りを表わす。その程度や質は個々の子どもによって異なってくるが，セラピストは，安心して子どもが遊べるように守り，その象徴表現において，子どもの不安を受け止め，共有するのである。こうして，子どもは，みずからの内的世界と向き合い，遊びの内容が変化していく。

　以上のように，子どもが，「見る遊び」「鏡像遊び」「象徴遊び」の三つの次元のどの遊びをするかが，自閉症の状態か，神経症の状態か，子どものあり方を理解するアセスメントの重要な手がかりを与えるのである。


## 3.　保護者からの生育歴等についての報告によるアセスメント

　次に，子どもに関する保護者からの報告について述べよう。

　保護者の報告において重要なのは，誕生前からの生育歴である。この生育歴の報告を理解するにあたって，とくに注目しておくべきことは，重要な他者との関係が安心できるものであったかという点である。重要な他者とは，子どもの育ちにおける重要な存在である。このような存在は，多くは母親であろうが，たとえば，今日，乳児期に施設に措置されていた子ども等も増えており，必ず

しも実母ではないこともある。子どもの周産期から，母親あるいはそれに代わる保護者と安心できる関係が生まれていることが，子どもの心身の健康な成長をもたらす。

　このような関係の質を把握する手がかりとなるのが，「初語」と「人見知り」であると筆者は考えている。それぞれについて，以下に説明しよう。

## ⑴初　語

　子どもの0歳台の育ちにおいて，安定した人間関係があったか否かの重要な手がかりとなるのが，「初語」である。初語は，多くの場合1歳前後に出てくるが，その多くは，「マンマ」である。つまり，母親や母親の与える食べ物を意味するであろう「マンマ」であり，そこには，「マンマよ」といって「マンマ」を与える母親と，それを受け取る子どもとの誕生からの関係が見て取れる。

　他方，自閉症の場合は，発語が遅れることもあるが，遅れがなくとも，初語は，マンマではなく，「デンシャ」等のモノであることが多い。すなわち，自閉症においては，母親ではなく，モノとの関係，さらにいえば，モノへの同一化によって初語が生じていると考えられるのである。

　また，子どもによって，初語は様々なものになり，そこに子どもの育ちの環境も反映されてくる。「パパ」やきょうだいの名前の場合もある。また，テレビのキャラクター名のこともある。

　このように，初語によって，子どもの重要な他者との関係を知ることができる。それゆえ，「初語」がどのような言葉であったか報告されるならば，子どもの状態について，生後1年間の成長環境を踏まえた，丁寧な理解が可能になる。

## ⑵人見知り

　「初語」が自閉症の状態を理解する手がかりを与えるのに対して，神経症の状態についての手がかりとなるのは，「人見知り」である。

　子どもは，6か月ぐらいから，母親等の重要な他者がいなくなると泣き出し，

母親の後追いをする。また，母親以外の者に抱かれると泣き出す。つまり，「人見知り」が生じる。これは，母親と母親以外の者を区別するようになり，母親との関係が深まったことを示すものである。したがって，自閉症においては，「初語」がモノであると同時に，ここでいう「人見知り」もないことが多い。

　しかし，自閉症とは異なって，「初語」は「マンマ」であるにもかかわらず，「人見知り」がない場合がある。そのようなときに，神経症の状態が生じてくることがある。不登校等を理由に来室した子どもの生育歴についての保護者の報告には，しばしば，子どもは，「人見知り」もなく，とても育てやすかったということがある。しかも，保護者は，「人見知り」がなかったことをよいこととして受け取っている場合が多い。しかしながら，このように育てやすかった子どもに「人見知り」がない状態とは，親に対して否定的な感情をぶつけることなく，よい子で育ったということであり，本当の意味で安心する関係が樹立していない場合もある。したがって，親からの自立の時期に，根底にあった不安が現れてくることにもなる。

　このように，自閉症の状態とは異なって，対人関係に何の問題もないように思われていた子どもが神経症の状態になる場合には，「人見知り」がなかったことが少なくないのである。こうした子どもの状態は，自己の生成において，親等の重要な他者との同一化がなされるときに，いわば，過度の同一化が生じて，主体性の成長が困難になり，自己主張もしないよい子になったと考えられる。こうして，根底にあった不安が大きくなり，神経症の状態が生じてくる。

　遊戯療法においては，神経症の状態の子どもの遊びには，こうした不安が象徴的な表現として現れてくることによって，子どもの不安がセラピストに深く理解されるのである。


## (3)重要な他者との関係の質

　以上，子どものアセスメントにおいて重要なのは，母親等の重要な他者との関係の質であることが明らかになった。このことは，親子関係のアセスメント

の重要性を示すものでもあるが，親をめぐってのきょうだい関係，さらには，親と祖父母の関係のアセスメントの重要性にもつながる。子どもがきょうだいとの関係で抱える様々な不安，また，親が自分の親との関係をどのように感じてきたか，その体験の質は，親とその子どもたちとの関係に少なからず影響を与えるからである。したがって，３代にわたる家族関係のアセスメントが重要になってくる場合も少なくない。

　しかしながら，ここで，真に重要なのは，母親等の保護者と祖父母の実際の親子関係ではなく，保護者が感じている親子関係である。これについては，さらに，次の親子並行面接で取り上げる。

# ⑤ 親子並行面接の重要性

伊藤　良子

　親子並行面接とは，親等の保護者と子どもが一緒に来室し，それぞれの担当者とともに，保護者の面接と子どもの遊戯療法を，同じ時間に並行して行う面接構造のことである。

　諸外国の遊戯療法においては，このような親子並行面接は実施されておらず，子どものセラピストが親子ともに面接したり，必要に応じて，別に親の面接がなされたり，あるいは，親教育や技法の指導が一定期間なされるものなどに留まっているようである。諸外国でも，親面接は，子どもの遊戯療法を実施するうえで役立つと考えられているのであるが，親面接を行うことは，非常に困難であるようだ。

　したがって，興味深いことに，親子並行面接は，日本独自の構造といえるのであるが，この構造には，考えられている以上の重要な意義が内在している。

　なぜなら，子どもは喜んで来室しているにもかかわらず，保護者の要因で，子どもの遊戯療法が継続できなくなる場合も生じるからである。すなわち，子どものことで心配している保護者であっても，その来談は容易なことではなく，子どもの遊戯療法が親子並行面接という構造で行われるにあたっては，こうした困難を乗り越える場となるような面接が目指されることになるのである。そこでは，保護者も，次に述べるような重要な心の作業を行うことになる。

## 1.　親子並行面接の意義と困難

　親面接は，子どもについての保護者からの相談を受け，保護者に子どもの心や成長過程の理解をもたらす場となるとともに，子どもの状態と子どもの置かれた親子関係や家族関係等の環境に関する報告を保護者から与えられる場になる。とくに，親子並行面接という構造は，子どもの遊戯療法と親面接が「並行」して進んでいく点において大きな意義があるが，同時に，それゆえの困難も起こってくるのである。

　すなわち，遊戯療法の進行に伴って，子どもに様々な変化が生じてくる。それは保護者にとっては，必ずしも望ましいと思われない状態である場合も少なくない。また，子どもが，自分から離れていくように感じられることもある。このような状態が生じるのは，子どもが，これまで出していなかった面を出せるようになったからであって，遊戯療法の当然の結果でもある。しかし，こうした子どもの状態は，保護者にとっては受け入れがたい場合もあり，それによって，子どもの遊戯療法を止めたいと思うことも起こってくる。しかしながら，後に述べるように，このようなときこそ，子どもの状態の変化を具体的な手がかりとして，子どもについての保護者の理解が深まる契機となるのである。

　また，親面接の「親」とは誰かということについても，いろいろの場合が起こってくる。主に母親が来室することになるが，それは，日常的に子どもにかかわることが多く，子どもの状態をよく理解しており，子どもへの影響力も大きいからである。しかし，必ずしも母親の来室が可能であるとは限らず，父親や祖母等になることもある。また，来室するのは母親だが，来室についての決定権を持っているのは父親である場合もある。そうした場合には，母親の考えを尊重し，母親から希望があれば，父親も同席した面接を検討することにもなろう。不登校の子どもの親面接において，子どもへのかかわりの少なかった父親が来談を希望するようになるときと，子どもに変化が生じてくるときが一致することも，これまでの経験で知られている。いずれにしろ，親面接は，母親を軸にしつつも，その他の保護者の面接がなされる場合も生じてくるのであっ

て，そこには様々な要因がかかわってくる難しさがある。

　また，児童養護施設などにおいて遊戯療法が実施されているときは，その子どもの担当職員との関係も重要になろう。

　さらに，子どもの弟妹が一緒に伴われることもある。今日では，親面接に同室することがないように，ベビーシッターを用意している相談機関も増えている。幼い弟妹であっても面接内容を聞くことは望ましくないからである。ただし，保護者が弟妹を同席させようとするときには，自分の面接が苦痛になっている可能性もあることを認識して，十分な配慮が必要になる。

　次に，親子並行面接のあり方についてさらに述べよう。


## 2．親子並行面接のあり方

　親子並行面接における親面接について，かつては，子どもの遊戯療法を行うための援助者であって，保護者の育児態度を問題視することがあってはならないとの考え方があった。しかし，今日の保護者面接では，こうした考え方のみでは，不十分になっている。

　たしかに，この観点に見られるような，保護者の立場を尊重する態度は，親面接に臨むにあたっての基本的な姿勢である。なぜなら，保護者は，子どもに問題とされるような状態が生じた場合，自分の育て方が悪かったとみずからを責めていることが多いからである。実際，様々な機関や自分の親からも，子育ての仕方を批判された体験がなされており，その辛さが吐露されることもある。保護者は，自分の育児態度を非難されるのではないかとの不安をもって来談することを，しっかりと心に留めておきたい。

　さらに今日では，社会状況の変化に伴って，これまで以上に，保護者自身が様々な苦しみを抱えている場合が少なくないように思われる。したがって，親面接は，保護者の抱えている課題を共有し，安心して相談できる場とならなかったならば，その不安が大きくなって，来室が続かないことになる。親面接のあり方は，非常に複雑になってきているのである。

　このような保護者のあり方は様々である。大きくわけると，子どもの状態を自分との関係からとらえているがゆえに苦しんでいる場合と，子どもの状態を自分との関係でとらえることが困難になっている場合の二つがあるように思う。それぞれにおいて，親面接の重点が異なってくる。

　以下に，これら二つのあり方を取り上げて述べていく。


## 3.　子どもの状態を自分との関係からとらえている場合

　既述したように，今日，保護者自身が様々な困難を抱えている場合が増加している。それは，たとえば，小中学校時代等に不登校になったり，友人関係で悩んだり，自分の親との関係で苦しんだ経験をしてきている等である。このことは，個人の問題と言うよりも，戦後の日本の社会状況の激変と大きくかかわっている。不登校が増えてきたのは，高度経済成長時代であった。当時は，心の問題について十分な理解がなされず，とくに子どもの早期段階における安定した対人関係の重要性に対する認識が十分でなかった。そのような時代に不登校等になった子どもたちが，何のケアもされず，その痛みを長年抱えて，親となって来室するに至ることもある。さらに近年では，より過酷な子ども時代を過ごした保護者も増加している。

　面接の場において，このような保護者が抱えてきた苦しみを面接者によって慎重に共有されることがないと，保護者の来室が困難になってしまうことになる。その結果，子どもの来室も困難になる。

　このようなことが起こるのは，子どもについて話をしていると，みずからの子ども時代が想起され，自身の親への複雑な気持ちが思い出されて，あらためて怒りが生じてきたり，自分の子どもへの接し方が，かつての親の姿と重なって，自分を責めることにもなるからである。こうした場合には，子どもが保護者の言うことを聞かない等，親子関係もうまくいかないことが多いために，自分は子どもにも拒否されているとすら感じて，苦しむことになる。

　しかも，保護者たちは，子どもの相談の場で自分のことや夫婦関係等につい

て話すことはよくないと思っている場合が少なくない。したがって，親面接においては，保護者がどのようなことでも自由に語ってよい場であることを伝えることが大切になるのである。

　他方，並行して実施されている遊戯療法の場で，子どもはセラピストに見守られつつ，愛憎様々な「親イメージ」を遊びにおいて表現し，激しい攻撃性が繰り返し表現されること等が生じる。

　ここで重要になるのは，このような子どもの内的世界は，たんに，親が原因となって生じてきているものではないということである。親にも子にも，すなわち，すべての人間の根底にある原初的な不安の現われであり，また，様々な不可避的な環境要因によって，子どもの原初的不安が助長されることもある。こうした認識をもって，親子それぞれの表現を受け取るのである。ここに，親子の関係を，原因・結果としてではなく，まさしく「並行」して生じていることとしてとらえる視点がもたらされる。こうして，子どもは遊戯療法の場において，また，保護者は親面接の場において，それぞれの過程を経ることによって，子どもは現実の母親等の保護者とのよき出会いをし，保護者も親になったという実感を持つに至る。これこそ，親子「並行」面接の意義となろう（伊藤，2009a）。

## 4.　子どもの状態を自分との関係でとらえることが困難になっている場合

　近年，親面接を希望せず，子どもの遊戯療法のみが希望されることも増えている。また，医療機関や相談機関等を転々としていることもある。このような場合は，「発達障害」等の診断を受けていることが多く，子どもの生来的な身体レベルの「障害」が重視され，心の関係でとらえることが困難になっていると考えられる。その結果，保護者は，ときには，子どもに愛情を感じられない苦しみを抱える状態に至っている場合もある。

　こうしたことが生じるのは，今日の日本社会において「発達障害」という概念が広く用いられるようになったことと無関係ではなかろう。「障害」とは，

その状態の固定を意味し，子どもの成長を認めにくい概念である。それゆえに，保護者も，相談機関等に対して，子どもについて，いわば，薬の投与や手術の処方のように，外からの指導による改善を希望することにもなってしまうのであろう。

　しかしながら，発達に偏りがある子どもであるならば，より一層，人間関係が重要になる。さらに，様々な機関を転々としている場合には，それぞれの専門機関の指示に振り回されている場合もあるので，子どもには，本質的に何が大切なのか，十分な吟味が必要になる。

　このような場合，まず，子どもの主体性の尊重の重要性について理解されるような親面接が大切になる。たとえば，筆者は，親面接の初回面接が終わった後，保護者と子どもがともにいる場で，子どもに，今後の来室についての希望を問うた。子どもは幼児であったが，時間をかけて「来たい」と応えた。子どもは，幼くとも，どのような場が自分に必要か，見事に感じ取ることができるのである。この言葉によって，次回からの来室が決まり，その後，他機関とも調整し，長期にわたる親子並行面接が始まった。当初，保護者は，特別支援学級等への入学も考えていたが，遊戯療法の継続によって，学校場面では，友人関係も豊かになり，その能力は伸び，希望の中学校に入学でき，終結を迎えるに至った。

　以上のように，とくに早期段階から偏りが見られたと思われる子どもの保護者に対しては，遊戯療法でなされることやその意義を丁寧に伝えることが重要になる。その場合，子どもの誕生時からの生育歴を細やかに見直して，保護者の当時の苦労を共有するとともに，子どもの遊戯療法を，毎週，実施し，そこに生じてくる変化を保護者にも実感されるように，子どもの遊戯療法過程を踏まえた親面接をすることが大切になる。

　その際には，発達に偏りがある子どもの遊戯療法の内容についても，すでに述べたように秘密を守ることが基本となる（p. 14）。そのことを，親面接で説明するとともに，子どもの遊びで生じていることの本質的な意味を共有することになる。このような子どもにおいては，自己の基盤作りのような遊びから始

まり，そして，長い期間を経て，そこに象徴遊びも生まれてくる。このような遊びに見られる心の成長過程を保護者と共有するのである。こうした説明をすると，保護者も家での遊びでは，そういう遊びをすることはなかったとか，最近は家でもこのような遊びをするようになった等，子どもの遊びの意義と家での変化に目を向けるようになってくる。

　こうして，プレイルームの場での変化やセラピストとのよい関係が，保護者に還元されて，現実場面の親子関係において，愛着と安定した関係が生まれる。

　このように，体験を通して，子どもの心の成長について，保護者の理解をもたらすとともに，保護者自身の子どもに対する親としての自信の回復をもたらすことが，発達的な偏りのある子どもにおける親子並行面接の意義となろう。


## 5.　親子並行面接における「並行」の意義

　以上，保護者が子どもの状態を過度に自分との関係でとらえている場合と，反対に，自分とは関係ないと考えている場合について述べてきた。どちらの場合も，子どもの来室が困難になる事態が生じるのであるが，いずれにおいても，重要になるのは，子どもの主体性についての認識がもたらされることである。自閉症の状態にあった場合にも，幼児期から，遊戯療法において主体性が育まれた子どもは，思春期になったときにも，衝動的な状態になることなく，穏やかに過ごすことができているとの報告を，保護者からも受けている。

　本節で述べてきたことをまとめるならば，親子並行面接とは，子どもの状態を，保護者の子育てが原因で生じた結果としてとらえるのではなく，また，子どもの生来的な要因に帰すこともなく，保護者と子どもの面接が，相互につながりを持ちつつ「並行」して，それぞれがみずからと向き合って，子どもと保護者の主体性がもたらされることが目指される場となるといえよう。

〈第1章・文献〉

American Psychiatric Association　髙橋三郎・大野裕（監訳）（2013/2014）．DSM-5　精神疾患の分類と診断の手引　医学書院

アクスライン, V. M.　小林治夫（訳）（1947/1972）．遊戯療法　岩崎学術出版社

Bion, W. R. (1962). *Learning from experience.* William Heinemann Medical Books.

ドルト, F.　小此木啓吾・中野久夫（訳）（1971/1975）．少年ドミニクの場合　平凡社

エリクソン, E. H.　仁科弥生（訳）（1950/1977）．幼児期と社会Ⅰ　みすず書房

フロイト, S.　井村恒郎・小此木啓吾（訳）（1920/1970）．快感原則の彼岸　フロイト著作集6　人文書院

伊藤良子（1984）．自閉症児の「見ること」の意味――身体イメージ獲得による象徴形成に向けて　心理臨床学研究, **1**(2), 44-56.

伊藤良子（1985）．子どもの心的世界における〈父〉と〈母〉――言葉をもたらすもの　日本心理臨床学会（編）　心理臨床ケース研究3　誠信書房　pp. 21-36.

伊藤良子（1988）．箱庭療法　山中康裕・山下一夫（編）　臨床心理テスト入門　東山書房

伊藤良子（2001）．心理治療と転移――発話者としての〈私〉の生成の場　誠信書房

伊藤良子（2009a）．遊戯療法　「精神科治療学」編集委員会（編）　精神療法・心理社会療法ガイドライン　精神科治療学, 第24巻　増刊号　星和書店　p. 74f.

伊藤良子（2009b）．人間はみな発達障害　伊藤良子・角野善宏・大山泰宏（編）「発達障害」と心理臨床　創元社　pp. 15-27.

伊藤良子（監修）（2013）．遊戯療法（DVD）　滝口俊子（企画）　心理臨床を学ぶ　医学映像教育センター

カルフ, D. M.　大原貢・山中康裕（訳）（1966/1972）．カルフ箱庭療法　誠信書房

河合隼雄（編）（1969）．箱庭療法入門　誠信書房

Klein, M. (1952). The origins of transference. *The International Journal of Psycho-Analysis*, **33**, 433-438.

クライン, M.　松本善男（訳）（1957/1975）．羨望と感謝――無意識の源泉について　みすず書房

黒丸正四郎（1973）．子育ての生物学　思想の科学, **24**, 45-50.

マノーニ, M.　高木隆郎・新井清（訳）（1967/1975）．症状と言葉　ミネルヴァ

　　書房

ラカン，J.　宮本忠雄ほか（訳）（1966/1972）．エクリⅠ　弘文堂

Lacan, J. (1975). *Le Seminaire 1: Les ecrits techniques de Freud*. Seuil.

ウィニコット，D. W.　橋本雅雄（訳）（1971/1979）．遊ぶことと現実　岩崎学術
　　出版社

ツリガー，H.　堀要（訳）（1951/1978）．遊びの治癒力　黎明書房

# 第 2 章

# 事例によって異なる「遊び」の質

子どもは，みずからの課題にふさわしい遊びをする。この遊びによって子どもは成長し，さらに新たな課題に向き合っていく。したがって，成長に伴って子どもの遊びは質的に変化していく。このような遊びの質の違いが如実に認められるのが，神経症の状態と自閉症の状態においてである。

　第1章に既述したように，神経症では，「象徴遊び」が生じ，そこに子どもの内的世界が表現される。こうして，子どもはその課題と向き合っていく。それに対して，自閉症の状態においては，「見る遊び」がなされる。その「見る遊び」の対象は人間ではなくモノに向けられているために，反復的に繰り返される。遊戯療法の場で，この「見る遊び」の対象がセラピストに向けられることが可能になれば，そこに「鏡像遊び」が生じる。

　このように，これらの遊びは，「見る遊び」から「鏡像遊び」さらに「象徴遊び」へと変化し得るのである。それゆえにこそ，遊戯療法においては，セラピストが，それぞれの状態に生じている遊びの次元とその意義を十分に理解し，その遊びを守り，共有することが大切になる。

　本章では，まず，神経症の状態の子どもと自閉症の状態の子どもの遊戯療法過程が提示される。二つの事例はともに長期にわたって実施されたものである。このように安定した遊戯療法の場が備えられたならば，子どもは，セラピストとの関係において着実に成長する過程を歩む。両者の遊戯療法過程の詳細な報告から，それぞれの子どもに潜在する力と，子どもの遊びに没入しているセラピストの姿が伝わって来よう。

　本章では，これらの事例の経過を踏まえて，神経症と自閉症の遊戯療法のちがいと，その場におけるセラピストの態度のちがいを見ていく。以下のとおりである。
①神経症の子どもの遊戯療法
②自閉症を抱える子どもの遊戯療法
③自閉症と神経症の遊戯療法のちがい

# ① 神経症の子どもの遊戯療法

高嶋　雄介

## 1. 神経症としての選択性緘黙

　本節の目的は，神経症の子どもとの遊戯療法の意義を論じることである。そこで，本節では，選択性緘黙の症状を呈した子どもとの遊戯療法の事例を通して，神経症とはどのようなものかを提示し，それに対して遊戯療法はどのようにアプローチしていくことが可能なのかを検討していくことにしたい。

　DSM-5（American Psychiatric Association, 2013/2014）によれば，選択性緘黙とは「他の状況で話しているにもかかわらず，話すことが期待されている特定の社会的状況（例：学校）において，話すことが一貫してできない」状態で，「コミュニケーション症（例：小児期発症流暢症）ではうまく説明されず，また自閉スペクトラム症，統合失調症，または他の精神病性障害の経過中にのみ起こるものではない」とされている。こうした診断基準からも明らかなように，選択性緘黙という症状の背景には，発達障害，統合失調症，神経症など様々な要因が考えられ，必ずしも選択性緘黙イコール神経症というわけではない。たとえば，発達障害であれば，その特徴とされる自分のなさゆえに，自身の思いや考えを述べることができなかったり，過去の体験を振り返って言葉にすることができなかったりして，様々なことが言葉にならないとも考えられるし，統合失調症であれば，自分が漏洩してしまうような恐怖から話すことができないこともありうるだろう。

　では，神経症としての選択性緘黙とはいかなるものであろうか。それは，ユング（Jung, C. G., 1912/1966）が「神経症者は自らとの深い断絶・不一致に陥っている」（CW7, par. 438）と述べるように，話すことができない―話すことができる，話したくない―話したい，話さなくてもよい―話さなくてはならないなどの断絶・不一致，葛藤を抱えているということが大きな特徴と言えるだろう。もちろん，これは単純に話ができる―できない，声が出せる―出せないという次元の問題ではない。しばしば言語活動が，人間関係や人々が生きる世界への参入の象徴と言われることに表されているように，これは，いかにして世界に参入するのかという次元の問題であり，神経症症状として選択性緘黙を呈している子どもは，世界に参入する―しないという葛藤を抱えているのである。

　神経症をどのように理解し，いかに治療的にアプローチしていくのかは，どの理論によって立つかで大きく異なってくる。したがって，本節では，ユングの神経症論に基づくことをあらかじめ断っておきたい。そして，中でも，ユング（Jung, 1934/1970）の「神経症はつねに現在に存在する。神経症は養われ，いわば，日々新たに作られている」（CW10, par. 363），「我々は神経症を除去しようとすべきではない。むしろ神経症が何を意味しているのか，何を教えようとしているのか，何を目的としているのかを体験することが試みられるべきである」（CW10, par. 361），「神経症には患者の心が，あるいは，少なくとも心の本質的な部分が含まれている。…（中略）…もしも神経症が悪い歯のように抜かれてしまったならば，患者は何も得ることはなく，患者にとって本質的なものを失うことになる」（CW10, par. 355）という三つの言説を手がかりにして，先に述べたように，事例を提示した後，神経症とはどのようなものか，それに対して遊戯療法はどのようにアプローチしていくのかを考えていくことにする。


## 2. 事　　例

### (1)事例の概要

　**クライエント（以下，Cl）** 男児A（来談時，小学校中学年）

　**主訴**　学校で話ができない。小学校3年の終わりごろから不登校傾向。

　**家族**　両親，三人きょうだい

　**生育歴**　Aの母親は，同居していた父方祖父母との軋轢，家事や子育ての負担を抱えた中でAを出産。父親は子育てにあまり関心がなかった。Aには2歳年上の兄がいたが，情緒障害，選択性緘黙で，育成学級に在籍していた。Aは発達に問題はなかったが，家では兄に押さえつけられ，苛立っていることが多かった。小学校入学以来，家では話すものの，学校では話ができなかったことに加えて，兄が学校で落ち着きはじめたころ，不登校傾向を呈したことから来談に至った。週1回50分の遊戯療法を開始（なお，母，兄はAに先立って，母子並行面接を行っていた）。


## (2)経　過
### 第1期　宝物の持参（#1-#12）

　初回，待合室に迎えに行くと，Aは母親の背中の後ろにすっと隠れる。母親に促されて入室するも，緊張して入口で立ちつくす。〈いろいろ見てみようか〉というセラピスト（以下，Th）の促しにより，おずおずと部屋の中を見て回り，時間の終わりには〈何か気になったものはある？〉という問いかけに，「これ」とボードゲームを指さす。#2（-#12），Aは後に「宝物」と語る携帯ゲームやカードなどを一つずつ持参し，入室と同時に，それらをThに突き出すことが続く。Thがそれらについて〈おお，これは何なん？〉等，尋ねると，ゲームのストーリー，カードの見方などを一言二言説明した後，鞄にしまう。#6，ダーツ。#7・#8，コルク銃で射撃。「これする」等，少しずつ自ら話すように。#9，ソフトバレーボールをどこへともなくポンと投げると，棚上のプラレール用電車に当たる。電車は大きな音をたてて落ち，カバーと電池がバラバラに。「びっくりした…」〈予想外だった？〉「うーん」。電車を修復しながら「ここまで大事になるとは思ってなかった。なんでやろうなぁ」。#11，Thに向かってボールをポンと投げ「爆弾。10秒たったら爆発。10，9，8…」とカウント。〈うわ，爆弾や〉と，ボールを投げ返すと「爆発する！」と再度Th

に投げ返す。二人の間を何度もボールが行き来。10秒後にボールを持っている人が「死んだ」ことになって倒れる。生き返っては繰り返す。#12，Th にコルク銃を渡し，自身の頭上にボールをのせて「学校でウィリアム・テルを読んだ。これを狙って撃って」。Aは体を硬くして立っている。Th は狙ってみるが，〈顔に当たりそうで，できない。ウィリアム・テルのような腕前じゃないからなぁ…〉と言うと，Aは止めていた息を吐き「怖かった」と笑顔。「これならできる？」と，ラケットの上にボールをのせ手を伸ばす。Th が〈それなら大丈夫〉と撃つと「ひゅ〜」と身を縮こまらせ，何度か撃つように言う。

**第2期　硬い殻で覆われたものを作る（#13-#31）**

　#13，はじめて「宝物」を持参せず，入室すると「今日は終わってから映画に行く」。この後，宝物は持参することはなく，「運動会の踊りを習った」，「欲しかったカードが当たった」等，出来事を話すようになる。#16，サッカーゲーム。力強く操作。#18-#21，「こういうのは苦手」とガンダムや戦車のプラモデル。組み立て方がわからないと床を転がる。行き詰まると「お腹が痛い」とトイレ。#22-#24，レゴで「（完成した）ガンダム用」の車や飛行機，「戦車の」基地を作る。#26，「TV で見て，やろうと思ったことがある」と容器に水ノリを注ぐ。「これに何かを入れたら固まっていろんな形にできる。ここに材料あるからできると思ってたんやけど。何やった？」〈ん〜，何だろうなぁ〉。結局，材料を思い出せず，悔しそうに諦める。#28，木で「家作り」。「壁」をたてられず「上手くいかん」。

**第3期　ダミーとフェイクを使って隠れる（#32-#77）**

　#32・#33，部屋の電気を消し，真っ暗な中でかくれんぼ。Aは息をひそめて隠れる。ボールを投げて，わざと離れた場所で音をたて，自分がいる場所をわからなくする「フェイント」，大きな人形をあちこち置く「ダミー」を駆使して隠れる。#37-#43，鈴入りボールを Th に渡し「暗くした後投げて。何秒で見つけられるか」。鈴の音を頼りに探す。「難易度をあげる」と音がしない布ボール。床や壁に当たる音に耳を澄ませる。#44-#48，Th に布ボールを渡し「思い切りぶつけるつもりで」投げるように言う。〈思い切りは投げ辛い

なぁ。またどうして？〉と尋ねると「修行。色んなものを避けられるように鍛える」。避けられると「次」、当たると「同じ所に投げて」と要求。#49-#52、「避けるだけじゃなくて、キャッチもあり」。#53-#58、「僕が投げるから避けて」〈お、よし、いいで、投げて来て〉と役割交代。勢いよく投げ、Th に当たると「やった」。投げる役と避ける役を交代しながら、「相手にボールを5回当てるのに何球かかるか勝負」。ボードゲーム。オセロは枠外にコマを置き、Th が置いた角のコマをひっくり返す。チェスではクィーンが「無敵」になって、すべてのコマを取りつくす。人生ゲームでは、Aがなりたい給料の高い職業に就くなど、ゲームすべてに圧勝。#59-#61、野球。Aは「フォアボールなし」で、コントロールを気にせず全力投球。Th には「速球禁止」。

　#69、ボール数個と「僕用の」小さな力士人形と「Th 用の」大きな力士人形を用意。陣地を決めた後「人形にボールが当たらないよう守る。人形に当たったら負け。その代わり自分に当たってもいい。相手の陣地には入ってはダメ」。Aは攻撃に専念すると自分の人形が無防備になり、防御に専念すると、Th の人形から距離があるため、うまく攻撃できず。攻守のバランスが悪く、Th にやられることが続くと「よいこと思いついた！」と人形の周りにウレタンブロックで壁を築く。それを見て、Th も〈よいこと思いついた！〉と、同様に壁を作る。二人とも人形が隠れ、「えー、これじゃぁ、いつまでたっても終わらんし、意味ない」と遊びが成立せず、やめる。#70、「（前回の遊び）終わらないから壁なしでやろう」〈オッケー〉。Aは人形を抱えて走り回り、攻撃と防御。人形を「おとり」にして、Th にボールを投げさせる。ときに失敗するが、勝負は互角に。

　日常生活では、母親に「今の学校では話ができない。転校したいから引っ越しして」との訴え（#63）。その後、適応指導教室に通い始める（#70）。そこでは話ができ、先生や生徒たちと揉めることがありながらも、関係が築かれていく。

**第4期　勝負の世界へ参入する（#78-#121）**

　#78（-#121）、3m×3m程のコートをつくり、ソフトバレーボールで「手

打ちテニス」。終結までほぼ毎回行う。ルールは「テニスと同じだけど，手を使う」。続けるうちに「すぐ終わるから思い切り打つのは3回だけ」等，条件を作る。思い切り打てないので，点を取るには相手の狙いを読んで裏をかく，タイミングをずらす等が必要になる。#84，偶然ボールを打ち損ねると回転がかかり，床に着くと予想外の動き。「他にもできるかも」と，カーブなどの回転を発見。試合に「回転技」として取り入れ，楽しむ。

　#94，「難しくてわからない問題がある」と塾の宿題を持参するが，答えを知りたい様子でもない。Thが〈物を持ってくるのは久しぶりだね。どうしたん？〉と尋ねたことをきっかけに，受験や中学のことが話題に。「知り合いがいる所より，みんなはじめての方が友達になりやすいし話せる。だから，私立中学に行こうかと思って。でも，勉強が嫌や。落ちるかもしれん。でも，弁護士になりたいのもある。なるのは大変と言っていたし，中学で勉強しないといけないかなと思う」と語り，宿題をしまう。#110，私立中学に行くと，開室時間に間に合わないため終結になることを伝えると「無理でも来る」。#115，「最近，勉強ばっかり。これだけやったから中学校に受かりたい」。終結に関しては「来れるときだけ来る」。#118，「合格した！　でも，もう宿題がある。いきなりついていけなくなるのも困るから，嫌やけどやらないと」。帰り際「ここ後何回？」。

　#119・#120，ダミーやフェイクで使っていた人形にプロレス技をかける。破れている部分を発見し，接着剤で丁寧に修復。直すとパンチ。修復した裂け目が再び破れる。再び修復。何度も繰り返す。#121，終結を告げると「そうやな」。〈困ったことがあったら，いつでも来て〉と伝えると「そうする」と淡々とお別れ。

　後日，引き続き来談する兄を見たときに，自分はもう行けないと大泣きしていた。中学校ではスムーズに話すことができ，友達もでき，遊んでいる。登校しにくい日もあるが休むことなく通っているとのこと。

## 3. 考 察

### (1)緘黙という解決——神経症はつねに現在に存在し，日々新たに作られている

**緘黙になるという着想**

　Aは難しい環境で育ってきた。父親はAにあまり関心を持っていなかったということであり，子育てや家事を一手に引き受ける母親も，父方祖父母との軋轢，情緒障害や選択性緘黙で育成学級に通う兄への対応で精いっぱいな状況にあり，Aが十分に抱えられる環境にはなかっただろうことは容易に想像がつくだろう。そのようなAにとっては，母親から手をかけてもらい，思うままに振る舞っているように見えた兄のようになりたいという願望を持つことは，ある意味で自然なことであったかもしれない。緘黙は，他者を自分のペースに巻き込んで支配する「肥大した自我」(弘中，1985) を持つと言われたり，「発話を制止することにより，対象の関心を引き，魔術的に欲求を読みとらせかつ満してほしいという，いわば『陰性の強要』」(石谷，2005) を行うと言われたりするが，おそらくAは魔術のように他者を動かし，何の気兼ねもなく自由を享受しているように見えた兄と同じように，自身も選択性緘黙になるという着想を無意識に得たのであろう。こうした背景に鑑みれば，Aには何の気兼ねもなく自由に自身を表現できる場や，兄が体現している緘黙の世界と分離し，自分自身の世界を作っていくことが，遊戯療法において重要なテーマになると言えるだろう。このように，Th は，子どもの状態を理解するために，生育歴，子どもと周囲の人々との関係，一体どのような環境に身を置いて日々を過ごしているのかなどを把握しておく必要がある。しかし，そうしたことを十分に把握することは，"そうした環境ゆえに，彼らが緘黙，神経症になった" と考えることはまったく別のことである。

**無傷で，純白のままに生きるための緘黙**

　Aはたしかに難しい環境の中で育ってきた。そして，兄から緘黙というアイディアを得たのかもしれない。しかし，それでもなお，「神経症はつねに現在に存在している」(Jung, 1934/1970) のである。そのことをよく示しているのは，

#69の遊びであろう。この回，AとThは互いに当てられたら負けとなる人形を守りながら，相手の人形にボールをぶつけ合う。ところが，この遊びでAは攻撃に出れば，守るべき自身の人形がやられ，自身の人形を守りに専念すると，Thの人形が遠くて攻撃ができないという葛藤を抱えることになる。そして，まさにそのとき，Aは「よいことを思いついた！」と，自身の人形の周りに壁を築くのである。人形にボールを当てられたら負けというルール上，この遊びにおいては，人形がAの本体，生命であり，そして，A自身が分身，ダミーと言えよう。したがって，人形の周りに壁を築けば，本体はけっして傷つくことはないし，生命が失われることもない。その一方で，A自身はボールに当たることも，自身の人形が狙われ，生命を奪われることも気にすることなく，自由に動き回ることができる—まるで兄のように！—のである。たしかに，この壁は遊びの中で生じた葛藤を見事に解決するよい思いつきと言えよう。しかし，このまさにそのときに考案された壁こそが，Aの神経症症状，すなわち，緘黙である。

　緘黙は「世界から退却することなく，世界の中に安住する」手段（大井ほか，1979）と言われるが，さらに言うならば，緘黙とは，通常，この世界で生きる上では避けることができない，傷を負うことや汚れを引き受けることを避け，無傷のまま，純白のままの自分を維持しながら，それでいて，この世に身を置き，生きるという矛盾を解決するために編み出される産物である。生まれたての赤子が傷やしみのない完璧な肌を持っていても，大きくなるにつれ，その肌に無数の傷やしみが刻みこまれていくように，無傷のまま，純白のまま世界に参入することは本来不可能なことである。しかし，この遊びの際に考案された壁と同様に，傷つくことも損なわれることもなく，「現実生活の要請からの逃避」（Jung, 1967/1970, CW4, par. 298）をしながら，現実世界に身を置くという不可能なことを可能にする幻想の壁が緘黙と言えるだろう。このように，無傷，純白のままに毎日を過ごすため，その都度，緘黙という「神経症は養われ，いわば，日々新たに作られている」（Jung, 1934/1970）のである。もちろん，彼らは学校で話ができないために，いじめの対象となって傷つき辛い思いをしたり，

ときに話すことを強要させられたりするなどして，自尊心を損なう体験をすることも多いだろう。しかし，原理的には，それは，いくらボールを当てられても何の影響もない分身，ダミーの側の体験であり，彼らの本体，生命は緘黙の壁に覆われ，つねに無傷で，純白のままなのである。別の言い方をすれば，彼らの在り方は，壁の中に生命をしまい込んでおり，死がない世界に，それゆえに本当の生なき世界にいて，この世界にはまだ真の意味では参入していないとも言えるだろう。

この事実は，#69の遊びにおいても，明らかになる。この遊びで，Th は A と同じように人形を壁で覆う。その瞬間，この遊びは，互いに生命を失うことがなくなり，それゆえ，「いつまでたっても終わらんし，意味ない」遊び—死なき世界—として，そもそもはじめられなくなってしまう—本当の生なき世界—のである。このとき，A と Th は，身をもって "本体を隠し，生命を賭けることなく，遊び，人生，人間関係に参入するなどといったことは幻想にすぎず，本来成立しえないことであり，最初からはじまらないことなのだ" という体験をしたとも言えるだろう。このように，彼らは日々この世を生きようとして緘黙という手段を用いるものの，その緘黙ゆえに本当にはこの世を生きることがはじまらないという断絶を抱えることにもなるのである。

では，このような断絶，日々作られる緘黙の世界，神経症的な在り方に遊戯療法はどのようにアプローチすることができるのだろうか。次に，そのことを検討してみたい。

### (2)神経症の世界に入り込むこと —— 神経症を体験することを試みる
#### 緘黙世界の顕現と崩壊

前項では，A の緘黙の世界，神経症的な在り方がいかに日々作られているのかを示すために，#69の遊びを考察した。しかし，この一回に限らず，遊戯療法全体を通してみても，同様のテーマは繰り返し表れていたように思われる。たとえば，A は#2よりしばらくの間，毎回，「宝物」を持参し，入室と同時にそれを Th に突き出して見せていた。これは初回に，はじめて Th と出会っ

た際に，母の陰に隠れたように，宝物の陰に自身の姿を隠すこと，あるいは，間に挟むものなしでは Th と対面できないことの表れと考えられるだろう。したがって，宝物の持参とは，遊戯療法の場から“退却することなく，安住する”という意味で，緘黙の世界の表れであると言える。先の遊びにならっていえば，「宝物」が本体を覆い隠す壁として用いられていたのである。しかし，その一方で，「宝物」の持参は，自分がどのようなものに関心を持ち，何を大事にしているのかを示すという意味で，自分がどのような人間であるかを告げる自己紹介でもあるだろう。また，自分の大切にしている宝物を媒介にして，Th との関係を作ろうという働きかけであるとも考えられるだろう。ここで興味深いのは，「宝物」の持参には，自らを隠そうとする動きと同時に自らを曝すという動きも含まれているということである。すなわち，Aが宝物を突き出すそのときに，緘黙世界の顕現と緘黙世界の崩壊が同時に起こっているのである。そして，こうしたことが繰り返されることによって，＃13以降，Aは「宝物」を持参せず，「映画を観に行く」等，自分の話をするようになり，何かに隠れたり，間に物を挟んだりすることがなくなっていく。「宝物」の持参が不要になるのである。

　このように，神経症の表れと崩壊という両方の動きが内包された遊びやそれが繰り返されることで不要になるという過程は，様々なところで見出すことができる。たとえば，Aは「固い「緘黙の殻」」（山中，1978）を想起させるような固い装甲を持つプラモデルのガンダムや戦車（＃18-＃21）—プラモデルは基本的に説明書に書かれた手順通りに作ればよいので，自分を出さずに済む。また，不意を突かれたり，予想外のことが起きたりせず，思わず自分が引き出されてしまうことも少なく，緘黙に親和性がある遊びと言えよう—，あるいは，完成したプラモデルのためのレゴの固い壁に囲まれた基地（＃22-＃24）や木の壁の家（＃28）を作っていた。しかし，それは同時に，腹痛を引き起こし，体内から排泄物が流れ出ることや固めようとして固まらないこと（＃26），「壁」が上手く築けないこと（＃28）など，殻が殻になりえない体験にも繋がるのである。このような殻の崩壊は，「緘黙の背後に『滞っていた』未分化で圧倒的

な『感情的なもの』『動物的・本能的・衝動的なもの』『攻撃・活動・破壊エネルギー』『甘え』」などが「通る」（大場，2005），あるいは「水路づけ」（河合，2005）され，流れていく—もしくは，そうした穏やかな形ではなく，溢れかえる—契機に繋がりうるだろう。

　また，真っ暗な中で行われたかくれんぼ（#32・#33）やボールを見つける遊び（#37-#43）にも同様に，二つの側面が見て取れる。部屋の中を暗闇にして，Th の眼前から自身の姿を消す，あるいは，自身がどこにいるのかわからないようにダミーやフェイントを用いるのは，これまでも述べてきたように，緘黙的世界，神経症的な在り方の表れだと言えるだろう。しかし，この遊びには，たんに消える，隠れるといった面だけではなく，隠れた本体が見出され，暴かれること，すなわち，緘黙の世界の無効化や神経症的な在り方の消失もまた含まれているのである。話を戻せば，先に取り上げた#69での遊びにおいても，両者が人形の周りに壁を築き，遊びが成立しなくなった翌回，Aは自ら人形の周りの壁を取り払い，しまい込んでいた本体や生命を取り出し，それと一体になって走り回ったり，それを危険にさらしたりして，遊びを再開させたのであった。このときもまた，人形の周りに壁を築くという緘黙的な在り方をして，その神経症的な世界に入り込むことを通して，その後に，そのような世界や在り方が放棄されたのであった。田中（2007）は「神経症の『問題』と『解決』，あるいは『入口』と『出口』は同一である」と述べるが，これまでみてきたように，遊戯療法においては，神経症的な在り方や緘黙世界の遊びを否定したり，矯正しようとしたりするのではなく，むしろそれを入口として，その世界に入り込み，深めていくことになる。しかし，そうすると，そこから神経症的世界が崩れていったり，緘黙の殻が不要なものとして放棄されたりする出口が現れてくるのである。

**現実への参入**

　さらに言えば，遊戯療法においては，上記のように，一つ一つの遊びに緘黙世界や神経症的在り方が表れるだけではなく，遊戯療法の場全体が神経症的になるとも言えるだろう。というのも，Cl は遊戯療法という非日常的な空間に

おいて，徹底して守られ，無傷で純白であることも許容されるからである。こ
れはある意味で，遊戯療法の枠が緘黙の壁の代替物になるとも言えるだろう。
しかし，それによって，遊戯療法の中で緘黙の世界や神経症的在り方は不要な
ものになるのである。たとえば，Aは爆破にさらされる（＃11），狙われる
（＃12），ぶつけられる（＃44-＃48）遊びを行っていた。あるいは，意図せず電
車をバラバラにする（＃9），狙う（＃6-＃8），ぶつける（＃53-＃58）という遊
びも行っていた。子どもは本質を見抜く。そして，大人のように，それをオブ
ラートでくるむこともない。それゆえに，子どもの言葉や行動は，ときに大人
のそれ以上に，残酷に，容赦なく心に突き刺さることがある。しかし，それが
子どもの世界の現実であるならば，Aが現実を生きるためには，爆破にさらさ
れること，射抜かれること，ぶつけられることが必要になると言えるだろう。
逆も然りである。子どもの何気ない言葉や行動は予想していないことを引き起
こしたり，知らぬ間に相手を傷つけていたりもする。しかし，それもまた子ど
もの世界の現実であるならば，現実を生きるためには，Aは予期せぬ事態に身
を委ねること，自身の攻撃性を引き受けることが必要になるとも言えるだろう。
先にも述べたように，緘黙はこうした現実生活における要請を担わずに済まそ
うとする魔術的な方策として編み出されたわけだが，上記の遊びに示されるよ
うに，遊戯療法の枠組みやThとの関係において守られたClは，緘黙の壁を
不要なものとして放棄し，自分を表すこと，あるいは，現実を生きる上で必要
となる，曝される，引き受ける，委ねることを遊びの中で繰り返し体験してい
くのである。ここにおいても，遊戯療法においては，緘黙，神経症的な世界を
拒否したり，そこから遠ざかろうとするのではなく，むしろ，そこに近づき，
それを体験することによって，反対に，それが不要なものとなったり，そこか
ら去っていくという動きが表れることが見て取れるだろう。ユング（Jung,
1934/1970）は「我々は神経症を除去しようとすべきではない。むしろ神経症
が何を意味しているのか，何を教えようとしているのか，何を目的としている
のかを体験することが試みられるべきである」と述べるが，このように，神経
症に深く入り込んでいこうとする態度こそが遊戯療法の神経症に対する独自の

アプローチだと言える。先に緘黙や神経症は，それゆえに，この世を生きることがはじまらないという断絶を生むと述べたが，それだけではなく，緘黙や神経症は，それゆえに，この世を生きることがはじまる契機ともなるのである。

では，このようなアプローチをとると，緘黙の世界，神経症にはいかなる変化や進展が表れるのだろうか。次に，そのことを検討していきたい。

### (3)神経症の後継者 ―― 神経症には患者の心の本質的な部分が含まれている

**緘黙世界を後にする**

これまで見てきたように，Aは神経症の表れと消失という二つの側面を同時に含む遊びを重ねていった。そして，面接の終盤（#78-#121）には「手打ちテニス」を楽しむようになった。それ以前のボードゲーム（#53-#58）では，Aはルールの縛りから解き放たれ，自由で「無敵」になったり，野球（#59-#61）では，フォアボールなしの，すなわち，ストライクしか投げないという意味で，無傷で純白な，緘黙世界のパーフェクトピッチャーになったりしていたが―しかし，ここにおいても，だからこそ，Aは全力で自身を賭けて投げ，わずかながらも Th に打たれるかもしれないリスクを担うという点で，その世界は表現されると同時に崩れていく―，手打ちテニスにおいては，Aは Th と同じルール，条件のもとでの勝負を繰り広げるようになる。Aは Th に攻撃されることや負けることを引き受けるのである。同様に，Aは Th を攻撃することや負かすことも引き受けるのである。さらには，予想外の回転，丸いボールだからこそ何が起こるかわからない世界に恐れることなく身を委ねるのである。この遊びにおけるAは，もはや無傷で純白のままの自分であることを志向してはおらず，緘黙世界や神経症的在り方を後にしていると言えよう。

このような変化は，現実においても表れはじめる。たとえば，当初，Aは母親に「今の学校では話ができない。転校したいから引っ越しして」（#63）と頼んでいた。Aには現状を変えたいという思いが芽生えてきたのであろうが，それは非現実的で，他力本願なものであり，自身で何かを引き受けたり，自身で状況を変えようとしたりする態度ではなかった。しかし，その後，Aはまず

適応指導教室に通うようになる（＃70）。そして，そこでメンバーと揉めながらも関係が築かれていく。揉めるとは他者と争うことであり，それは手打ちテニス同様に，攻撃し—攻撃される，勝ちもし—負けもすることを引き受け，対等な立場で自分と相手の気持ちや考えをぶつけ合うという勝負の世界に参入していなければ，できないことであろう。さらに，Aは「知り合いがいる所より，みんなはじめての方が友達になりやすいし話せる」（＃94）と考え，中学受験を決意するに至る。Aは，これまでの知人がいる学校では話したくない・話せない自分，すなわち，世界に参入したくない・できない自分と新たな学校でなら話がしたい・話せるだろう自分，すなわち世界に参入したい・できる自分を認め，その両方の自分を成立させるために，以前の緘黙という神経症的な解決に代わって，受験という現実的な解決にたどり着いたのである。受験とは，合格するために自ら勉強するという努力をすること，あるいは，不合格になるリスクやそれに伴う傷を引き受ける覚悟がなければ挑戦できないものであろう。あるいは，受験の合否基準となるテストの点数は，隠れることも，言い訳することも許さない冷徹な評価であり，学力というある一面に関してではあるが，自身を容赦ない評価に曝す体験であるとも言えよう。このときのAは＃63で，母親に転校や引っ越しすることを求めたときのように，"環境が変われば話ができるのではないか"という素朴な発想に留まっていたのとは異なり，現実において，様々なことを引き受け，そして，自身で自身の場所や世界を作っていくという意志や決断の結果として，環境の変化を求めたのであろう。

**緘黙世界の発展**

　さらに，このような変化を見せたAが将来の夢として，数ある職業の中から「弁護士」（＃94）をあげたことはとても興味深い。もちろん，今後，Aが本当に弁護士になるのか，ならないのかはまだわからないし，そのことはあまり重要ではないだろう。ここで重要なのは，この時点で，Aの中から「弁護士」というアイディアが生まれてきたことであり，さらに，少なくともそれが実際に中学受験をするという現実を生きるための一つの原動力になっているということであろう。「弁護士」の職業イメージとは，依頼人の壁となって，その権利

や利益を守ることである。あるいは，弁護士がしばしば代理人と呼ばれること
からもわかるように，依頼人の代理として，その無実や潔白を訴え，証明する
ことがその仕事となる。つまり，法廷という場で，本人に代わって，無傷であ
ることや純白であることを志向する職業が「弁護士」と言えるだろう。この点
において，「弁護士」というアイディアは，人形の周りに築かれた壁（＃69），
暗闇の中に置かれたダミーやフェイクの人形（＃32・＃33），人生や人間関係，
学校という場で無傷で純白であるために考案された緘黙の目的や志を受け継ぐ
もの，すなわち，神経症の後継者と言えよう。

　先に，遊戯療法においては，緘黙や神経症的な世界に入り込み，深めること
によって，反対に緘黙が不要なものとして放棄される，あるいは，神経症的な
世界が崩れていくという表現を用いたが，ここにおいて，これらは，より正確
に言い直される必要があるだろう。未熟な緘黙が不要なものとして放棄され，
非現実的な神経症的世界が崩れていくのである，と。つまり，Aが"世界に参
入したくない・できない自分"と"世界に参入したい・できる自分"を現実に
おいて同時に成立させるために，知人のいない中学受験をしたこと，あるいは，
「弁護士」という「よいことを思いついた」ことには，緘黙の世界が成熟し，
現実的なものとして生まれ変わったこと，あるいは，神経症が昇華されたこと
が示唆されているのである。前述のとおり，ユング（Jung, 1934/1970）は「神
経症には患者の心が，あるいは，少なくとも心の本質的な部分が含まれている。
…（中略）…もしも神経症が悪い歯のように抜かれてしまったならば，患者は
何も得ることはなく，患者にとって本質的なものを失うことになる」と述べる
が，遊戯療法において，緘黙の世界や神経症が取り除かれるべき問題，訓練し
矯正されるべき問題ととらえられたからではなく，そこに入り込み，体験され，
深められたからこそ，神経症の本質は生き続け，形を変えて，このように，受
験という困難な現実に取り組むための力となったり，進路選択や職業選択の契
機となったりしたのである。

## 4. おわりに

　ユングの理論，中でも三つの言説を踏まえて，選択性緘黙の事例を検討してきた。遊戯療法の場が守られたものになると，神経症の子どもの遊びには心の世界がよく表れ，象徴的な意味を持つことが示されたように思われる。一つには，守られた場においては，神経症的な在り方を取る必要がなくなり，この世界に参入して本当に生きていくための遊びが自然に展開していくのである。またもう一つには，神経症はつねに現在に存在するゆえに，遊戯療法の様々な今この瞬間にも，神経症的な遊びが表れるのである。そして，そうした際の，遊戯療法の独自で専門的なアプローチは，それを教育，是正しようとしたり，除去，修正しようとしたりはせず，その遊びの中に入って，神経症的な世界を体験していくことである。それは「神経症にはわれわれ自身の最高の敵が，そして最高の友が潜んでいる」(Jung, 1934/1970, CW10, par. 359) と言われるように，神経症は悪いものというだけではなく，心の本質を表すもので，人生を豊かにしていくものでもあるからである。

　遊びに入っていくのは，もちろん Cl だけではない。Th もまた Cl とともにその中に入っていくのである。ただし，その際，Th はその先に出口があることを知っているから，その入口をくぐるわけではない。この遊びにどのような意味があるのか，この遊びの世界を深めていくことで，どのような新しい世界が生まれてくるのか，それは事後的にしかわからないことであり，それらは遊戯療法が終わって振り返って考えられたとき，はじめて明らかになると言えよう。したがって，遊戯療法の実践においては，Th はただ目の前の遊びにその都度入っていくしかないと言えるだろう。あらかじめ完成図があり，作り方の手順が示されたプラモデルの世界ではなく，丸いボールに回転がかかってどう転がっていくのか，次に何が起きるわからない手打ちテニスの世界に，Th もまた身を置かねばならないのである。緘黙の壁に隠れてしまえば本当の生がはじまらないように，理論や経験という壁の中に隠れてしまい，その都度，自らを賭けて子どもの繰り広げる遊びにかかわることをしなければ，遊戯療法もま

たはじまらないのである。

〈文献〉

American Psychiatric Association　髙橋三郎・大野裕（監訳）(2013/2014).
　　DSM-5 精神疾患の分類と診断の手引　医学書院

弘中正美 (1985).　重篤な緘黙症における自我の病理性を巡って──母性の問題
　　と自我境界の問題を中心として　心理臨床学研究, **2**(2), 20-31.

石谷みつる (2005).　自律性の未熟さとしての場面緘黙──小一男児の事例を通
　　して　東山紘久・伊藤良子（編）　京大心理療法シリーズ　遊戯療法と子ど
　　もの今　創元社　pp. 73-84.

Jung, C. G. (1912/1966). New path in psychology. In the collected works of C. G.
　　Jung vol. 7, *Two essays in analytical psychology*. Princeton University Press.
　　pp. 245-268.

Jung, C. G. (1934/1970). The state of psychotherapy today. In the collected works
　　of C. G. Jung vol. 10, *Civilization in transition*. Princeton University Press. pp.
　　157-176.

Jung, C. G. (1967/1970). The theory of psychoanalysis. In the collected works of
　　C. G. Jung vol. 4, *Freud & psychoanalysis*. Princeton University Press. pp. 83-
　　226.

河合隼雄 (2005).　場面緘黙Z君の箱庭＆プレイセラピーへのコメント　河合隼
　　雄・山王教育研究所（編）　心理療法の実際　誠信書房　pp. 48-51.

大場登 (2005).　場面緘黙Z君の箱庭＆プレイセラピー　河合隼雄・山王教育研
　　究所（編）　心理療法の実際　誠信書房　pp. 23-47.

大井正己・鈴木国夫・玉木英雄・森正彦・吉田耕治・山本秀人・味岡三幸・川口
　　まさ子 (1979).　児童期の選択緘黙についての一考察　精神神経学雑誌, **81**
　　(6), 365-389.

田中康裕 (2007).　臨床心理学の対象──神経症圏を中心に　桑原知子（編）　朝
　　倉心理学講座 9　臨床心理学　朝倉書店　pp. 60-68.

山中康裕 (1978).　少年期の心──精神療法を通してみた影　中公新書

# ② 自閉症を抱える子どもの遊戯療法

淀　直子

## 1.　自閉症の歴史的変遷と支援

　自閉症の概念は，米国の精神科医であるカナー（Kanner, L., 1943/2001）が，子どもの外界との関係のもち方に着目して，11人の子どもの症例を報告したことに始まる。人との接触における極端な退避，外界の同じ状態を保持しようとすること，物に対して巧緻で熱中的なかかわり方，言葉がないかあってもコミュニケーションとしての言葉を用いることが困難であることをあげ，"早期幼児自閉症"と命名した。その翌年，オーストリアの小児科医であるアスペルガー（Asperger, H., 1944/2000）が4人の子どもについて記述し，次のような特徴をあげた。視線が合わないこと，異邦人のように悠然とうろつき回ること，世界に一人ぽつんといるような孤立，表情や身振りが交流の媒体にならないこと，言葉の調子の不自然さ，常同的行動，特殊な分野の興味と強迫的傾向，知的なアンバランスさ，ユーモアを理解できないことなどである。カナーの症例とは言語的なコミュニケーションや知的に高い点が異なってはいるが，他の特徴はとてもよく似ている。しかし，この二つの論文は別々に発表され交流はなく，検討されることはなかった。

　1960年代までは，自閉症の原因を，養育態度を含む環境要因とする考え方が強く，ベッテルハイム（Bettelheim, B.）などによって治療的アプローチが行われた。わが国では，当時，ロジャーズ（Rogers, C.）のクライエント中心療法が

導入されており，アクスライン（Axline, V.）の非指示的遊戯療法が行われていた。その後，ラター（Rutter, M.）の言語認知障害説が打ち立てられ，生得的な器質的要因によるものと考えられて，言語療法や感覚統合訓練，行動療法，TEACCH などの支援が広まっていった。さらに，1990年代になってウィング（Wing, L.）がカナー論文とアスペルガー論文を比較し，自閉症とアスペルガー症候群のどちらにもあてはまらない周辺群があるとして "自閉的連続体" と呼んだ。現在の自閉症スペクトラムである。DSM-5 の診断基準では，「社会的コミュニケーションと相互関係における持続的困難」「行動，興味，活動の様式が限定され反復的であること」となっている。自閉症スペクトラムは連続体であり裾野が広く，"自閉的部分" は私たちの中にも個体差レベルで存在する。

　近年，バロン・コーエン（Baron-Choen, S.）らによって "心の理論" からの自閉症研究が行われているが，ホブソン（Hobson, P., 1993/2000）はそれを再検討し，自閉症の本質を対人関係の枠組みからとらえようとした。赤ん坊は他者からの働きかけに合わせるように反応し，かかわり合いをもとうとする方向づけが生得的にあるとし，ここに自閉症の障害があると考えたのである。相互主体性によって人は心をもち共有できることを理解していくとして，象徴化には共同注意をもとにした三項関係が重要な意味をもつと述べている。

　さて現在，自閉症を抱える子どもへの支援については，その子どもの強みなどの特性や実際に困っているところを把握し，子ども自身が状況を理解でき先の見通しをもって行動しやすいように，具体的工夫や対策をしていくという支援が多く行われている。では，遊戯療法は彼らの役に立つのだろうか。役に立つとすればどのようなところに意義があるのだろうか。次に自閉症を抱える子どもの状態像と遊戯療法について述べていきたい。

## 2.　自閉症を抱える子どもの状態像と遊戯療法

　子どもは大人よりもずっと無意識に開かれている。セラピーの "場" が与えられ，セラピストが子どもの投げかけてきたものをしっかりと受けとめ，心の

内を想像して考え応答していくと，子どもはすっと心の世界に入っていき，自らの心的なテーマに取り組んでいく。そして，心的世界を象徴的に表現し，セラピストとの関係性ややりとりを通して，心の世界が少しずつ変化していく。遊戯療法は，子どもが意味を主体的に見出しつくりだしていく創造的な象徴化の過程と言えるだろう。ただこれは，子どもが心的空間という心のスペースをもち，主体があり象徴化能力があって，人に投げかけ受けとるというインタラクションができることを前提としている。自閉症を抱える子どもは，情緒的なものを投げかけることや受けとることが弱く，"心的なものを象徴的に表現する"ことに困難な場合が多い。いわゆる"神経症的な子ども"の遊戯療法のようには展開しない。異なる視点をもつ必要があるだろう。

### (1)自他の分離性

　人との間で共有し相互的なやりとりをするためには，自他が分離しており，対象との間を揺れ動くような共有スペースが必要である（図2.2.1）。自分と対象とは違う存在で，別個の心があり，それぞれの気持ちや感情をもちながらもやりとりをしてつながれるし共有もできるというのが自他の分離性である。これが象徴化の基盤となる。

　自閉症を抱える子どもは，対象との間に隙間も揺れ動く共有空間もない状態で自他が区別されておらず，分離性がない状態と考えられるだろう。どちらか一方が主張すれば，もう一方は消滅する関係である（図2.2.2）。これを平井（2011）は"結合双生児様の対象関係"と表現している。

　自閉症を抱える子どもの遊戯療法を行っていると，退屈さや眠気を感じ，また一方的に話してくる子どもに対して，いつの間にか他に注意が向いてしまっていたり，あるいは応答はしているものの心が平板になっていたりすることはないだろうか。また，セラピストから子どもにかかわったとき，子どもは従うかもしれないが，主体なくセラピストの言うままになっていることはないだろうか。一方が主張すれば，もう一方は主体なく合わせることになって，生きた二人ではない状態になっていることがある。知的に高い自閉症を抱える子ども

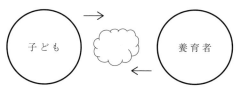

**図2.2.1　象徴の基盤となる，スペースがある対象**
**関係**
（出所）　平井（2011）を参考に筆者作成

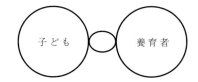

**図2.2.2　自閉症の子どもの，スペースが**
**ない対象関係**
（出所）　平井（2011）を参考に筆者作成

の場合，抽象的思考が可能で言葉のやりとりもスムーズであるが，いつのまにかセラピストに合わせて考えていて，情緒を伴った主体的な体験ではない場合がある。また，セラピストが意識せずに合わせてしまっている場合もある。

　自閉症理解と分離性に関しては，精神分析のクライン派の研究が詳しいので紹介しておきたい。ビック（Bick, E., 1968/1993）は，最早期の乳児は養育者に心身ともに抱えられることによって，皮膚で自分がまとめられているという感覚をもち，内部と外部の区別ができるようになるとして，その機能を皮膚コンテナーと呼んだ。皮膚コンテナーが形成されないとバラバラになってしまうと感じられ，そうならないように"セカンドスキン"として筋肉系を発達させるという。"セカンドスキン"は筋肉系ばかりでなく，緘黙やお喋りなど様々な様式が考えられよう。さらに，人とやりとりをして成長する過程を踏めず，人の真似をする表層的なパーソナリティを形成する付着同一化の概念を提起し，また"終わり（dead-end）"が破滅的不安になることを指摘した（Bick, 1986）。タスティン（Tustin, F., 1972/2005）は，自閉症は母親のオッパイと一体化している"付着一体性"の状態にあると言う。心身未分化であるために対象との分離性は身体的破局として感じられ，ブラックホールに落ちるような恐怖であると述べ，その分離の隙間を埋めるものを"自閉対象"と呼んだ。自閉対象は自分の身体のように体験され，鍵やミニカーなど硬いものが多い。図2.2.2の子どもと養育者の間の丸は，子どもがぴったりとくっついている母親の乳首あるいは自閉対象である。メルツァー（Meltzer, D. et al., 1975/2014）は心の次元性を提唱し，自閉症状態は情緒的に感じたり考えたりする三次元的な心の空間がなく，人に情緒を投影することができない状態であると指摘した。自閉症を抱

える多くの子どもは，平面的な二次元性の世界にいて，模倣によって適応しようとしているというわけである。なお，自閉症を抱えていない人の中にも二次元性は存在する。

　アルヴァレズ（Alvarez, A., 1992）は，子どもの心がひきこもって平板で死んだような状態に対して，「ほら！　ここ，ここだよ！」というように，積極的な役割をとって注意を喚起し（claiming），生き生きとした交流に引きもどす再生（reclaiming）技法を提起している。

## (2)自己身体像と時空間体験

### 自己身体像

　象徴化の基盤としてもう一つあげられるのが，自己身体像であろう。自己身体像とは，自分の身体についての空間的な心像である。伊藤（1984）は，身体像は象徴につながる心像の原初的なもので，象徴形成に向けて身体像の獲得がめざされるべきだとし，コンテイニングの内在化と視覚的同一化をあげている。コンテイニングとは，心に生じているものを理解し考える心の容器（コンテナー）の機能である（ビオン Bion, W., 1962/1999）。伊藤のいう視覚的同一化とは，鏡像遊びを通して他者が子どもの鏡像になり，その他者の全体像に子どもが同一化することである。また山上（1999）は，象徴機能の獲得期が身体図式の獲得期として特徴づけられることを指摘している。象徴化には自己身体像の成立が重要な意味をもつのである。

　私たちは，自分の身体の各部位の大きさや位置関係をあたりまえのように認識し，ある動きをするとき，身体のどの部分をどのように動かしたらいいのかを考えるまでもなく自然に動かしている。それは視覚・触覚・聴覚・深部感覚（体の内部の受容感覚）などの身体感覚が統合されることによって可能となる。さらに上述のコンテイニングの内在化や視覚的同一化など，人との関係性による側面が加わって"まとまりある自分の身体"という身体像が形成されると考えられる。当事者であるニキ・藤家（2004）は，自分の身体の部位が見えないとどこにあるのかわからないと言い，東田（2007）も「手も足もどこから付い

ているのか，どうやったら自分の思い通りに動くのか，まるで人魚の足のように実感がない」と言う。また，綾屋・熊谷（2008）は感じられている感覚が何を表しているのか直観的にわかりにくく，意味がとらえにくいと述べている。こうしたことは，混乱や，情緒と身体の遊離をもたらすだろう。

**時空間体験**

　次に，時空間体験について考えてみたい。私たちが体験している時間は，過去・現在・未来という一本の流れのようなものであり，空間は自分を中心として前後左右上下の方向に拡がっている。木村（1978）は，この時間の流れや空間の拡がりに実感がなければ，自分自身の体験を時間的空間的に秩序づけることができないと述べている。情緒的意味づけや実感ある自己体験に困難があると，自分を中心に拡がる空間を体験することや連続した流れとしての時間を体験することが困難なのである。自閉症を抱える人の体験記憶が断片的でつながらず，現在と過去の体験が重なり合ってしまい，容易にフラッシュバックが生じるのはこのためであろう。

　これまで，自閉症を抱える子どもの状態像について述べてきたが，自閉症を抱える子どもであっても"自閉的部分"ばかりではなく"非自閉的部分"も存在する。セラピストがいかに"非自閉的な部分"を見落とさず，つながりの糸口をつかむかが大切である。生きたつながりをもてたとき，子どもの関心は物からセラピストに向け変えられるだろう。ただ，お互い新鮮なつながりをもてても，次第に主体なく付着的になり意味が失われる場合もあることを知っておく必要がある。

　次に具体的な事例をあげて，自閉症を抱える子どもの遊戯療法について考えたい。

## 3.　事　　例——関係性体験と個の生成

### (1)事例の概要

　クライエントは来談時5歳の男児Aである。在胎8か月で低出生体重児として生まれ，40日余り入院した。言葉は遅かったが健診では指摘はなく，発達を心配した母親が自ら相談に行き，3歳から幼稚園入園まで親子教室に通所した。オウム返しがあり，一本調子の言い回しでなかなか会話にならず，数に関心があり電子レンジやビデオの数字をじっと見ていることが多い。幼稚園ではみんなが座るときにいつまでも立っていたり，ピョンピョンと跳びはねていたりする。幼稚園の先生に勧められ母親も希望し，「発達の遅れ」を主訴に来談した。家族は会社員の父親と専業主婦の母親，弟Bの4人家族。父親は子育てに協力的であり，母親はAのことを心配し順調に育ってほしいと願い，目をかけている。自閉症を抱えた男児と考えられ，かかわり合いを通しての成長を目的に遊戯療法を行った。母親の面接は別の相談員が担当した。時間は50分間，料金は無料である。Aとのかかわりはフォローアップも含めて長期にわたるものだが，ここでは定期的なセラピーを行った約5年間135セッションの経過と考察を記す。

### (2)経　　過

### 第1期　「お母さん，死んじゃった」プレイ——"ない"ことへの気づき（＃1-＃21：幼稚園年少5月～12月）

　初回，待合室で母親担当者がAに声をかけると，「ギャー」と激しく泣き叫びぴったりと母親にしがみつく。この回は母親，A，母親担当者，私（セラピスト）の4人でプレイルームに入る。Aは母親の膝に座ってどうにか落ち着き，後半は母親から少し離れて電車のドアを開閉した。私はいくつかの言葉をかけたが，Aは私を見ることも声を発することもなかった。次の回，Aは大声で泣いていたにもかかわらずプレイルームのドアが閉まって母親の姿が見えなくなると，何事もなかったかのように踵を返して入り，電車のドアを開閉した。次

の回からは待合に迎えに行った私を見ると，奇妙に手を上下に動かし跳びはねる。Aは分離の衝撃を不安として感じているのではなく，身体感覚そのものとして感じているようだった。

　Aは母親と別れてプレイルームに入ると，まるではりつくように数字が書いてある駒やアルファベットが書いてあるジェンガを並べていく。〈お母さんと別れるのがつらかったんだね。だからきっちりおいていかないといけないんだね〉と言う私の言葉に反応はない。私が〈10（50分）になったらお母さんのところに行こうね〉と言うと，Aは「10になったらお母さん」とひとり言のようにつぶやいている。＃5，ジェンガを並べているこのプレイが，母親と離れてはいない一体の状態をつくっていると私には思え，〈お母さんといるんだね。お母さんをつくっているんだね〉と言うと，Aは私をじっと見つめた。はじめての出会いの瞬間だった。ジェンガは母親を象徴しているのではなく，あえて言えば『お母さん』である。その直後，Aはきっちり隙間なく並べていたジェンガで門のようなものをつくり，車を少しだけ走らせた。＃6では，いたずらボックスを開閉し，私が〈こんにちは〉〈いないね。おやすみ〉と声をかけると意識し，レジの数ボタンを押す。

　＃7，電池式の運転玩具が止まってしまったとき，Aは「お母さん，死んじゃった」と言った。私が〈お母さんをつくっているんだね〉と言ったことが影響しているのだが，Aにとって止まることは“死”なのだろう。この後，レジの数ボタンを次々に押している。数字が出てくる限り死なずに続くのであり，私はつなぎとめておくもののように思えて〈1，2，3，4と続いていくね〉と言葉をかけた。以後Aは，ジェンガを倒しては「お母さん，死んじゃった」と言い，プラレールの三叉の3と書いてあるところで電車を脱線させて「3，転けちゃった。お母さん，死んじゃった」と言い，ぬいぐるみに乗ってわざと倒れて「お母さん，死んじゃった」と言う。このとき，Aはケラケラと笑っているのである。情緒的な恐怖体験としては感じられていないように思えた。しかし，こうしたプレイをしながらA自身が躓いたり指を怪我したりすることが起こり，次第にAの身体的体験と結びつきはじめた。＃20，ミニ人形がハウス

の奥にはまりこんでしまうと，Aは「お母さん，死んじゃった」と言い，同種のミニ人形を高い棚に放り投げる。それを取ろうとして今度はA自身が落ちかけ，私が抱きかかえることになった。驚きと恐怖の体験であっただろう。その後Aは，ハウスの屋根から人形を滑り落とすが，そこに笑いはない。次の#21では人形を投げ「行っちゃった」と言い，お絵かきボードで文字シートをなぞって書き，一部を消して「ない」と言い，繰り返す。長期休みを告げると，じっと私を見，休み前の回では何度も振り返りながら帰った。

【考察】

　母胎に尋常ならざる変化が起きて，Aは胎内基地にとどまることができず，未熟なままに生まれなければならなかった。胎内から離れる準備が十分にできていない状態での突然の分離である。早産というこの分離がAにどう影響しているのかはわからないが，分離性という問題がAの大きなテーマである。

　Aは対象と一体化している状態であり，セラピーによって分け入られ分離させられ，その隙間を埋めるために数やアルファベットに付着的にはりついていたと考えられる。私が投げかけた〈お母さんといるんだね。お母さんをつくっているんだね〉という言葉は，ジェンガと一体化していたAにインパクトを与え，Aは私に関心をもった。走っている電池式運転玩具が止まることは，Aにとって世界の終りの死 "dead-end"（Bick, 1986）であり，その否認からレジの数ボタンを押し続けていたのだろう。そして，A自身が落ちるに至る。ある意味での死の恐怖体験であり分離体験である。こうして "ない" "いなくなる" ことがAにとって現実味をおびてきたのである。

**第2期　"いない，いない，ばあ"──一体と分離の揺れ動き（#22-#44：幼稚園年少1月～年長7月）**

　Aにとって "ない" ことが意味をもちはじめ，それがどういうことなのかを様々なプレイを通して体験していく。文字を一部書かないで私を見，私が〈ないね〉と言うと書き足す。パーキングが空車なのを「どこいった？」と言い，私が〈ないね〉と言うと車を入れる。あるいは人形を寝かせて「おやすみ」と言う。

#40では隠れるようにして笑い，はじめての"いない，いない，ばあ"である。Aは終了時間を「30帰る？ 40は帰る？」と尋ね，私が〈帰らないよ〉と言うと「63は？ 32は？」と聞いていき，〈50分になったね〉の私の言葉に，大ボールの陰に走って行って隠れ，私が見つけると笑う。そして終了後母親に会うと「おはよう」と言う。時計と終了時間がわかってくると「何時？8？」「7は？」「11帰る？」とわざと10（50分）を飛ばして聞く。

Aはトランプの数字が見えるように表にして，同じ数を取って並べては手を上下に動かしてジャンプする。数が同じとき，Aは存在し安心できると感じた私が〈A君と先生（私）ね〉と言うと，そのあとAは裏返して数を見えなくして「暗い」，表にして「明るい」と言う。また，サッカー盤ゲームでは，手でボールを投げゴールに入っても入らなくても得点板を動かし，2対2，3対3のように同じ数にしてうれしそうに手を上下に動かした。

【考察】

"いない，いない，ばあ"が出現した。一体と分離の揺れ動きである。終了時間の10を飛ばして尋ねるが，それはあるはずのものが"ない"ことを意味していると同時に"ない"こと（分離）の否定である。また"違う，違う，合った"の"いない，いない，ばあ"である。Aは終わりや分離性を否定するように，サッカー盤やトランプの数を同じにする。同じ数の一対は一体性を表しており，安全で安心なのである。一対での一体性と，他者性が生まれる分離性の間を，Aは揺れ動きながらプレイ化した。"明・暗""おやすみ・おはよう""見える・見えない""別離・再会"など，"いない，いない，ばあ"系列のプレイを様々なバリエーションで何度も行い，寄せては返す波の動きのような一体と分離の感覚を体験し，自分ではない他者を見出していった。

### 第3期 交替遊びと他者に見られる自己への気づき（#45-#58：幼稚園年長9月～12月）

一対で"一緒"を確認しながらも，自分と相手を分ける作業を本格的に行っていく。Aは数字が見えるようにトランプを並べ，わざと数の違うカードを取って私を見，私が〈違うね〉と言うと「キャッ」と声を上げて同じ数のカード

を取る。また遊具の下に入って手で目を覆い，再び目を開けて私と目が合うと笑い，場所を変えては繰り返す。

　長期休み明け，Aは「11（日）は？」「18（日）は？」とセラピーの日を問い，私はその都度〈来るよ〉と言い，そしてAはわざと「20は？」と来ない日を聞き私は〈来ないね〉と言う。またその逆に，セラピーのない日を言っていき最後にセラピーの日を言う。そのやりとりを楽しんでおり，"いない，いない，ばあ"のようである。そしてAは，磁石玉をくっつけたり離したりし，一部を私の前におき，残りを自分の前において「お兄ちゃん（A）の」と言う。他の場面でも「先生の」「お兄ちゃんの」と分けるようになる。また私にラケットをもたせ対面し「テニス」。Aが上向きにしているラケットに，あたるように私がもっていくと数回続けることができた。自分の分と相手の分に分け，空間を"こちら"と"あちら"に領土化し，"ここ"にいて，ボールが来るのを待っているのである。家庭では弟BとB「おにいたん」A「はーい。Bたん」弟B「はーい」と言い合っており，交替遊びを楽しむようになる。

　#50ごろから，私と目が合うと「見ないの！（見ないで！）」と言い，〈A君〉と私が声をかけると「A君，言わないの！」と少し怒って言う。終了時間がきても「帰らない」と言い，"…ではない。No！"が増えてくる。一方で私と間近で見つめ合い，また頻繁にプレイルームの鏡で自分の姿を見ている。

【考察】

　セラピーにやってきて私と会い，セラピーがなく会わないという体験が大きな意味をもった。セラピーが定期的に行われ，分離と再会の体験とそれをめぐるやりとりが，Aに分化とつながりの感覚をもたらしたと思われる。分化し，他者が立ち現れることによって距離が生まれる。そして交替遊びは，自己と他者が別々でありながらもつながっている一対の関係性であり，とくに身体を使った交替遊びは，身体感覚をもって能動性と受動性をより感じるものである。ワロン（Wallon, H., 1956）は，交替遊びについて，未分化であった自分自身の感受性の内部に他者性を認識していくと述べている。

　Aは，他者から自分に向かってくるまなざしを感じ，見られている自分を感

じはじめた。交替遊びに代表される視点の相互互換に加えて，他者に見られる自己への気づきや身体像の確認などによって，自己身体像が形成されてきていると考えられよう。"自分とは違う""…ではない。No！"と主張したが，これは第4期に自分のことを「ぼく」と呼ぶことが定着したことにつながっていく。

### 第4期　時間の流れと空間の広がりの体験的理解（＃59-＃105：幼稚園年長1月〜小学1年3月）

　サッカー盤で，これまで2対2，3対3と同じ数にして喜んでいたが，ゴールと得点が対応できるようになったAは，3対2のとき，「3にならない」と言い，手でボールをゴールに入れ「3になった」と私の顔を見て言う。"2の次に3になる"のであり，数に違いと動きを見はじめた。

　Aはカレンダーをめくりながらセラピーの日を確認していき，カレンダーがなくなると来年，再来年を聞き未来に目を向けた。また先月のカレンダーがないのを見て「2月，破った」と過去に目を向けた。終了時間について「7時50分帰る？」「3時55分（に帰る）」とわざと違う時間を言ったりしていたが，＃70ごろから「あと5分？」と残りの時間を聞き，「今，何時？」と現在時間を聞く。"今"があり，"さっき（過去）"があり"未来"があることが視野に入っている発言である。

　Aは，「あと何分？　あと0になったら終わり。47分あと3分。48分あと2分…」と言い，終了時間の50分になると「あと5分，55分。4時，4時5分」と言って寝たふりをし，「夜1時，2時…ピピ，朝になった」と言って退出する。またあるときは，終了時に飛行操縦機のレバーを下ろし0にして「終わり。消える」と言う。Aにとって終わることは消えること（dead-end）を意味しているのだろう。"寝る"ことは消えることではあるが，再会があることを意味している（寝たふりは，他者に見られているという，もう一つの視点を演じていることでもある）。私は〈帰りたくない，もう寝ちゃうぞって言っているんだね〉〈あと0になったら終わりだけど，来週もあるよ〉と保障していたが，一方で終了と，私という他者をはっきりと示す必要を感じ，退出を強く促した。外を

見ていたＡは「外が怒っている」,「あかん。ブタさん（直前に遊んでいた）55分て言ってる。ずっとおりたいもん。ブタさん,寂しい,言ってる」「〇月〇日（次のセラピー日）まで,ぼくと一緒に寝る」など言い,長い期間攻防は続いた。

　#80のころから頻繁に大型遊具で家づくりをした。「ぼく,ここ。先生,そこ」とそれぞれの場所を定位して座り,他の人形もおいてごっこ遊びを行った。ただそれはパターン化しており,Ａが一人で進めていきがちであった。また,セラピーは2階で行っていたが,「3階は暗い？　4階はもっと暗い？　2階明るい」と言い,見えないところへの空間の広がりが認識されていった。

【考察】

　Ａは小さいときから数字が大好きで,セラピーでも来談当初はドンジャラ（マージャンのようなゲーム）の駒の数字をはりつくように見ていた。しかしその数字はバラバラで意味はなく,付着的に一体化して分離の隙間を埋めるものであった。その後,数がプレイ体験と結びつき,同じ数の一対がＡと私を表すようになった。第4期になると,「3にならない」と違う数を言いはじめ,Ａは数の違いを通して私を違う存在として体験していった。また私を通して数の意味を理解していった。

　終了時間をめぐる攻防が続いたが,時間は誰にも変えられない客観的時間でありオーソリティである。否応なくやってくるもので,それにぶちあたってこそ,時間が体験的に実感され現実感覚が生まれる。私との攻防から,時間が実感され欲求が立ち現われ「外が怒っている」「ブタさん,寂しい」という言葉が生まれ出たと考える。主語は「外」であり,「ブタさん」であるが,そこにはＡの情緒があり投影が起こっている。

　千原（2005）は,"ここ"という指示代名詞は"わたし"と等価であり,身体像が成立してはじめて空間が構造化され,"今,私はここにいる"という自己定位と象徴化が可能になると述べている。Ａは一対という一体性から少しずつ分離し,距離ができ領土化が進み,交替遊びを行い,Ａと私の場所を「ここ」「そこ」と定位した。そうしてＡは自分と等価である「ここ」からの拡が

った空間をとらえることができたのだろう。

**第5期　定期的なセラピーの終了と残された課題（＃106-＃135：小学2年4月〜小学3年7月（小学2年の秋から隔週））**

　Aはボールを当てて点数を得るゲームを私とするが，ゲームは一方的に進められる。私が，ルールがわからず言われたことをただやっているだけのようだと伝えると，Aはルールを紙に書いてくれようとした。それでもやはり一方的であることは否めなかった。私が体験しているように，Aの日常はわけがわからないまま一方的に進められることが多いのだろうと私は思った。次のセラピーの構造の変化もその一つである。

　相談機関の事情によりセラピーの時間が50分間から45分間になり，それを伝えると，Aは飛行操縦機を動かしながら「あっちはマイナス14度，昼はマイナス10度，夜は13度…ギラギラ20度，昼28度，夜18度」と言い，さらに今度は日没の時間を月ごとに言っていく。セラピーの時間が短くなることへの感覚をAはこのように表現したのであろう。私は〈暗くなって，気持ちも暗くなるね〉と応答した。そのあと，「12月はクリスマスにゲーム。1月…2月豆まき，3月…5月鯉のぼり…」と一年の行事を言っていく。これまでのセラピーを通して，Aは連続した一本の流れとしての時間軸を形成してきたが，それはとどまることのない循環である。

＊

　Aの適応状態や機関の要請からAの定期的なセラピーは終了し，以後は期間をあけてのフォロー面接となった。5年の冬に来たときのバウムテストでは，1本の木にとどまれず四季の移り変わる木を次々に描く。さらに『4月6年になる。○○年，中学生』と書き，「高校，大学」と言い，『○○年くらい，立派な大人。100歳で死ぬ』と書いて「ぼくの成長の仕方」と言った。Aは中学では毎日部活動をやり，高校へと進み学力も伸びて進学しアルバイトもしながら大学生活を送り，成人した大人になっている。

**【考察】**

　セラピーは，Aが母親と分離してプレイルームに入るところから始まった。

一体化したジェンガについて〈お母さんをつくっているんだね〉と言った私の言葉がAにインパクトを与えた。そして運転玩具が停止した"お母さんの死"からプレイは展開した。笑って行う遊離した"お母さんの死"は，A自身の落下によって驚きと身体感覚が結びついた体験となり，Aは"ない"ことに気づくようになる。Aは，私との間で一対という一体性と分離性を揺れ動き，数の異同から分離性を認識し，終了時間への思いから主体的な欲求が立ち上がった。交替遊びが行われ，他者に見られる自分に気づき，身体像も形成されていった。これは関係性体験から"個"が生成されていく過程であったと考える。ただ，Aは一方的に事を進めてしまうのであり，相互性の困難は残存している。一年の行事やバウムテストでの四季の移り変わり，「ぼくの成長の仕方」の言及のように，止まることはやはり"死"であり，連続した永遠の循環にならざるをえないのだろう。

## 4.　おわりに

　今日，自閉症スペクトラムや発達障害という言葉が多用されているが，遊戯療法の観点からは，自閉症か否かということよりも，"自閉的部分"や"自閉的心性"が，どういうところでどのように表れているかを見ていくことが役立つように思う。セラピーの中で注目すべきところは，子どもの主体性と相互主体性，そして象徴性であろう。そこに彼らの課題があり，遊戯療法での意義もそこにあると考えるからである。最後に，自閉症を抱える子どもの遊戯療法においては，子どもとセラピストの両者が生き生きとした体験をすることが，子どもの心の発達を促進していくということを記しておきたい。

〈文献〉
アルヴァレズ，A.　千原雅代・中川純子・平井正三（訳）（1992/2002）．こころの再生を求めて──ポストクライン派による子どもの心理療法　岩崎学術出版社

アスペルガー，H.　詫摩武元・高木隆郎（訳）（1944/2000）．小児期の自閉的精神病質　高木隆郎，ラター，M.，&ショプラー，E.（編）　自閉症と発達障害研究の進歩　Vol. 4.　星和書店　pp. 30-68.

綾屋紗月・熊谷晋一郎（2008）．発達障害当事者研究——ゆっくりていねいにつながりたい　医学書院

ビック，E.　松木邦裕（監訳）（1968/1993）．早期対象関係における皮膚の体験　E. B. スピリウス（編）　メラニー・クライントゥデイ②　岩崎学術出版社　pp. 45-49.

Bick, E. (1986). Further considerations on the function of the skin in early object relations: Findings from infant observation integrated into child and adult analysis. *British Journal of Psychotherapy*, **2**(4), 292-299.

ビオン，W.　福本修（訳）（1962/1999）．精神分析の方法 I　法政大学出版局

千原雅代（2005）．心理療法における身体像　京都大学大学院教育学研究科博士論文

東田直樹（2007）．自閉症の僕が跳びはねる理由　エスコアール出版部

平井正三（2011）．精神分析的心理療法と象徴化——コンテイメントをめぐる臨床思考　岩崎学術出版社

ホブソン，P.　木下孝司（監訳）（1993/2000）．自閉症と心の発達——「心の理論」を越えて　学苑社

伊藤良子（1984）．自閉症児の〈見ること〉の意味——身体イメージ獲得による象徴形成に向けて　心理臨床学研究，**1**(2)，44-56.

カナー，L.　十亀史郎・斉藤聡明・岩本憲（訳）（1943/2001）．情動的交流の自閉的障害　幼児自閉症の研究　黎明書房　pp. 10-55.

木村敏（1978）．自覚の精神病理——自分ということ　紀伊國屋書店

メルツァー，D.，ブレンナー，J.，ホクスター，S.，ウェッデル，D.，&ウィッテンバーグ，I.　平井正三（監訳）（1975/2014）．自閉症世界の探求——精神分析的研究より　金剛出版

ニキ・リンコ／藤家寛子（2004）．自閉っ子，こういう風にできてます！　花風社

タスティン，F.　齊藤久美子（監修）平井正三（監訳）（1972/2005）．自閉症と小児精神病　創元社

山上雅子（1999）．自閉症児の初期発達　ミネルヴァ書房

ワロン，H.　浜田寿美男（訳編）（1956/1983）．自我の水準とその変動　ワロン／身体・自我・社会　ミネルヴァ書房　pp. 23-51.

# ③ 自閉症と神経症の遊戯療法のちがい

伊藤　良子

　自閉症の子どもの遊戯療法と神経症の子どもの遊戯療法においては，現れて
くる遊びの次元が異なってくる。このことは，自閉症と神経症では，抱えてい
る課題が異なるという重要な事実を示しているのであるが，それらの課題は，
どちらも人間存在のあり方の本質にかかわるものである。

　それは，以下のようにまとめられる。

　第一の課題：人間は，他者に同一化することによって人間になる。この同一
化は，他者を「見ること」において生じてくる。このように，人間は，まず，
他者になるのである。

　第二の課題：第一の課題から第二の課題が生じてくる。すなわち，他者に同
一化して他者になった人間は，そこから，主体的な自己の探究という課題の歩
みを始める。

　第一の課題は，自閉症の状態に，第二の課題は，神経症をはじめとしたすべ
ての人間の状態において生じてくる。

　次に，この二つの課題について，本章の1・2節の事例を踏まえ，検討する。


## 1.　人間は他者に同一化することによって人間になる

　生後数日の新生児が，他者の目を凝視することは，1970年代に明らかにされ
ていた。それが「原始反射」としてとらえられていることは，第1章1節で述

べたとおりである。しかしながら，この現象こそ，人間が人間になる原点である（伊藤，2015）。筆者は，自閉症の子どもたちから，人間は，他者に同一化することによって人間になるのであって，それは，他者を「見ること」において生じることを教えられた。彼らの発達の過程は非常にゆっくりであるので，通常では見過ごされるような他者との関係性の働きを，筆者は，子どもたちとの遊戯療法過程をともにすることによって，体験的に知ることができたのである。

　自閉症の子どもたちの「見る遊び」は，まさしくこの同一化の課題にかかわる遊びであるが，自閉症においては，その対象は人間ではなく，モノになってしまっている。このことは，自閉症の状態にある子どもに，周産期等に問題のあった場合が多いこととも関係しているのではないかと，筆者は考えている。これまでの産科医療では，低体重等の子どもの生命が守られるようになったにもかかわらず，母子の関係性を最重要視することは困難であった。

　本章の2節で紹介された子どもも，未熟な状態で誕生した後，40日余も入院していた。このような状態において，本児は，誕生後のもっとも重要な時期に，長期にわたって母親から引き離されて眼差しを交わすこともできず，当然，同一化の対象に混乱が生じることになったと思われる。また，母親も入院中の子どもとの密なかかわりを持つことは不可能であっただろう。こうして，本児は，自己の基盤の確立をめぐる大きな課題を抱えることになったのである。

　本児の遊戯療法でも，当初は，玩具を並べてそれを「見る遊び」が続いていた。セラピストは，玩具をはりつくように並べている本児の遊びに寄り添いつつ，「お母さん」との関係の言葉を伝えていたが，＃5，字が書かれたジェンガを並べて見ていた本児に，セラピストが〈お母さんといるんだね〉と言うと，彼は，セラピストをはじめてじっと見つめた。このとき，「お母さん」という言葉が，セラピストの眼差しとともに，彼に入ったといえよう。ついで＃7，電池で動く玩具が止まったことを，「お母さん，死んじゃった」と，「玩具」を母親と同一視し，玩具が「止まる」「倒れる」ことを「死」と表現した。このような具体的な対応関係がある表現は，象徴ではなく，シーガル（Segal, H., 1978）のいう「象徴等価物」に近いものである。さらに，＃20では，彼自身も

落ちそうになって，セラピストの敏速な対応で助けられた。彼にとって，非常に怖い体験であったであろうが，この場面は，彼の出生の再体験のように思われる。その彼をセラピストはしっかりと受け止めた。このようなセラピストの態度こそ，自閉症の状態の子どもたちの遊戯療法に必須のものである。セラピストの守りの中で，本児は，生まれ直したとすら言えよう。

　筆者（伊藤，1985）の報告した幼児も，胎生期に子宮口を縫い，出産時に酸素吸入を要した状態で誕生したが，この幼児においても，遊戯療法過程の後半に至り，誕生場面の体験と思われる遊びがなされた。それは，砂場にガムテープをびっしり貼り詰め，砂場の端に滑り台の下を置いて，遊具の車に乗って，滑り台の上から，砂場に滑り降りて，ガムテープを突き破って，突入するというものであった。非常に危険な行為であったが，セラピストは，幼児のいうとおりに準備を手伝い，滑り降りるのも必死で支えた。

　このように，自閉状態の子どもの遊戯療法においては，その遊びは，具体的な体験になることが多い。子どもは，危険な遊びをするが，それは，彼らにとって必然的な遊びであり，セラピストはそれが安全に実現できるように守るのである。こうした体験を経て，本児には，＃40に，セラピストとの「イナイイナイバー遊び」，そして，トランプやゲーム盤での一対の遊び，さらに＃50ごろには鏡で自分の姿を見る等の「鏡像遊び」が生じ，＃80ごろには，「ぼく，ここ」と，主語の「ぼく」が出てきた。

　「ぼく」という〈私〉の表現は，自分のことを「A」と言うような他者からの呼びかけの言葉そのままの使用ではなく，あなたが「ぼく」であるように，私も「ぼく」であるという相互主体性の認識が生じてはじめて可能になる言葉である。それゆえ，自閉症においては，「ぼく」の使用は，非常に困難なことなのであるが，本児は，さらに「ぼくの成長の仕方」と，自らの未来の時間軸をも表現するに至っている。

　こうした過程を経て，本児は〈私〉として発話する端緒に立ったといえよう。

## 2. 主体的な自己探究の課題

　「他者」との同一化によって，人間は，まず「他者」になるのであるが，ここから，自己の探究の長い歩みが始まる。この歩みの端緒は，「発話者としての〈私〉の生成」（伊藤，2001）にある。「発話者としての〈私〉」とは，自己，自我，主体，私などの抽象的な概念とは異なって，〈私〉という主語において言葉を発する存在としての，人間の主体的な特質を表すものである。しかし同時に，言葉をもつからこそ，言葉から抜け落ちる次元を抱えるという苦しい特質をも包含する概念である。これが，神経症的な苦悩をももたらす。

　さて，本章の1節に紹介された男児は，「選択性緘黙」という学校場面で話ができない状態のために来室した。まさしく「発話」にかかわる人間がもつ特質に向き合っている男児であった。彼は，母親の苦労を思い遣るよい子であったと思われる。母親に同一化して，自分を作り上げてきたのであろう。彼には，情緒障害や選択性緘黙で育成学級に通級している2歳上の兄がいた。障害がある兄弟姉妹をもつ場合，母親の関心はどうしてもその子どもに向けられる。彼が誕生したときには，すでにこの兄がいた。自分も兄のようになって，母親の愛情を得たいと思ったのも当然であろう。こうして，彼にも兄と同じ選択性緘黙の状態が生じた。この状態は，彼の願いを実現するものであると同時に，彼からその優れた能力を取り上げた。彼は，矛盾したあり方を抱えることになり，学校生活に支障が出てきた。これが神経症の状態である。

　しかし，これこそ，主体的な自己探究の始まりであった。それまでの彼は，「他者」つまり母親になっていた。彼は，兄への嫉妬や母親への怒り，それゆえの罪悪感による不安を抱えていたであろうが，そのような感情を無意識に押しやっていた。神経症的な抑圧の作用が働いていたのである。緘黙という状態には，防衛的な緊張や萎縮が見られるが，内には激しいエネルギーが秘められている。遊戯療法の場では，そうした攻撃性が表現されるに至ることが多い。

　彼は，遊戯療法の場で，この攻撃と防衛，その葛藤と矛盾の様々なあり方を，セラピストとともに見事に体験し尽くした。こうして「弁護士になりたい」と

いう夢を語るに至った。緘黙という発話をしない状態にあった彼が，言葉を駆使する職業を目指すようになったのである。弁護士とは，依頼人の苦しみを深く理解し，その思いを主張して，依頼人を守る存在である。セラピストは，まさしく彼の弁護士のような存在であったと思われる。

　しかしながら，この弁護士になるという目的のためには，セラピストとの遊戯療法の継続を断念しなければならない。しかも，兄は，遊戯療法を継続した。神経症的葛藤が生じる状況であったが，彼は，大泣きしつつ，この葛藤を乗り越える選択をした。人間は，大切なものを断念してはじめて，主体性を得るのであろう。彼は，自分の主体性をこのようにして確立したのである。


## 3.　神経症と自閉症の遊戯療法におけるセラピストの態度の違い

　神経症と自閉症では，セラピストの態度はどのように異なるのか。すでに述べてきたように，子どもの遊びの主体性を守るという点では，両者の態度にまったく相違はない。セラピストは，子どもの自発的な遊びを，見守り，深く理解し，共有するのである。

　しかしながら，この見守り方において，神経症と自閉症では異なってくる。遊びの次元が異なるからである。神経症の状態に生じる象徴遊びにおいては，セラピストは，子どもの構想に応じて，登場人物や戦いの対象になるなどして，その遊びをともにするが，そのような行動は，子どもからなんらかの要求があってはじめて生じる。要求がない場合には，困難な状況が生じても基本的には，まず，見守っていることになろう。

　それに対して，自閉症の状態では，より積極的かつ直接的に子どもの遊びにかかわる。しかし，そのかかわり方は，指導や教育とは，まったく異なるものである。指導的かかわりや教育的かかわりは，ときには，自閉症の状態の子どもにとっては，脅威にすらなる。自閉症の状態の子どもの遊戯療法におけるセラピストの積極性とは，子どもが自由に遊ぶ，その遊びの意図の実現のために，瞬時に助力したり，危険な場合には，しっかりと守ることができるよう，一瞬

たりとも目を離さず，子どもの状態に関心を向け続けていることである。

　以下に，セラピストの積極的な態度が重要な役割を果たした遊戯療法の一場面を示す。子どもは，重度の自閉症の幼児である。したがって，2節の幼児より，さらに関係性がとれない困難な状態にあった。

　この幼児は，遊戯療法の場で，部屋中を走り回っていた。知的にも重度の遅れがあり，言葉もなく，遊具で遊ぶこともなく，ひたすら部屋をぐるぐると走って回ることを繰り返していた。

　ある回，本児が走り回っていると，その振動のためか，突然，遊具のプラレールの踏み切りが降り，大きな音で「カンカン，カンカン」と鳴り出した。彼は，パッと走るのを止めて，その踏み切りのところへ行き，手にとって，ひっくり返したりしていた。中を開けたいが，できないようであった。筆者は，なぜ「カンカン」と鳴り出したのかを見ようとしているのだと思い，彼から踏み切りの玩具を受け取り，その中を開け，さらに電池を取り出したり，入れたりして，その内部の機能を彼に見せた。それを見るや，本児は，床に座ってこの作業をしていた筆者の膝を手で何度も強く叩いて，その喜びを筆者に伝えたのである。大発見をした喜び方であった。

　その後，今まで，走り回っていたのみであった本児は，一周走り回るごとに，その途中で，筆者の身体にそっと触れていくことを繰り返すようになった。当初，走り回っていたこの幼児は，筆者に目を向けることはまったくなかったが，この踏み切りの出来事から，筆者という存在に目を向け，その身体に触るようになったのである。

　この遊戯療法の場で生じたことについて考えていこう。

　自閉症においては，「見る遊び」が繰り返されていることは，すでに述べた。その対象は，多くの場合「動くモノ」である。電車，下水の渦，扇風機等々である。あるいは，紙切れを眼の横でヒラヒラさせながら走り回ることもある。レオナルド・ダ・ビンチも彼の手稿に，渦・鳥・飛行機の絵をたくさん描いているが（伊藤，2013），どうして，彼らは，これほど動くモノに関心があるのだろう。

　彼らにとっても，人間はもっとも重要な存在であるが，しかしながら，人間は，何をするかわからない怖いものなのではなかろうか。ある幼児は，初回，電車を棚に置いて，その前で目を左右に動かして見ていたのであるが，筆者が近づくと，後ろ手で筆者を避けるように押しやった。日常では，子どもたちの行動は，大人からは困った「固執」と見られ，止めさせられることになるのであろう。彼らは，それに対して非常に敏感に反応し，不安を強く感じてきており，大人との安心した体験をすることがなかったと思われるのである。たしかに，こうした彼らの敏感さに，保護者が日々の生活の中で十分に応えることは，不可能に近い。多くの保護者が育て難さを感じてきたのも当然である。

　しかしながら，こうした大人の態度によって，彼らは，人間を，予測不能の怖いものとして，見ることすらできず，人間と視線をも合致させない状態になってしまうのであろう。それゆえ，彼らは，動くモノを通して，あるいは，モノを自分の目を動かして見て，人間という「動くモノ」を懸命に理解しようとしているのではなかろうか。筆者がこのような考えに至ったのは，上に述べた幼児においても，遊戯療法を続けていると，筆者が安心できる存在と感じるようになって，終始，手に持って見ていた大切な電車を筆者に預けたり，筆者を見る遊びをするようになったからである。安心できると，モノではなく，人間を見ることができるようになるのである。

　さて，本児は，カンカンと鳴り出した踏み切りを，はじめて手に取り，何とか中を見ようとした。しかし，「見る遊び」においては，モノの外部は見ることができても，「内部」と「内部の機能」つまり「内なる世界」は見ることができない。彼が，何とか中を見たいと思っていると感じた筆者は，すぐに彼のもとに行き，踏み切りの底を開けて，音が鳴ることを彼に見せた。それを見るや，彼は全身で，驚きと喜びを筆者に伝え，ともに感動したのであった。

　その後，彼の遊びは，走り回りつつ，筆者の腕にそっと触れていくということを繰り返すように変化したのであるが，この彼の遊びの変化は，非常に重要なものであった。ここで，生じたことは，まさしく，彼がモノから，人間の身体に目を移し，さらに繰り返し触って，感じようとしたということである。彼

は，人間の身体に接近して理解したかったのであろう。

　彼の一連の遊びにおいて，セラピストとしての筆者がしたことは，次のとおりである。

　まず，走り回るという彼の自由な遊びを見守っていた。この遊びにおいて，彼は，たんに走り回っていただけではなく，走りつつ周りのものを見ていたのであろうことが，今やわかるのである。さらにいえば，走り回ることによって，モノが動くのを見ることができる。彼は，ただ走り回っていただけではなかったのである。

　次いで筆者は，走り回っていた彼が，カンカンと鳴り出した踏み切りを触りだしたが，思い通りにいかないようであったので，踏み切りの中を見たいと思っていることを感じ取り，彼の手助けをした。その結果，彼は，踏み切りの内部を見ることができ，音が鳴るのがどうしてなのかわかった。それはまことに感動的な発見であった。

　ここでなされた重要な点は，内なる機能を見ることができたことである。自閉症の「見る遊び」においては，外面しか見ることができず，それゆえ，内なる機能は理解できない。こうして，「見る遊び」が繰り返され，人間の内なる世界がわからないという苦悩を抱えることになる。さらに，興味深いことに，踏み切りとは，「音を出し，動くもの」であり，まさに人間のようなモノであった。

　次いで，彼は，遊びに協力した筆者の膝を叩いて，発見の喜びをともにした。彼は，セラピストが彼の意図を助けてくれたことに安心感をもったのであろう，さらにセラピストの身体にそっと触れる試みをするようになった。ここで，彼がしたことこそ，人間に接近して，人間を理解することであった。この遊びは，身体をもつ存在としての彼自身についての理解につながる。しかも，彼の筆者の触り方は，非常に慎重であった。部屋を一周回る途中で，毎回，筆者の腕にそっと触れてゆくのである。この繊細さこそ，彼らのあり方であった。

　本幼児においても，「見る遊び」に終始していた状態にあって，セラピストが子どもの意図を察知して，瞬時にその遊びの実現に協力する存在となること

によって，セラピストへの安心感が増して，モノから人間に目を移し，人間理解が深まる方向に進んでいったのである。

　以上，神経症と自閉症の状態の遊戯療法におけるセラピストの態度について詳述してきた。事例の一場面も示したが，重い状態の子どもであっても，遊びにおいて，みずからの課題に向き合っているのである。真に驚くべきことである。このような子どもの懸命の遊びを守ることこそ，セラピストの役割である。

〈文献〉

伊藤良子（1985）．子どもの心的世界における〈父〉と〈母〉――言葉をもたらすもの　日本心理臨床学会（編）　心理臨床ケース研究3　誠信書房　pp. 21-36.

伊藤良子（2001）．心理治療と転移――発話者としての〈私〉の生成の場　誠信書房

伊藤良子（企画・鼎談）（2013）．レオナルド・ダ・ビンチの手稿をめぐって　日本遊戯療法学会第18回大会記録　遊戯療法学研究，**12**(1)，35-58.

伊藤良子（2015）．子どもの成長過程における人間関係――人間に内在する柔軟性と多様性を見据えて　伊藤良子・津田正明（編）　情動と発達・教育　朝倉書店　pp. 2-19.

Segal, H. (1978). On Symbolism. *International Journal of Psycho-Analysis*, **59**, 315-319.

第 3 章

様々な領域での遊戯療法

遊戯療法は様々な場で用いられている。とくに近年は，虐待等の困難を抱えさせられた子どもの増加に対応すべく，通所施設のみならず，入所施設への遊戯療法の導入も急速に進んでいる。また，重篤な病を抱えた子どもや災害を受けた子ども，さらに貧困等，子どもたちの受苦は広がっている。

　本章では，下記の領域における遊戯療法について，事例を踏まえて述べられる。各領域で取り上げられている子どもの状態は，不登校傾向，集団不適応，衝動的な行動，不適切な育ちによる傷つき，知的な遅れや多動，難治性慢性疾患，被災による現実感の喪失，うつ病等々非常に多様であるが，それぞれの場で以下のような意義深い展開が起こっている。

①大学院附属心理相談室：大学院生が教員の指導のもとに行う場で，初心のセラピストの真摯な態度が，子どもとの信頼関係と，それに基づく両者の成長を齎している。

②教育センター：多くの地域住民が子どもの相談に訪れる場で，愛着をめぐる人間の本質的なテーマに，長期にわたって向き合うという，深い心の作業がなされている。

③学校：小中学校の場で，スクールカウンセラーが，子どもや保護者・教諭等との関係を大切な基盤として，遊戯療法の心が学校に取り入れられていることが伝わって来る。

④児童心理治療施設：苛酷な体験を抱えた子どもに対して，保護者と離れた生活の場において遊戯療法を行うという，非常に困難な働きの重要な意義に触れることができる。

⑤母子生活支援施設：母子のみで生活することを余儀なくされた子どもの苦難を共有する場で，子への遊戯療法とともに，母への細やかな日々の配慮の大切さが感じられる。

⑥小児医療：子どもの心身の発達や多様な病の治療のため，今日一層重要になっている場で，難治性慢性疾患の子どもが，病を生きる道へと歩み出すに至る過程に心打たれる。

⑦被災地：遊戯療法の場やセラピストが少ない被災地域において，とくに子どもには，一時的な支援ではなく，継続的な長期支援の重要性があらためて認識される。

⑧うつ状態の高齢者：高齢者や生物学的な要因によるうつ状態においても，描画の彩色という遊戯療法による心への働きかけの道が見出される可能性が示唆されている。

# 1 大学院附属心理相談室における遊戯療法
## ——セラピストを鍛える「勝負」

片畑　真由美

## 1. 大学院生が遊戯療法を担当すること

### ⑴臨床心理士養成大学院附属心理相談室における遊戯療法の特徴

　現在，臨床心理士養成の大学院は，第 1 種指定大学院（159校），第 2 種指定大学院（9 校），専門職大学院（6 校）を合わせて174校に上る（日本臨床心理士資格認定協会，2017年 4 月時点）。臨床心理士養成大学院附属心理相談室（以下，心理相談室）は，臨床心理士を志す大学院生にとって学内に設置された貴重な実習の場であるばかりでなく，地域に開かれた相談室として運営されている。この実習が必修単位になっていることは，臨床心理士活動の核に心理臨床面接があり，大学院生がその体験を経て専門家として成長することが期待されていることの表れであろう。

　濱田（2016）は，心理相談室における事例の特徴の一つとして「子どもの来談や子どもを巡る相談が全体の受付ケースの一定の割合を占める」ことを挙げている。心理相談室は，その特性からオーソドックスな遊戯療法の枠組み（有料・親子並行面接）で，訓練中である大学院生がセラピストとして事例を担当することが多いことも特徴的である。また，それぞれの大学院の方針にもよるが，クライエントの年齢や所属にかかわらず，必要に応じて長期の遊戯療法を行うことができるのも特徴の一つと言える。

## ⑵大学院生が遊戯療法を担当することの意義と問題点

　心理相談室で，訓練生でもある大学院生がイニシャルケースを持つとき，遊戯療法を担当することも多い。田中（2011）は，「多くの大学院で，はじめてのケースにプレイセラピーを担当させる傾向」があると述べている。そして，初心者ながら「情熱と誠意で一生懸命にかかわり，思いもかけない素敵なセラピーが展開されることがある」こと，「セラピストが思いを込めてのめりこむことによって生じる，よい方の影響」がある一方で，「どう考えても方向違いな関わりをしたり，見立てなどないままにはじめてしまい，迷走しながら途中で頓挫してゆくケース」もあることを指摘している。この言葉には初心者である大学院生が遊戯療法のケースを担当することの利点と問題点が端的に示されている。小川（2014）も同様に，「プレイセラピーは心理療法の中でもどうも『新人向け』という位置づけになり，その奥深さが十分に理解されない傾向がある」ことを指摘している。これらは，遊戯療法が主に子どもを対象とすることや「遊び」が表現の中心になることから，ともすれば大人を対象とし，言語を媒介とする面接より容易なものと誤解され，大学院生が担当するのに適していると判断される恐れがあることを示唆するものである。

　その一方で，小川（2014）は上記のように遊戯療法が誤解されることの危険性を指摘したうえで，「すべての心理療法に共通する治療要因に必要不可欠なエッセンスがプレイセラピーの中には備わっている」と述べている。また濱田（2016）は，大学院生が心理相談室で遊戯療法を担当することの意味について「言葉，身体感覚，感情，イメージなど，さまざまなものを総動員し，臨むことが求められる遊戯療法を，臨床実践の初期に経験することは，セラピストに心理療法全体に通じる要素を体験的に教えてくれる」と述べ，専門家の訓練としての有用性を指摘している。つまり，遊戯療法には心理臨床面接の基礎を学ぶうえでのエッセンスが包含されていると考えられ，訓練中の大学院生にとっては重要な体験となると言える。

　それを踏まえて，本節では訓練生でもある大学院生が遊戯療法を担当することの意味を，筆者が大学院生のときに担当した遊戯療法の事例を取り上げて検

討していきたい。濱田と同様に，その事例での体験が現在の筆者の心理臨床に臨む姿勢にも大きな影響を与えている。しかしそれだけではなく，クライエントとともに歩んだ過程が，筆者が専門家としてセラピストになる過程ともリンクしていると考えられた。今回はそれを示すために，とくに遊戯療法の中でクライエントと行った「勝負」という観点を取り上げたい。

## 2.　事例の経過

### ⑴事例の概要

**クライエント**　男児A（来談時11歳）

**主訴**　腹痛や過呼吸などの身体症状が現れたことがきっかけで学校に行きにくくなった（母親からの情報）。

### ⑵面接初期の様子──勝負が表れるまで

**インテーク（＃1）**　面接時間になり，セラピスト（以下，Th）が挨拶をすると，にこにこと笑顔になる。プレイルームに入り〈Aくんが遊びたいように遊んでいいよ〉と声を掛けると「うん」と答えるが，笑顔でThをちらっと見て動かず，緊張した様子。おもちゃを見ながら〈今日は何て言われてここに来たの〉とThから聞くと，「え…うーん…」と首をかしげながら笑顔になる。その後もThの問いかけには，ほぼ「うん」「ううん」「うーん」と答える。ThはAの目線を追って，見ているものについて言葉をかけていく。Thが足を一歩出せば，Aが一歩出し，後ろに下がればAも下がる。Thに合わせて動くAの様子を見て，Thの言動でAをかき消してしまわないように，Thもできるだけ息を潜める。開始からだいぶ経って，少しずつ動いて一つの棚に近寄り，はじめて自分からしゃがみこむ。〈なんかいいのあったかな〉と聞くが無言。〈車かな？〉と聞くとAはうなずくが，自分から触る気配はない。Thがラジコンカーを取り出す。Aはおそるおそるという感じでゆっくりレバーを動かす。Aは狭い空間を，勢いよく何回も前進，後退を繰り返し，壁に衝突させる。し

ばらく経って，すーっとバックで部屋の端まで車を走らせる。何度か繰り返すうち，車も部屋全体を動き回り，衝突もしなくなる。そこで時間が来て終了になる。

　Aは主訴として＃1でどのようなことを表現していたのだろうか。このとき，Thは母親からAの身体症状が悪化して不登校傾向になったとは聞いていたが，直接Aに〈今日は何て言われてここに来たの〉と聞いてもAの口から自分の状況について語られることはなかった。しかし，＃1では「緊張感の高さ」，おもちゃなど「何かに手を伸ばすことが難しい」ということ，「なかなか表にわかる形で感情を出せない」こと，それを「言葉として伝えにくい」ことをAは表現しているように思われた。その一方で，Aはずっと萎縮していたわけではなく，時間の最後には自分でラジコンカーを選び，窮屈な中を暴走させ，それから伸びやかにプレイルームを走らせた。Thはそれを見て，Aの身体の暴走状態（過呼吸や腹痛）を連想し，その後の伸びやかでゆったりとした力に感嘆した。

　つまり，Aは言葉にはしないものの，自分の状態や自分の持っている力を遊びの中で表現したと考えられる。そして実際に＃1で見られた，遊びの選びにくさ，自分の意思の出しにくさは，その後もたびたびプレイの中で表れた。面接過程の終盤になるまで，明確にAから主訴が言語化されることはなく，Thはこのあとも遊びを通じてAの抱えている困難を考えることが続いた。

　＃2以降は，遊びが選べない回も何度かあったが，Aの意図を汲んでThが〈○○する？〉と聞くと，Aがうなずき，すごろくや人生ゲームが始まるようになっていった。しかし，はじめのころは，ゲームのルールがわからないと二人とも動けなくなるという状態で，勝負には至っていなかった。またゲームが終わってしまうと，AとThの間には余韻など共有した「雰囲気」のようなものは生まれず，Aとの距離が一気に離れるようで，声をかけることも躊躇されるような状態であった。それが次の将棋を選ぶころから，AとThのかかわりに変化の兆しが見られるようになった。

## (3) A と Th の勝負の現れ —— 将棋を通じて

　将棋は，#1 からおよそ半年後にはじめて選ばれ，ときどき別の遊びも挟みながら，以降 3 年間はほぼ毎回にわたって A に選ばれた。この時期は，A が中学校に進学したが，依然として身体症状は悪化と軽快を繰り返し，睡眠がとりにくく学校にも行きにくい状態が続くという，苦しい状況にも重なっていた。以下では将棋に関係するセッションをいくつか取り上げ，その変化を示したい。

　**#23**　A がはじめて将棋を選ぶ。Th は将棋のルールを知らず，〈私知らんから教えてくれる？〉と言うと，A はうなずく。Th が駒の動き方を尋ねると，ゆっくりと言葉で教える。A の将棋の攻め方は，すぐに Th の駒をとっていくような直接的でわかりやすいものではなく，ゆっくり考えて，いつの間にか駒をとっていくというものである。Th はルールがわからないのも相まって，A が何を狙っているのかわからず，自身も攻めていいのか守っていいのか，どう動いていいか困惑する。また，A は明らかに手加減をしており，飛車や角など Th の重要な駒をとる前には，「ふふふ」と笑うことで，Th にそれを教え逃げる隙を与える。

　**#31**　将棋を無言で進め，終了時間になっても勝負がつかない。Th が〈今日はおしまいにしようか〉と言うと A はうつむき，「…あと一手で勝つと思う」と言う。Th は驚いて一手を指すと A が王手で勝つ。そのあと Th の駒をとり，Th の勝ち方を教える。Th はよい勝負だと思っていたが，そうではなく，A は最後まで勝敗をコントロールしていたのか，と思う。

　**#64**　将棋。Th が A の飛車をとると，ぴたっと A の笑い声が収まり，空気も緊張感を帯びる。Th はその変化に，Th の指した手は A が予想していなかった手だったのかと気づき，自分が勝敗を決める一手を指したことに怖さを覚える。すっと楽しげな空気がなくなり，A はじっと考えて手を指すようになる。

　**#76**　「今日は，将棋！」と A が珍しく宣言し，A が勝つ。A の方が完全に上手で，さっさと駒がとられていく。Th の飛車がとられたとき，自分は力をつけてきたはずなのに，何かうまくいかないという感覚を味わう。〈なかなか

攻めていけない〉と言うと「…守りが，ガチガチ」とつぶやく。〈守りがガチ
ガチ？〉と聞くと「うん」と答える。〈いっこ直すとしたら，どこ？〉と聞く
と，「…守るのはいいけど，追い詰められたときに，動けないから，逃げ場所
を作る」と答える。

**#102**　Aは最初からじっくり考える。Thの指した手で，Aが戸惑ったり困
ったりしている様子がうかがえる。言葉でやりとりをしているわけではないが，
一手一手が重みをもち，将棋盤の中でやりとりをしている感覚がある。場が煮
詰まって，一歩も動けない感じがあるが，それがAの上手な手で回避されると，
ふと空気が緩む。そのあと，再び盤のどこかが煮詰まっていくことが繰り返さ
れる。ThはAとともに，緊張→弛緩→緊張という感覚を体験しているように
思う。

**#120**　将棋をしながら少し話をするようになる。Thが最近の様子を聞いて，
Aが答える。最初は話に重心があるようで，将棋の比重は軽い。だんだん将棋
に集中してきて，話が飛び飛びになってくる。将棋でも交わされるものがあっ
て，話をするのがそぐわないと思う。Aの将棋の指し方は，すっと素直に芯が
あって，Thを攻める感じになっている。


　この将棋のやり取りから，どのようなことが考えられるだろうか。将棋は，
Aが唯一完全にThを負かすことのできる遊びであった。しかし，将棋が始ま
った初期は，まっすぐに攻め込んでくる感じではない（#23）など，Thに手
加減をしており，真剣な勝負としてはまだ成立していなかった。またAは勝敗
をコントロールし，勝ったあとにThの駒を使って二人分指すことで，Thに
勝ち方を教えていた（#31）。それは，あたかもAがThに自分と向かい合う
だけの力をつけるように，と言っているようであった。

　Thはそれを受けて，Aを真似て定跡を指し，だんだんと勝負が拮抗するこ
とも多くなっていった。そこには，#64でThが「緊張感」として味わったよ
うな，自分が勝負を決めることへの恐れや，その場の主導権を握ってしまうこ
との怖さが含まれていた。#76では，ほとんど自発的に話さないAがThの将

棋に対して「守りが，ガチガチ」「追い詰められたときに，動けないから，逃げ場所を作る」と指摘したことに Th は驚き，まるで A 自身に対して言っているように聞いていた。

　また徐々に勝ち負けではなく，将棋盤上での一手一手での勝負に焦点が当たるなど，将棋の体験の仕方にも変化が生まれてきた。#102では将棋盤の中でAとやりとりをしている感覚をあらためて実感することになった。Aの指す手でThは考え込み，Thの指す手でAは生き生きと攻撃したり守ったりという行動に結びつくなど，お互いがお互いの行動に影響を及ぼすことを感じていた。ここでは空気が煮詰まり，それが回避されるという「緊張」と「弛緩」というテーマが，ThとAの間で繰り返された。#120では，将棋をしながら少し話すことができるようになっていた。最近の様子を Th が聞いて A が答えたり答えなかったりというものであったが，将棋が始まるとそちらに重心が移っていった。#1から継続して言葉でのやりとりの難しさがある一方で，将棋の中ではAは自分を雄弁に語っていたのである。

### (4)A と Th の勝負の変化── 卓球でのやりとり

　将棋を一通り終えたあと，次にAが選んだのは「卓球」であった。卓球は，プレイルームで会っていても，大きく身体を動かす遊びは選ばれなかったこの面接において，大きな転換点となった遊びである。このころは，母親や担任の助けもあり高校に進学した時期と重なる。緊張感の高さや睡眠のとりにくさによって学校を休むこともあったが，それまでのように長期欠席もなく，自分のペースで通学できるようになっていた。以下では，卓球をめぐるやり取りの中でも特徴的なセッションを取り上げ，その変化を示したい。

　#136　卓球をはじめて選ぶ。卓球台の準備を二人でする。網を張るのもはじめてで試行錯誤する。卓球を始めると，二人とも初心者のため空振りも多く，二人できゃっきゃっとはしゃぐ雰囲気で球を打ったり追いかけたりする。
　#138　卓球。Aはサーブの感触を自分なりに確かめながら打っており，Th

とのやり取りというより，自分の中でフォームや球の打ち上げ方を探求している感じである。その様子は独り遊びに近く，肩を動かしたりして，力を抜く仕草も見られる。何回か試しながら行うことによって，徐々に二人とも上達してラリーが続くようになる。ラリーが続くとやりとりの反復自体の面白さが広がり，二人で笑う。

　#150　卓球を始める。最初はぎこちない球のやりとりが，だんだんとスムーズになり，ラリーが続いていく。Th は自分の動きが今日は軽い，ということに気づく。なぜかと考えると，今までは身体が固くて球に動かされていた自分が，今日は身体を動かしながら球を打ち返しているので，球を正面でとらえることができているからだと気付く。そう思いつつ A を見ると，A は自分の身体を動かしていない。A にとって自由に動くということは，さほど簡単なことではないなと思う。

　ラリーが10回，20回と続き，淡々と同じリズムで繰り返される球の動きを見て，その音を聞いている。Th はふいに，この卓球のようなリズムと形で，A の言葉も出たり，A に言葉が通じたらいいなあ，と思う。卓球なら目に見えるのに，言葉は目に見えないから難しいなあとしみじみ思っている。

　すると A が「ふふっ」と声をもらす。Th もなんとなくおかしくなり笑う。A は Th を見て笑っているということに気づく。

　#153　卓球。A は球に回転をかけ，Th はどっちに球が飛ぶのかわからなくて取れない。〈難しい〉と言うと，A が笑い出す。Th の何かを見て笑っているよう。「ぶるぶるしていた」と言うので，〈誰？〉と聞くと，Th を指さす。〈自分ではわからんものやな〉。お互いの弱点がわかって，そこに球が行くように打つ。

　#166　卓球。A の苦手なコースに行くように Th が打つと，「くくっ」と笑い始める。A の球も鋭くなる。Th が打った球が微妙なコースに行くと，むっとしたような打ち方をする。〈怒ってる？〉「ううん」〈怒ってもいい〉。Th が勝つと「ちょっと悔しい」と言う。

卓球は将棋とは違い，AもThも初心者の状態で始めた遊びである。#136
では，お互いがどうしていいかわからないながらも，球を追いかけること自体
が楽しく，それまでの将棋での真剣勝負とは異なった雰囲気になった。それが
#138には，さっそくAは自分の感覚を試し，自分の身体になじませるように
なった。Thもそれを見ながら自分の打ち方を検討し，試行錯誤していった。
ラリーが続くようになると，将棋とは違う形でお互いのやりとりが目に見える
ようであった。それがはっきりと感じられたのは#150である。この回でも，
ほとんど言葉を交わすことはなかったが，ThにはAとの言葉でのやりとりに
ついてのイメージが浮かんでいた。言葉が目で見えるものであれば，お互いに
とって言葉でのやりとりはもう少し簡単なものであるし，どのように相手に届
くのかがわかりやすいのに，と。もしかすると，Aにとっての言葉とは，相手
にどのように受け取られるかわからないものであり，それに自分を託すことの
怖さをずっと体験していたのかもしれない，と。Aはその直後Thの不格好な
姿を見て笑い，ThはAの笑っている姿に笑う。Thはこの回に至るまでAの
目にThがどのように映っているかを意識したことはなかった。それまでは，
AとThのやりとりは将棋や卓球など何かを媒介して行われることが多く，A
がTh自身の姿を見て笑うなどという行動は現れてこなかったのである。

　#153では，よりはっきりと相手を意識するようになっていった。Thが言
った〈自分ではわからんものやな〉という言葉は，Aにも当てはまる言葉であ
る。自分の姿は自分では見えない。相手が打った球によって自分の苦手なとこ
ろを確認するといったように，鏡を見るように相手を通して自分の姿を確認す
る作業が行われていた。#166では，ThがAの様子から見て感じたこととし
て，〈怒ってる？〉と聞き，Aが「ちょっと悔しい」と自分がそのとき感じた
感情を答えた。#150で感じた，言葉でやりとりができればよいのにという
Thの思いは，この段階では少なくなり，自然に話をすることも増え，卓球は
徐々にその役割を終えていった。

## ⑸その後の経過——言葉で表現する「自分」

　卓球が遊戯療法で選ばれなくなるころ，Aはプレイルームの中で一週間の様子とともに，高校での友達とのやりとりについても，ぽつぽつと話をするようになった。その中で，これまで語れなかった夢の話や，主訴にまつわる話も徐々に言葉にされるようになっていく。その話の中では，変わらず昼夜逆転をすることもあるが，Aが自分の好きなことを見つけ，徐々にのびのびと動いていく姿が垣間見えるようになってきた。インテークから７年経過したころ，志望した大学に合格し，入学することになった。それを受けて，終結にむけてこれまでの面接を振り返る回が訪れた。

　**#217**　〈前と比べて変わった感じ？〉と聞くと，「自分ではあんまり変わってないところの方が多いかな」「人見知りのところとか。はじめて会う人はやっぱり緊張する」と話す。Th が〈私には緊張しない？〉と聞くと，「もう…慣れてるから」と答える。〈慣れるのどれくらいかかるんやろうね〉「うーん，もしかしたら，これ（面接期間）くらい」と話して二人で笑う。

　このあと，二人で話し合い終結を迎えることになった。Aは「しんどいときもあるかもしれないが，そのときになってみないとわからない」と未来の不安を抱えている自分を意識しつつ，それを先送りできる強さも持つようになっていた。

## 3．遊戯療法過程における「勝負」の意味

## ⑴事例における「勝負」の現れと変遷

　ここでは，Aが遊びを通して Th との間で何をしていたのか考えてみたい。
　Aとの面接過程の初期におけるコミュニケーションでは，面接の中で言葉を使ってやりとりをしていても，それは必ずしもコミュニケーションの道具として機能しているわけではなかった。このように，言語化の少ない思春期のクラ

イエントの事例について，鈴木（2008）は「思春期は，さまざまな葛藤状態にありながら，うまく言語で表出できない時期であり，それらがさまざまな身体症状や行動化となって現れる場合が多い」と述べている。また，梅村（2014）は「思春期では，自分の心身に起こっている混沌とした状況を言葉にして語りたいという思いを持ちながらも，成人や青年のようにそれを意識的に捉え，言葉で表現できるほどには至っていないことが多い」と述べている。Ａも同様に，前思春期という発達段階に差し掛かっており，言語で表出できない混沌や葛藤が主訴の身体症状という形で現れたと考えられる。それに加えて，面接初期でＡが遊びを選ぶことを躊躇していたように，言葉以外でも自分の体験に「ぴったり」したものを選び取ることの困難さが根本的にあったのではないかと考えられる。面接過程の中でＡと Th が将棋などの遊びの中でやりとりすることができるようになっても，言葉でのやりとりはコミュニケーションとして成立しにくかったことから，いかに自分の感覚に合った言葉を使うことがＡにとって困難であったかが想像できる。

　それが将棋を通してやりとりすることで，Th は将棋盤の上でＡの生き生きとしたエネルギーを感じる場合もあれば，Ａのエネルギーが低下した状態であることを知る場合もあった。このことから Th は「言葉」とは別のチャンネルでＡとやりとりしていることをあらためて実感していた。そもそも将棋という遊びの中で，Th はＡが自分の駒の布置のどこを見ているのか，そして自分が指した一手にどのように返してくるのかを感じようとし，それまでのどの遊びよりも，Ａと生身のやりとりをしている感覚があった。将棋が徐々に勝負の場となっていったのは，二人のやりとりの質の変化によるものではないかと考える。

　また，将棋においてＡは圧倒的に強い立場であるにもかかわらず，ただ Th を負かすことだけを求めるのではなく，将棋を通じて Th を自分に向き合うのにふさわしい力をもつ存在になるように鍛えていたように思われる。Ａは Th に指し方を教え，Th はＡの指し方を真似て上達するなど，そこには，「育てる─育つ」というテーマも存在していた。Th が上達することで徐々に勝負は

拮抗し始め，そこに立ってはじめて Th は A も感じていたであろう勝敗を決める怖さを味わい，緊張と弛緩の感覚を味わうことになった。A はこの感覚を Th とともに感じるために，Th を鍛え，自分と同じ土俵に上がることを求めていたのではないだろうか。感覚の共有とも言えるような体験は，何らかの共通の基盤が二人の間に作られつつあることの現れであり，その結果としてそれまでは感じられなかった遊びの余韻が生まれてきたと考えられる。

　そして，将棋の次に選ばれたのは卓球であった。卓球は将棋とは異なり，相手の反応が即座に返ってくること，それが目で見てはっきりわかるというおもしろさがある。とくに＃150で見られたように，言葉でお互いの意思を伝えることは難しくても，交互に球を打ち合うという形で雄弁にやりとりできる軸が存在していることを再確認することになった。

　卓球では，お互い初心者の状態から始め，まずは自分の技術の向上を目指し，その中で自分の感覚を点検する作業があった。将棋で感じた拮抗や緊張は，卓球の中でラリーという，より穏やかな形へと変化していった。自分だけではラリーは続かない。相手のことを考え，揺さぶり，補い合う。ラリーは，お互いの球の受け合いであり，そこには笑いが生まれるものであった。

　梅村（2014）は，思春期の遊戯療法について「児童期のプレイとは異なり，バスケ・サッカー・卓球など，セラピストを相手どってスポーツに取り組むことは多い」とし，その意味について「セラピストという対等の相手に対し全力で勝負をするという局面は，彼らの主体意識を強めるものだと言えるのではないだろうか」と述べている。また髙橋（2017）は，遊戯療法におけるボールの蹴り合いを取り上げて，「身体のレベルで Th という他者の存在を感じ，その他者に対峙していた」と述べ，「ボールの蹴り合いが，確かにクライエントとセラピストの分離と対峙を前提にしており，また蹴り合いそれ自体が，両者の対峙的な関係を促進する」ことについて指摘している。今回の事例でも同様に，将棋を経て対等な存在となった Th を相手とし，卓球という形をとって身体レベルでやり取りをすることによって，お互いの個別性を感じ対峙する勝負へとつながっていったと考えられる。

　遊戯療法の中で起きる勝負について，弘中（2016）は，「子どもとセラピストの間には，主体と主体がぶつかり合う激しさと手ごたえが必要」と述べ，「遊びは容易で優しい関係の絆ではなく，お互いを試し，認め合うための真剣勝負」としている。今回の事例において行われた勝負は表立った激しさは見られないものの，自分の主体を相手にぶつけることであり，それによって相手の主体が浮かび上がる，まさに真剣勝負であった。その意味で，それぞれの勝負には，主体同士のぶつかり合いを通して，お互いの存在を感じ，自分の個別性を確かめる役割があったのではないだろうか。つまり，将棋はThを鍛えることでA自身を強く鍛えるために，卓球は二人でともに成長をしていくために，Aが選んだ遊びであったと考えられる。

## ⑵遊戯療法を通じてクライエントとセラピストが主体性を形成するプロセス

　＃1において，Thは，Thに合わせて動くAと一緒にいて，自身の動けなさを感じた。それは，Aの存在をThの言動でかき消してしまいそうだと感じたからである。しかし，将棋を通してAの微妙な心の動きを感じるようになり，Thも自由に動くことができると感じるようになった。そして，Thのかかわりが変化するのと同時に，Aも確かな存在感をもって現れてくるように感じた。つまり，ThがAとは別の個人としてかかわることが，Aの存在を消してしまうのではなく，むしろ個々の存在感を濃く際立たせたのではないだろうか。終結をめぐる話し合いの中で，興味深いことにAは「変わった自分」ではなく，「変わらない自分」について言及した。濱野（2008）が，心理療法の目的として「変わらない基盤としての心と体をはっきりと知る」（傍点原著者）と述べているように，「変わらない自分」を自覚することは，どのような状態に置かれても，AはAであるという主体性を感じさせるものであった。終結が近づいたとき，長期間のかかわりを通して「慣れた」相手である，Thと別れることになるが，それはA自身のなじんだ「これまでの自分」と別れ，「変わらない自分」を引き受けることでもあったのだろうと考えられる。

　また今回取り上げた事例では，Aが前思春期の少年から青年へ変化していく

プロセスを歩むものであった。それは同時に，Th が初心者から専門家へ変化していくプロセスとも重なっていたと考えられる。遊戯療法の初心者である Th は，そのとき A が選ぶ勝負をしながら，自分がどのような感じがするのか，どのような思いが沸き上がってくるのかを手掛かりに A の思いを考えていた。無力感，不安，緊張，そして言いようのないおもしろさ，多くの思いを A と共有していた。そのプロセスを経て，A は何も遊びを選べなかったところから，Th はどうそこに存在していいかわからなかったところから，お互いに主体性を発揮することで，遊びの共有から言葉での共有ができるようになっていったと考えられる。

　二人の歩むプロセスの重なりは，Th の訓練の場でもある心理相談室で行う遊戯療法であったからこそ起きた特徴的な現象であったのかもしれない。そして，それは Th の心理臨床実践活動の基礎となるものであった。東山（2005）は，「遊戯療法体験は，セラピスト自身の心が自由になる訓練になる」と述べているように，今回の事例においても Th が自らの主体性を育てることが，A の理解につながり，Th が専門家としての道を歩む一歩になったのではないだろうか。

　遊戯療法は，上述したように，ただ「遊ぶ」だけのものではない。そこにはお互いの主体を賭ける勝負がある。その勝負はクライエントとセラピストの関係性を反映し，クライエントに必要なプロセスとして現れると考えられる。

　　付記：本稿は，2014年に京都大学大学院教育学研究科に提出した博士学位論文の一部を加筆・修正したものである。

〈文献〉
濱田祥子（2016）．大学付属心理相談室の現場における遊びの意味——初心者が遊戯療法を担当することを巡って　弘中正美（編）　心理臨床における遊び　遠見書房　pp. 123-131.
濱野清志（2008）．覚醒する心体——こころの自然／からだの自然　新曜社
東山紘久（2005）．遊戯療法論　東山紘久・伊藤良子（編）　遊戯療法と子どもの

　　今　創元社　pp. 11-25.

弘中正美（2016）．総括：心理臨床における遊びの普遍的機能　弘中正美（編）
　　心理臨床における遊び　遠見書房　pp. 198-205.

公益財団法人日本臨床心理士資格認定協会（2017）．指定大学院臨床心理学専攻
　　（コース）一覧　http://fjcbcp.or.jp/wp/wp-content/uploads/2014/03/daigaku
　　in-ichiran-31.pdf（2017年 7 月14日閲覧）

小川裕美子（2014）．刊行によせて　ランドレス，G. L.　山中康裕（監訳）　新版
　　プレイセラピー――関係性の営み　日本評論社　pp. xi-xiii.

鈴木晶子（2008）．過呼吸症候群を契機に来院した思春期男子の箱庭療法　心理
　　臨床学研究，**26**(4)，477-487.

髙橋悟（2017）．プレイセラピーにおける分離と対峙――ボールの蹴り合いと主
　　体の確立　箱庭療法学研究，**29**(3)，39-49.

田中千穂子（2011）．プレイセラピーの手引き――関係の綾をどう読みとるか
　　日本評論社

梅村高太郎（2014）．思春期男子の心理療法――身体化と主体の確立　創元社

# ② 教育センターにおける遊戯療法

宮田　麻理子

## 1. 教育センターとは

　教育センターは，都道府県や市区町村の教育委員会の管轄下にある教育機関で，教育に関する専門的，技術的事項の研究および教職員の研修や教育相談等を主業務としているところが多い。近年，臨床心理士等心理職の配置が増加しているが，その仕事は教育相談事業に位置づけられており，子どもの健やかな成長を願って，教育上の様々な問題や悩みの相談に応じている。なお，設置根拠は「地方教育行政の組織及び運営に関する法律」の第30条における「任意設置」の規定による。

　対象は，各管轄地域在住の幼児から18歳以下の子どもとその保護者，教職員および関係者である。主な相談内容は，登校を嫌がる，友達と遊ばない，いじめられているなどの学校生活に関すること，こだわりが強い，落ち着きがない，話をしない，気になる癖や習慣などの性格・行動に関すること，言葉の遅れ，学業不振などの発達・学習に関すること等である。具体的な仕事の内容としては，保護者や本人の申し込みに応じて受理したケースについて，各々の見立てに基づいた心理的な援助を目的とする継続的な遊戯療法やカウンセリング，発達検査等の実施がある。また，不登校対策として各地方教育委員会が設置している「適応指導教室」での指導やカウンセリング等についても，関連領域を専門とする指導員や相談員とともに行っている。さらに，同じ教育領域の機関で

あることから，学校や幼稚園との連携がしやすい環境にあり，相談者の希望や必要性に応じて，それらの教育機関との連携も行っている。

　教育センターは，地域の公的相談専門機関として，相談の内容も年々多様化し，高度な専門的知識と技術と応用力が要求されるケースが増加している。したがって，学校だけでなく，福祉機関や医療機関との連携も必要となり，それら各領域の間に存在する臨床心理士の専門性への期待も大きく，一層広い知識が求められるようになっている。地域の子どもたちとその保護者，それを支える市民，学校が有機的に機能するために，教育センターでは，専門家として即戦力となる人材が求められている。専門家としての責任ある心理臨床実践を遂行するため，理論や知識の習得はもとより，大学院在学中からの遊戯療法や保護者面接等の心理臨床の実践経験はとくに要求される条件である。


## 2. 事　　例

　それでは次に，教育センターにおける遊戯療法の事例をあげる。


### (1)事例の概要とインテーク

　**クライエント**　男児A（来談時10歳，小学校4年生）

　**主訴**　学校でのトラブルが続き，どうしたらよいのかアドバイスがほしい。

　**家族**　父（会社員），母（主婦），年下のきょうだい二人

　**生育歴および問題歴**　胎生期異常なし。普通分娩。混合栄養。言葉の出始めは2歳6か月ごろ（母親記載。「単語は出ていたが，理解は遅かった」）。夜泣きがひどかった。おねしょ，爪噛み，吃音，チックがあった。小学校1年生時に「学校に行くのを嫌がる。宿題をしない」という主訴で約1年間の来談歴あり。母親の妊娠と，2年生に進級後登校するようになったことで終了。しかし4年生になってから授業中に騒ぐ，教室から出る，校外へ出るなどが頻発し，再来。同時期に病院で発達障害の診断を受ける。

　**インテーク時の臨床像**　ぽっちゃりしっかりした体型。色白でかわいらしい

顔立ち。出会いはじめのころは視線が合いにくい。

　**インテーク（＃1）**　セラピスト（以下，Th）が名前を書いて自己紹介をすると，しっかりと見る。Aの名前の漢字をきくと一字一字説明し，最後の字は「簡単な○ちゃうで」と自らが書く。次々と玩具を手にするがどれも不満足で，箱庭の前に立ち「つまらんなあ」と言う。Thから絵に誘う。すると「絵？適当でいい？」「なんで木描くん？」ときき，そして箱庭の一角に小さいワニを数匹置く。Thが興味をもって見ると，一匹ずつ砂の中に埋めていき，また全部出して棚に戻す。そして（以前の来談時のことを思い出してか）「トランポリンなかった？」と言う。Thがエアートランポリンを膨らますと元気よく跳び，「戦いしよう」と剣を構える。二人とも熱くなり，休憩。その後，的当てのボールをとり「見つかってんやろ」と言うのでThは驚く。先ほど偶然ボールを見つけてつぶやいていたThの言葉をAは聞き取っていた。時計も見ており残り5分になると「これで最後」と一投ずつ投げ，再び「戦いしよう」とトランポリンに戻り，思い切り戦う。Aの息もかなりあがり「あとはのんびりしよう」とトランポリンに仰向けに寝る。Thが時間になったことを告げると，「時間や。おもんな（おもしろくない）」〈そうか，おもんなかった？〉「いや，おもろかった」と言って退出する。

　**見立て**　母子の相互関係の基盤が不十分なままに妹弟が産まれ，自分が愛されるに足る十分な存在であるという実感が脆弱なまま，自律の時期にさしかかり，不登校や集団不適応といった社会的，行動的問題として表れた。しかしプレイルームでは当初より，関係性を作っていく力は十分認められ，Thという他者が対象として存在することで，本児はこの場で象徴的に自己の抱えているテーマを扱っていけるのではないかと感じた。

　**対応**　週1回50分の母子並行面接（無料）。


**⑵経　過**

**第1期　出会い／赤ちゃん殺しのテーマ（＃2-＃17）**

　＃2からもエアートランポリンの上でボクシングや相撲，ウルトラマンごっ

こなど身体を使って戦う。普段は「空想の敵と戦うねん」と言う。ふいに「アートしよう。青ある？」と言って自ら机に座る。海辺のような絵を描くが「失敗」と言い，次の絵も「失敗」と言い，「絵なんかいつでも描ける。ここでしかできないことしよう」と，さっと横顔（自画像）を描いて，トランポリンに戻り「バク転したい。教えて」と言う。苦戦する Th と交代で何度も回る。

　＃4には「（Th は）ほかの子とも遊んでる？」ときいてくる。〈この時間，毎週○曜日の○時から○時○分は A 君との時間。A 君と遊ぶ〉と伝える。剣でTh を何度も叩きつけ，「死んで」と言う。次には，高く積み上げた大きなクッションの真ん中に開いている穴の中に頭から入って，Th に自分の身体をひっぱり出させるという遊びを何度もする。そして箱庭の砂の上に樹々を置き，「森林伐採」と言って滅茶苦茶に引っこ抜く。「その後は枯れ木」と枯れ木を置く。「そして池ができた」と池を作り，「カメの肉をワニが狙ってる」と配置。そのカメを兵士も狙っている。兵士はワニも狙っている。別の場所に小さいライオンを向かい合わせに置き，「操られている」と言う。次に大きいライオンを「百獣の王」と置く。「敵」と怪獣を置き，怪獣対ライオンの戦い。ライオンの助っ人にウルトラマンが来るが，怪獣側にも大きなロボット怪獣が助っ人として来る。さらに怪獣側にはキリンの助っ人も。するとライオン側には象がつく。戦いの末，ライオンとウルトラマンは勝つが，象はロボット怪獣にやられてしまう。だがそこで偶然ロボット怪獣の部品がぽろぽろと分解する。〈象はただやられたわけではなくて，結構ダメージを与えていたんだな〉「そう。結構踏みつけた」。だが助っ人だったロボット怪獣が，怪獣の身体を乗っ取って，ライオンも従える。しかし「かわいそうなことに子どもがいた」と言いながら小さい怪獣を置く。〈なぜかわいそう？〉「だってやられるから」。兵士が怪獣とその子ども怪獣を取り囲む。しかしロボット怪獣が兵士を倒し，この土地を占領。しかし，「ロボットだったので暑さに弱かった」と言って，森林伐採，温暖化で砂漠化した土地のせいで，結局ロボット怪獣は死に，伐採されて置かれていた樹々で葬るようにして「終わり」（図3.2.1）。

　＃5（小学5年生）では，剣で激しく戦い「本物の剣やったら（Th）死んで

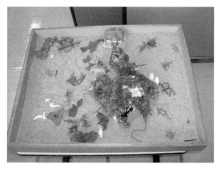

**図3.2.1　森林伐採**

る」「(Th に) 赤ちゃんがいればいいのに」〈どうして？〉「赤ちゃんも一緒に殺せる」と言う。また，「次何しよ」と A に言われた際に，時間を確かめるために時計を見た Th に対し，すごい勢いで「早よ終わらへんかと思ってるやろ！」と食ってかかり，「嘘をついてもわかる。俺は心がわかる」と言う。終了間際，また大クッションの穴の中に入り「抜いて」と言う。

　＃6では「今日も殴ってやる」と戦いを始めるが，Th が痛いときはそう伝えながらも戦い続けていると，「なんでやめへんの？」と不思議そうにきいてくる。そして自ら戦いをやめ，人生ゲームの大量のお金をばらまいて大笑いする。終了直前にまたクッションの穴に入り「出れへん」と退出を渋る。

　＃8ではエアートランポリンの上に大の字で寝て，「あーここは天国や」と言う。「カネ（金）ゴン降臨！」と札束をばら撒くが，「カネゴンは本当はお金じゃなくて愛が欲しい」と言う。箱庭の蛇に名前をつけ振り回す。ちぎれそうなのでそれ以上はやめてほしいと言うと，「子どもと○○（蛇の名前），どっちが大事？」ときき，すぐ「子どもいる？」「いたらきしょい。きもい」と言う。

　＃9ではトンネルに入って，出て「産まれ出た！」と言う。

　＃10ではお金をばら撒き，流行歌の替え歌で「人生！　人生！　絶望（本当の歌詞は夢）で生きてる」と歌う。小さい段ボールに，お金と一緒に入って三角座りをして「この赤ちゃんもらってください」「この捨て猫もらってください」「この捨て人間もらってください」と言う。続く＃11に，公園で捨て猫を拾い，父親に頼んで飼うことにしたと話すので，Th は驚く。猫はまだ手にのるくらいの大きさで，「今日小さい猫用の餌を買いに行く」「昨日から全然餌を食べないから」と一生懸命に言う。終了時間になると「いつもの儀式」と言ってクッションの中に入る。

　#13では野球をしながら，「母ちゃんの方がうまいわ」〈そうかあ。お母さんともキャッチボールするの？〉「前。小3からしてない」〈なんで？〉「弟が産まれたしな」〈そうかあ〉「新しい生命が誕生したということや」。そして「年いくつ？」ときき，Thの返答を待たずに「30〜，老け顔やから68」と言う。後半は，Thが投げるボールをAがエアートランポリンにダイブして受けるという「少林野球」を繰り返す。二人の投受のタイミングが合っていくことがうれしい様子で，「これは母ちゃんに言わなあかんな」と言う。時間になるといつものようにクッションの中に入るが，力を入れて抵抗することはなく「抜いて」と体を細くして待っている。

**第2期　自分という“生”に向き合い始める（#18-#48）**

　#18，母親のみ受付に。母親によると，朝から友達が誘いに来たので，母親が止めるのも聞かずに遊びに出て，ぎりぎりの時間に帰ってはきたが，来所が1分遅れたと言って怒って拗ねて駐車場にいる，とのこと。Thが駐車場に行くと，車の後ろに隠れたまま「あのばばあのせいで遅れた。あのばばあが弟のズボンを履かせるのにもたもたして」と泣きながら怒鳴る。そして「あいつを…」と言い，車の後ろから出てくる。Thはプレイルームに行こうと声をかけ，Aの身体を後ろから抱きかかえるように制しながら一緒に部屋のある階に上がる。しかし，母親の部屋にぐいぐい這うように入っていく。Thは後ろからAに抱き着いたまま引きずられるように入るしかない。母親担当もプレイルームへ促すが応じず，母親へ自分の思いのたけを泣きながら，吠えるように言い続ける。母親は極力冷静を保ってそれを聞き，応じていた。「今まで俺との約束守ったか」「10年間生きてきていいこと少ない」「産まれたくなかった」「家に帰らない」「縁切る。縁切りたいとお前も思ってるやろ。その方が学校行っても恥ずかしくないやろ。こんなんにしたのは，みんなと同じようでないようにしたのは親の責任。教育しなおせ」。終了時間まで言い続けて，おさまる。汗びっしょり。最後の方は疲れて眠たそうに。なだめようとする母親や母親担当者を「触んな！」と威嚇し，椅子に座っている母親ににじり寄って膝に手を置き，今にも掴みかからんばかりであったが，それを制止するために後ろから抱

きかえたままの Th の手は最後まで振り払おうとはしなかった。

　続く#19は時間前に来て，所在なげに廊下をうろうろしているところを Th が迎えると「来てやったんや。早よ来い」と言う。プレイルームでは野球をし，終了後いつも通り母親の部屋に行く。すぐ出てこない母親に向かって「遅い」と言うので〈遅いなあ〉と同調すると，にんまりしながら「こいつ（Th）が母ちゃんのことばばあと言った」と脚色して告げ口に行く。そして「謝れ」と言う。〈なんで？〉「なんとなく謝れ」「母ちゃんに文句言ったってことは，俺を悪く言ったことと同じになる」と言う。

　#22ではサンドバッグを強敵に見立て一人で戦う。しかし敵は攻撃された力を吸収するので，自分が攻撃すればするほど敵は強くなると言う。

　#24では，「今日学校休んだ」とぽつっと言う。Th の物覚えの悪さに「IQ10ちゃうか」と言うので〈はかったことない〉と言うと，「俺，小5にしてはかったことある。平均以下やって。病院で。なんで病院行ったんかな。わからん」と言う。

　❖母親面接より：最近学校に行っていない。学校に行かないと落ち着いているが，これでいいのだろうか。教育センターに来ると A の言葉遣いが悪くなるから，楽しいんやろうなあと思う。A は楽しいときほど言葉遣いが悪くなる。

　#28, 待合室に A が一人でいる。〈一人なんだね〉「うん，弟が風邪」。元気がない。遊んで汗をかいた後，エアートランポリンの空気口の風をお腹にあて続けているので〈風邪ひくよ〉と言うと「風邪ひきたい。ひいたら学校休めるし。そうでなくても休めるけど……」「弟はいいな」と言う。

　#33では「〇曜日（来所曜日）の恒例と名付けよう」と言ってクッションの丸い穴に入り込み，引っ張っても出てこず，「助けてくれ〜」「出してくれ〜」とずっと言っているので，〈どこから？〉ときくと，少し考えて「この絶望から」と言う。〈絶望かあ……〉〈まだ希望はあるぞー〉「だめだー，ガクッ」と首を倒す。しかし，その後自ら出てくる。

　❖母親面接より：学校には以前より行くようになっているが，機嫌がずっと悪い。最近自分の匂いを気にし，以前はお風呂に入らなくても平気だったのに，

今は朝にシャワーを浴びる。

#35では野球の試合をした後，プレイルームの玩具たちが，それぞれ二人の
チームメイトだと言う。そして Th のチームメイトは，試合にぼろ負けしたの
は Th が打たれたせいだと無茶苦茶怒っていると言う。そして「あいつらには
嬉しいと怒りしかない。感情がない」と言う。さらに「ほんまはお前は悪くな
いねん。あいつら動かへんから，球捕れてない。だからほんまはあいつらが悪
い。でも感情がないからあいつらにはわからへんねん」と言う。

#48では，Th の投球，バッティングフォームを自分が見本を示しながら根
気よく修正していく。Aのアドバイスにより，Th は本当に打てるようになり，
Aの本気の球への「神安打」が見事にAの脇腹に当たってしまう。「痛いやん
け。赤くなってる」と言うも，「ほら，打てたやろ」と笑顔。

**第3期　自己の存在受容をかけた戦い／セラピストが生き残り，受容しながら向き
合うことのたいへんさと，大切さを実感（#49-#73）**

#49，開始時間のことをめぐって，Aはどうしても5分前に来いと主張し，
プレイルームに入ってからも怒りが収まらず，「怒った。もう帰る。二度と来
ない」と部屋を出る。Th は〈Aがここでの時間を大切にしていることはわか
る。だからこそ，間違いなく時間通り始められるように迎えに行く〉と伝えな
がら追うが，どうしても帰ると言って帰る。何度かAが涙をぬぐっているよう
に見える。その後，Aが「担当を代えて，もう1時間延ばせ。そうじゃないと
もう二度と行かないと伝えろ」と言っている，という電話が母親より入る。

しかし#50，受付に出た Th に「俺の言った通りでなかったら，次来ない。
やめる」と言うが，時間通りに待合室に迎えに行くと，穏やかに本を読んでい
る。「ムカつく。ここまで俺を怒らせたお前が悪い」と言うが，入室し，野球
のノックを普通に始める。しかしイライラしてきてバットを飛ばし，ぬいぐる
みを全部投げ，滑り台でうつ伏せになる。「もうこれで2時間潰れた！」「死
ね！　消えてほしい」と言う。すぐ出てしまった前回と違い「10分になったら
帰る」と言い，必死に自分の思いと抗しているAを Th も感じるのだが，しか
し10分になるまで待てず帰ってしまう。また涙ぐんでいる。Aを見送って部屋

**図3.2.2　生命力を取り戻す長い道のり**

に戻ったときに，箱庭に鐘が一つ置かれていることに気付く。

＃51（小学6年生）では，前の条件でないなら今日でやめると言い続けているが，こちらも時間は決まっていると言い続けると，箱庭を作り始める。大きな木の家を置き，花々を無造作に置き，「台風」が来て花々は無茶苦茶に。しかし家の中や外には砂がいっぱいかぶさっており「砂が家を守ってくれ」家は倒れなかった。打ち出の小槌を見つけ，家を叩く。打ち出の小槌は「神」，のちに「悪魔」とも言う。神が家をつぶそうとしている。そこに家を守るため，ウルトラマンが現れる。しかし，神にやられ，ウルトラマンは仰向けに倒れ，「人間下敷きになっていっぱい死ぬ」。しかし，神がウルトラマンに最後の止めを刺そうとしたとき，人間がウルトラマンの上に被さって庇い，打ち出の小槌を人間が身をもって受け死ぬ。その人間の心に応えようと，ウルトラマンも必死で立ち上がるが，やはり倒され葬られる。砂の中にウルトラマンを埋める。その後，月日が流れ発掘調査がなされるが，「3年でやっとこれだけ」。その後10年，100年，1万年かかってやっとウルトラマンの化石が掘り出される。水を使ってウルトラマンに砂がついている状態を表現。水をつけたことでウルトラマンの赤い部分が鮮やかになる。すると「生命力を取り戻した！」と言う。人間が長い年月をかけて発掘してウルトラマンの全身を出すが，神の一撃で，また一瞬で，砂に埋められる。しばらくその繰り返しであったが，何度目かで生命力を取り戻したウルトラマンが立ち上がり，白い花を持って「神にプロポーズする」。その心意気に，神が少しウルトラマンを認めてプロポーズを受ける。しかし，すぐに「夫いじめ」と言って結局は倒される（図3.2.2）。

＃54，ウルトラマンを砂の中に埋め，「800年」。徐々に砂がはがれていくが，人々はそれが何かわからないので，不審そうに遠巻きにしている。全貌が現れ

てウルトラマンということがわかるが，あまり歓迎されず，最後は隕石が降っ
てきて，「はい，終わり」とあっけない。

　❖母親面接より：落ち着いて学校に行くようになっている。

　#59．「未来の姿するか」と箱庭へ。未来は「隕石が落ちて砂漠化」したと
ころから始まる。ウルトラマンと怪獣の戦い。ウルトラマンは真っ二つに切ら
れ，身体の中に砂を詰められ重くなって再生する。村人のため，ウルトラマン
は生贄になる。見殺しにされるが，その後，村人から神と崇められる。その後，
「悪い科学者に悪をつけられる」と，ウルトラマンに紫色の粘土をつける。紫
の悪に覆われたウルトラマンは，「なんで俺ばっかりしんどい目して，村人の
ために，なんで俺ばっかり戦わなあかんねん」と愚痴をこぼす。しかし，「ウ
ルトラマンは自らの光のパワーでその悪を取り払う」と言って，粘土をはがし
ていく。〈やはりウルトラマンは正義の味方か〉と言うと，「いや，完全には取
れない。悪を使いたいときは使える。でも3回まで。それ以上使うと暴走す
る」。紫の粘土でふんどしを作り，ウルトラマンと怪獣につけ相撲をとる。取
れて砂まみれになったふんどしを「勝者のふんどしを食べると幸せになる」と
言って，敗者のふんどし，次に勝者のふんどしも Th に食べさせて終わる。

　#60も「未来の街」。道路標識を丸く囲いを作るように置き，その中心にウ
ルトラマンを置く。「ウルトラマンが人間の世界に降りてきた。2メートル」。
男の子と女の子のレゴ人形をその前に置いて「子どもと戯れてる」。大きな鐘
を見つけ，それをウルトラマンの首にぶら下げ，「猫」と笑うが，鐘が重くて
ウルトラマンの身体が前に引っ張られ，前のめりになったところに男の子と女
の子がいるので，鐘とウルトラマンに子どもたちが押しつぶされる形になる。
「攻撃する気ないのに，攻撃してしまってる」（まるでAそのもの）。

　#71では「朝から学校で組体操やってきた」「俺，応援団長やで」と6年生
として誇らしげな様子。休み時間も練習でたいへんだと話す。

　❖母親面接より：運動会では優勝し，大活躍だった。

## 第4期　人形でも万能の神でもない "自分" を見出す旅の始まり（#74-#91）

　#74「助けてな」と言って，久しぶりにクッションの穴の中に頭から入る。

落ちても痛くないと言う。「雪崩が緩やかに起きて，でも守られている」。少しだけ抵抗するように力を入れ，しかしThの救助で無事に出てくる。しかしぐったりしている（演技）。〈大丈夫か?!〉と声をかけると，マネキンのように目の動きを止めて，「A人形。人形に話しかけてどうする」と言う。

　#77にはじめて「かくれんぼしよう」と言い，その後#91（小学校卒業）までかくれんぼは続く。Thが鬼で，Aはとても熱心に隠れ，Thが見つけて目が合ったときは，毎回，本当にうれしそうな表情をする。並行して，空想話をする。自分はスポーツ万能で，皆がA様と神のごとく崇め，逆らう者はA教の宗教の人によって殺される（#79）。「A様は風邪。でも違う薬を飲んで死んでしまう。ショックで世界のほとんどの人が死ぬか，死んだも同然になる。まともなのは30人だけ。その中で選ばないといけないから，子孫を残すのがたいへん」（#81）。#83では「ダークな空想話」と言い，Thに「罪を言え」と言ってから，Thが親から殺されるという話をする。お金に困った両親が，Thが持っているお金を奪うために殺す。しかし殺してみたら5万円しか持っていなくて怒る。

　#84，手に“希望”“輝け”とマジックで書いてある。びっくりして尋ねると，「隣の席の子に書かれた」「（卒業アルバムの）クラス写真で」とのこと。

　#85「歩将棋しよう」と言い，Aは歩だけ，Thはそれ以外何でも使ってよく，「カス対エリートの戦い」と言う。しかし残り一個になると「とんでもないものに成る」と言って，歩が角になり，Thが負ける。そして「エリートには油断があったのだよ」と言う。その後，「万能の神A様は孤高でむなしい。カスの方が明るい」。一発逆転でエリートに勝つ爽快さを話す。

　#90，「今週の土曜日，中学の制服できる」と，しっかりと言う。

　#91，朝から卒業式の練習に登校して来所。かくれんぼでは，亀の甲羅の中の砂の上に，下着一枚，裸足になって丸くなっている。「見つかったかあ」と残念そうな，うれしそうな表情。「砂気持ちよかった。もっと暗いかと思ったら明るかったし」と言う。

　中学入学後は，それまで箱庭の世界で表現されていた自己を探求する旅は，

アニメ，漫画，そして小説の世界に身を置くことを通して行われ，Thもその世界に触れ，ときには同伴者となって，作品を通してのAの思いや感じ方をきき，共感するという時間へと移行していった。中学入学後も登校しにくい状況は続いたが，徐々に気の合う友達ができ，仲間と一緒に活動する楽しさを体験できるようになっていった中

**図3.2.3　近い未来のイメージ―若木の誕生―**

学2年生の半ばからは，離れていた勉強とも向き合い，高校進学を果たした。

　Aが高校1年生になってはじめての回（＃213）に久しぶりに作った箱庭が最後の箱庭となった（図3.2.3）。将棋で勝ち，自分が捕ったThの駒を箱庭に投げ入れ，動物（牛，馬，虎，鹿など）も箱庭の中に散らす。枯れ木を置き，そして真ん中に若木を立て，「ガスか何かで人間（将棋の駒）も動物も滅び，植物も枯れたのに，この木（緑の若木）だけが生えてきた。近い未来のイメージ」と語った。その後隔週の構造にかわり，表現者を目指す大学への進学を決め，終了となった。


## 3. 考　察

### (1)誕生と死と再生（第1期）

　インテークでAは箱庭を使って，自分の心の中にこの人（Th）は目を向けてくれる存在かどうか見ていたように感じる。そしてThからの眼差しを受け取ったAは中断されていた遊戯療法を再開する決意をし，「いや，おもろかった（おもしろかった）」と言って帰ったのだと思う。そして早々に（＃4）直球で自身のテーマをThにぶつけている。「ほかの子どもとも遊んでいるか」という問いの背景をどのように理解し，向き合うかは関係性を軸に行われる遊戯療法ではつねに正念場となる。Aは，死そして再生を繰り返すという遊びに自

身を投入し，また今と今後の遊戯療法の過程を示すような展開を箱庭で表現した（図3.2.1）。＃5では，さらにThとの関係の中で，自分の唯一無二の愛着対象の中にその関係を脅かす別の存在がいるというたいへんなイメージと戦っている。そんなとき，Thが現実的な時間を見るという行為をしたことに対して，愛着対象の関心が他の対象に向かっているのではないかとの疑念と不安が一気に喚起され，あらためてThはAの思いの強さに気づかされる。そして自分を，愛を求めるが見捨てられた存在として表現し，瀕死の中拾われ，生まれ，育まれる道程をThとともに行っていこうとする。

## (2)自分の"生"とは（第2期）

しかしながら＃18，ThがいまだAの抱える愛着を巡る深い疑念と怒りと不安への理解が不十分だったため，本来プレイルームで扱うべきこれらの課題が母親面接室で母親にじかにぶつけられるという事態を招いた。これはA，母親双方に非常な傷つきを与えかねない危険な事態である。しかし，Thの存在やプレイルームを擁する教育センターという器がかろうじて枠として機能し，Aにとってとても怖くて口にできなかった本音を破壊的にならずに精一杯表明することを可能にした側面はあったと思う。その後，Aは自分の思いに同調するThの存在を得て，母親と自分との一体感を体験し，徐々に一人の自分という存在に向き合う過程を歩み始めた。その過程にThは逃げずにはいたが，Aの言う絶望の深さにはなかなか寄り添いきれなかった。

## (3)存在を抱えるとは（第3期）

ThがAの抱える思いを十全に感じられていないことへの反応として，Aは時間を延ばすことを要求し，それが叶えられないなら担当を代えろと要求した（＃49）。しかしこれだけ伸ばせと要求しながら，同時に10分とプレイルームにいることができないAはかつてないほどに苦しそうに見え，今後取り組んでいく道程の険しさを予感し，Thの覚悟を厳しく問うているのだと気づいた。Thに覚悟が決まると，それ以降，過度な時間延長の要求はなくなり，箱庭での表

現が展開し始める。箱庭にはA自身の様々な側面と，Aにとって重要な人物，事物（父親，母親イメージを筆頭に取り巻くすべての人，状況）をめぐる心情が，見事に表現されていると感じる。そして，自分自身の中にある可能性を拓き，再び，生命力を取り戻す道のりは，1万年もの長きに及ぶ発掘調査のごとく，深く根気のいる地道な心の作業であること，そしてそこには人の存在（互いに助けられ，また互いを犠牲にしながらもなお）が必要なことが示されていた。

### (4)自分を見出す旅（第4期）

　生まれたばかりの赤ん坊は，他者の存在がなければ，主体をもたぬ人形と同然であろう（#74）。赤ん坊は，日々養育者の「顔を見る，見せるルーティン」（陳，2004）の繰り返しを原点に，ともにいる他者を通して自己を見出していく。#77から始まった「かくれんぼ」は，そんな道程にも匹敵するような，自分をThの眼差しを通して見出す作業を，A自らが主体的に構成しているように感じた。そして，並行して空想の話を語る中で，立ち上がってくる自己にまつわる万能感や罪の意識と報復への恐れなどを扱い，孤高の万能感の世界から自分を区別し，中学生への歩を踏み出した。小学生最後の回のかくれんぼで砂から立ち上がったAを見て，箱庭の発掘調査で見出された「生命力を取り戻した」ウルトラマンを思い出した。だが同時に，まだ素足の下着姿ではあるが，そこには，確実に人に開かれた明るさをもったA自身を見つけることができた。

## 4.　おわりに――セラピストの責任と役割

　子どもは全身全霊で自分を懸命に表現している。それは家庭においても学校においても同じである。しかし，家庭や学校の状況によっては，それがその子どもの精一杯の表現として尊重されずに，無視されたり，無価値なものと評価されたり，叱責の対象としか扱われなかったりすることが起きる。残念ながら，それは往々にして起きる。しかし，このたった一つの事例の一部を見ただけでも，子どものもつ表現の奥深さに驚かれたことだと思う。子どものどんな表現

も見落とさず尊重し，子どもが安心して自分でいられる場を守る姿勢が，まず
プレイセラピストに課せられた責任である。そのうえで，子どもの自由な表現
を通して，その子どもの考え，感じていることを綿密に理解し，その都度，全
身全霊で応答し，関係していくことがセラピストの役割である。そして，さら
に，子どもとセラピストがお互い身をもって知ったこの事実を，事例研究し，
的確に社会に発信していくことがセラピストの社会的使命であると考える。

〈文献〉

陳省仁（2004）．行動発達における生成と転移のメカニズムを求めて　三宅和
　　　夫・陳省仁・氏家達夫（編）「個の理解」をめざす発達研究　有斐閣　pp.
　　　139-163.

# ③ 学校における遊戯療法

永田　法子・中村　美津子

## 1. 学校という場

　学校という場は，学びの場というイメージが強く，遊戯療法とはなじまないような印象を受ける。幼い子どもにとっては，日常生活のすべてが経験であり，遊びと学びは分かちがたく結びついている。「子どもの遊びと大人の遊びはその意味合いがかなり異なる」ものであり，「子どもにとって遊びは，遊びであるとともに，生活であり，仕事でもある。遊びはことばであり，自己表現の手段でもある」（東山，2005）。幼稚園や保育所では，カリキュラムに沿った設定保育の時間が設けられているが，遊びを通して子どもの発達や成長を促す内容となっている。自由な遊び時間も含めて，一日の生活の中で遊びには多くの時間があてられ，子どもにとってはまさに遊びが生活そのものである。

　しかし小学校に入学すると，授業の時間が決められ，学習内容は系統立てられ，学習方法も組織的，計画的に進められるようになる。授業中は学び，休み時間には遊ぶというように，時間が分節化されていく。小学校では，休み時間になると校庭に走り出て，あるいは教室の片隅で，思い思いに遊ぶ子どもたちの姿を多く見かける。遊びの本質は「自由な活動」「分離した活動」であり，「あらかじめ定められた厳密な時間および空間の範囲内に限定される」（カイヨワ，1970）。このような分化によって休み時間は意味を与えられ，学びと遊びの循環が一日の生活の中で繰り返され，子どもの育ちを支えている。

　小学校低学年の学びは，比較的日常生活に密着しているが，学年が進むにつれて，しだいにより広い概念を扱うようになり抽象化していく。中学校の授業では，さらにその傾向が進み，遊びの要素も少なくなる。学校での時間の大半は学習に充てられ，休み時間は次の授業の準備や教室移動の時間となり，わずかに昼休みにサッカーやバレーボールに興じる機会が残されるくらいとなる。新しい知識や技術への関心は知的好奇心へと昇華され，身体を動かすことや遊びの要素は，部活動，行事などへと転化されていく。

　さて，このような場で，これまでの章で語られたような遊戯療法が実施できるのだろうか。結論からいえば，可能ではあるが，時間，場所等，通常の厳密な枠組みをもった遊戯療法とはかなり異なるものとなる。学校においてその担い手となる心理臨床の専門家は，主にスクールカウンセラーである。まずはその仕事について紹介していきたい。


## 2.　スクールカウンセラーの仕事

　スクールカウンセラーは，学校現場における問題が複雑化し，「教師とは異なる専門性」が必要とされるようになり，1995（平成 7）年度に当時の文部省の調査研究委託事業として導入された。心理臨床においては個を中心としたかかわり，対話や傾聴というアプローチが基本的であり，一方教師は，集団を対象として上手に教え指導する専門家である。このような専門性の違いから，当初は様々な誤解や摩擦が生じたが，以降二十数年の積み重ねによって，互いの専門性を尊重しながら役割分担し，相補的に協力することが大切という理解が深まり，いまではスクールカウンセラーは学校の一員として欠かせない存在となりつつある。

　スクールカウンセラーの具体的な仕事は多岐にわたるが，伊藤（2002）は，これを「点」「面」「線」の三つの位相からとらえている。「点」へのかかわりは，子どもとの個人面接や教師個人へのコンサルテーションなど，個人への直接的支援に相当する。これは従来の心理臨床においてなじみのある活動である

が，個とのかかわりを丁寧に行っていくと，子どもと教師，子どもと子ども，保護者と教師などの関係性に介入する必要性が生じてくる。これが，「線」へのかかわりである。たとえば，子どもとは直接面接しないが，教師へのコンサルテーションで，子ども理解を深めることによって両者の関係を改善する，保護者と教師の間に立って互いの思いを伝え，学校と家庭の橋渡しをするといった，関係性へのかかわりをさす。さらに，学級，学校，地域などのコミュニティ全体を視野に入れた「面」へのかかわりへと展開されていく。ここには，組織への働きかけ，心理教育などの予防的かかわり，広報啓発活動，外部の専門機関との連携などが含まれる。これらの三位相が重層的に織りなされながら進んでいくのが，スクールカウンセラーの活動のダイナミクスであり，独自性であるとともに醍醐味でもある。そのため，スクールカウンセラーの活動においては，これらを視野に入れた重層的，俯瞰的な視点が必要であり，個人レベルから集団レベルにわたる多面的なアセスメントをもとに，誰にどのように働きかけるかを判断していくことが求められる。

## 3. 学校における個人面接

　以上のように，学校における個人面接は，スクールカウンセラーの仕事の重要な一部であるが，時間，場所，料金，契約等の枠組みがはっきりした面接は，学校の場になじまないことが多い。だからといって枠がなくてもよいわけではなく，学校での面接を特徴づけるのは，弾力的，柔軟，臨機応変な「ゆるやかな枠」である（永田，2003）。

　まず時間枠は，行事予定や授業時間によって左右され，毎週○曜日の○時から1時間，といった設定は行いにくい。指導の一環として来談意欲のない子どもが連れてこられる場合や，緊急事態のため急きょ面接が設定される場合もある。場所についても確固とした枠を持ちにくい。相談室は学校の一角にあり，廊下を行き来する人の声や足音が響き，チャイムが鳴り，現実との仕切りが難しい。従来の面接では枠外しとみなされる，家庭訪問のような面接も行われる。

小学校では，相談室が整備されていない学校が多く，そのつど会議室など空き部屋を利用する場合もある。もちろんプレイルームはなく，おもちゃといっても画用紙，折り紙，粘土など，学校にある限られたものを利用することになる。つまり，学校で個別の対応を行う際には，限られた状況の中でプレイ的なかかわりを行い，子どもと関係性を築いていけることが大切である（内田・内田，2011）。そのためまとまった事例報告は少ないが，難波（2014）は，小学校のスクールカウンセラーとして，教材用の小部屋で折り紙を用いてかかわった事例を報告しており，参考になる。

　また学校では，スクールカウンセラーの給料は自治体から支払われており，面接にあたって直接料金が支払われることはない。組織の一員として対応するため，厳密なインフォームドコンセントに基づく契約もなりたちにくい。守秘義務については，スクールカウンセラーが秘密を厳守することが必ずしも問題解決につながらず，学校では集団守秘として子どもにかかわる関係者と共有することが多い。この場合に，集団守秘義務を負う"集団"の範囲や共有される情報の質や量などを検討すべきであり（植山，2017），誰と何をどこまで共有するかは，なかなか難しい判断となることもある。そのような環境の中では，「学校独自のやり方で枠や構造が安定するように努力すると同時に，それに縛られない柔軟性と，あいまいさに耐える力（枠のない中でがんばる力）が求められ」る（伊藤，2002）。しかし，融通がきく枠とはいえ「自由にして保護された空間」（カルフ，1972）が提供され，そこで子どもが表現することができ，それを理解し見守る大人がいるということは，遊戯療法の本質にほかならない。学校で個人面接を行う場合は，その特殊性を自覚し，本質を忘れず，ゆらがない専門家アイデンティティのもとに臨むことが必要であろう。

## 4．学校における見立て・アセスメント

　学校においても，通常の面接と同じく，的確なアセスメントが必要であることはいうまでもない。先述したように，学校におけるアセスメントには重層的

視点が必要とされる。まず個のレベルでのアセスメントとしては，子どもの問題を把握するために，保護者から生育歴や家庭での様子などを聞き取り，教師から学校で問題になること，困っていることなどを聞き取る。またスクールカウンセラーの場合は，授業中や休み時間の子どもの様子，掲示された作品などを，直接観察して判断できるメリットがある。関係性のアセスメントとしては，その子どもと担任との関係，友達との関係，学級集団とのかかわりなど，学級レベルでは，担任の経験や人柄，学級の雰囲気，子どもたちと担任との関係なども理解する必要がある。集団へのアセスメントとして，管理職の考え方や学校内での教師どうしの関係など教師集団へのアセスメント，さらに学校を支える地域と風土なども含め，総合的に問題を見立てていく。徳田（2003）は，学校における見立ての目標を，「子どもの潜在的可能性，子どもと環境との関係の潜在的可能性の見立て（誰がどのようにかかわると子どもの成長に役立つか）」としている。誰がどのようにかかわるかを検討して，保護者を面接で支え，教師をコンサルテーションで支援する。このように全体をコーディネートしながら間接的に支えていくのが，スクールカウンセラーの仕事である。その中で子どもとの個別の面接が有効であると判断された場合には，かかわりの一つとして直接支援を受け持つことになる。

　なお，しっかりした構造の個人面接や，長期的な親子並行面接が必要と判断した場合は，外部機関にリファーすることが望ましい。学校では，様々な理由でそれができない場合があり，そのときには柔軟な枠を意識しつつ学校で面接を行うことになる。

## 5.　小学校での事例

　上記のように学校の中では単独で遊戯療法が行われるのではない。子どもへの心理面接という直接支援のみではなく，関係者（保護者，担任など取り巻く教師）の困り感や抱える問題をコンサルテーションや保護者面接で支えながら，関係者をコーディネートする。そうすることで，子どもの発達を促進する枠組

みを作り，面接の構造を守る。以下にそのような事例を報告する。


## (1)事例の概要

### 学校からのSOS

　スクールカウンセラー（以下，SC）が月2回巡回している小学校で，2学期半ば，養護教諭から授業中に立ち歩きをする2年生男児のAについて相談があった。怒ってパニックになったり，友達とけんかしたり，教室から出て保健室に来ていることが多い。母親も心配して午後から授業を見に来ているが，困っているので面接を希望しているとのことだった。

### 母親の話より

　4人きょうだいの第三子である。いやなことはしない子である。1年生のときも児童館でけんかしてパニックになるようなことが何回かあった。家でもすねるがほうっておくとなおる。運動会の練習に出たがらなかったが，ダンスは自分の位置を教えるとできた。足が速くてほめられ，「がんばる」と言っていたが，リレー選手に選ばれずいじけていた。赤ちゃんのときはよく泣いた。3歳児健診で言葉が遅いといわれたが，入園後は気にならなくなった。担任の説明は本人にはわかりにくいと母は感じている。算数はティームティーチングで行われるのでわかる。付き添って少し助ければできるし「ちゃんとできたね」とほめるとうれしそうにしている。立ち歩きについては「僕だけじゃない」と言っている。

### 授業観察，教師の話より

　国語の授業を観察。やせて小柄な子である。漢字は書いていたが本読みになると寝てしまった。母親がやってきて横についたが目を覚まさない。担任が自習を指示して教室を離れると，さっそく男児Bと教室から出て行った。いつもBのあとについていってしまう，とのこと。教室にはクラス全員の絵が掲示され，彼の描いた「おじゃる丸」がある。「一」と「九」を箱の中に入れると「十」ではなくて「丸」になって出てくる様子が描かれている。廊下には段ボールで作った立体マスク「火を吹く熊」があり，口から赤い布の炎が出ている。

養護教諭の話では，その日の給食が大好きな焼きそばで，お代わりをすぐにもらえず，怒って自分の焼きそばを床に捨てた，という事件があったとのこと。この授業後，母親と養護教諭，SC が話しているとき「(今日の)夜は焼きそばね」とねだっていた。

**見立て**

　火を吹く熊の表現は大きなエネルギーの存在を思わせる一方，おじゃる丸のユーモアはAの可能性を感じさせた。しかし，自分より強い友達についていくというように，衝動のコントロールが難しくなっている。学校には授業と休み時間というメリハリがあるが，その枠の中で順番を適切に「待てる」ようになるということが課題のようだ。自己愛が満たされないと，すねたり怒るので，十分に自分を認めてもらう経験が必要と考えられる。

**ケース会議で対応を考える（担任，養護教諭，特別支援学級の先生）**

①それぞれの困り感

　担任はかなり困っているが，説明が丁寧で長すぎるときがある。短く話すこと，焼きそばのような場面では，「だめ」という禁止ではなく「待っててね」「みんなが食べてからならいいよ」などと，待つことができるような説明をすることをお願いした。学習については，個別の適切な援助で改善している様子が見えたので，継続することを確認。

　母親はAがすねているとほうっておくことで，収まっていく経験をしている。それは母親の知恵ともいえる効果的な方法ではあるが，Aと向き合う対話は少ないと推察された。母親面接で考える課題であろう。ちょうど姉の登校しぶりもあったので，母親への支援は必要である。

　本人の困り感は推測できないが，Aの中の火を吹くようなコントロールしがたい情動が，現実生活の中でも噴出しており，それが社会的適応や対人関係を困難にしている。本人への支援では，遊びを通して適切な表現を可能にできるようにしたいと考えた。

②学校のキーパーソンは誰か

　この小学校は大規模校であるが，子どもが心身の不調を訴えたり困ったとき

に逃げ場になっている保健室で，養護教諭は子どもたちの様子をよく把握している。Aの母親の相談にものっている。特別支援学級のC先生は，学習の取り組みのばらつきやコミュニケーション能力の未熟さなどから，発達の偏りの可能性を考えているようである。SCはこの二人を通して，Aにかかわっていくことになった。

③どんな場でどのようにAにかかわるか

　月2回の巡回校であるこの小学校では，子育て相談のような保護者面接が多く，学校状況はつかめていない。遊戯療法が望ましいとしても，Aとどうかかわっていくとよいのか悩むところであった。しかしC先生から，特別支援学級のための部屋があり，箱庭もあるとの驚きの情報がもたらされた。そこで学内でAにかかわることにして，事前に母親面接を行った。この時期には，学校では九九を少しずつやるようになったり，同級生に謝れるようになったり，認められたことをうれしそうに母親に報告したりするようになっていた。Bとの関係は変わらず「Bが一番強い。おれは二番目」と言っている。本人は母親からすでに面接の説明を受けて了解しているとのことだった。


## (2)経　過

　面接の部屋はちょうど教室の大きさで，特別支援学級の子どもたちが遊べるようになっていた。児童の往来も少ない一角にある。砂場こそないが三畳くらいの畳スペースがあり，その隣に小学生なら十分立って入ることができる木造の家があり，その他におもちゃやすべり台や箱積木，乗り物のような遊具は一通りそろっていた。面接は2年生の11月から始まり，1年4か月の間に，本人面接を22回，母親面接を6回，学校との情報交換とコンサルテーションは十数回行っている。以下に子どもの面接経過を4期に分けて，学校や家庭での様子とあわせて述べていく。

### 第1期　弱肉強食の世界（＃1-＃3）

　＃1：日常ではあまり入らない棟の知らない教室（プレイルーム）にびっくりしていたが，何をして遊んでもよいことや時間のことなどを説明すると，興

味を示した。ボードゲームをやってい
たが，箱庭を示すと「わー」と言って
砂をさわって遊びだした。トラがライ
オンの子2匹を狙い，母ライオンはト
ラと戦っている。左下に亀が現われ，
右下に鰐が現われる。鰐は鳥を狙って
いるが，その鳥は蛙を狙っている。と
ころがその鰐もオランウータンに狙わ
れている。それぞれ，自分が狙われて

図3.3.1　背後から狙われている動物たち

いることを知らない。その動物の世界が現われたあとに「町作ろう」と左上に
ビル，消防署，神社，五重塔，温泉旅館を置いた。その右に牧場が現われ，牛
を置いた。牧場を背にして動物から牛を守るように戦車が置かれ，さらにその
右に大仏像が町を見守るように置かれた。「面白かった。（気に入ったところは）
動物の世界，（自分のいるところは）温泉の湯船の中」「楽しかった」と感想を
語る。「また遊ぼうね」という約束ができた。

　#2：気分が沈んだ感じで，「何しよう」と考えながら，ボールプールにダン
プカーを入れたり，大きいブロックでガンダムを作ったりした後，箱庭（図
3.3.1：右から撮った写真）。本人から見て左下隅に向かって強者が弱者を狙う
動物の世界が一面に現われたが，向かう先に観音像，その両脇にキキ，カカと
いう母親，父親像のようなもの，右上隅に生け垣に守られた家が現われ，中に
は牛が飼われてパパがえさをあげている。

　#3：箱庭を作ろうと決めていたようだ。手前に家畜や草食動物がいて，牛
は蛇に狙われていて気づかず，隣のキリンも後からライオンとトラが狙ってい
る。感想は出てこない。

## 第2期　宝探しの時期（#4-#5）

　箱庭で宝探しのテーマが現われる。

　#4：家の回りに柵が置かれ，その周辺にビー玉である宝は隠されていたが，
その後柵がなくなり代わりに灌木が植えられて，宝はそのそばに埋められ立ち

入り禁止になった。SC とは大きな野菜のぬいぐるみを使ったままごとをしたりする。母親からは，それまでは母親が自動車で登校させていたが，かかわりのなかった父親がAにちゃんとするように話したら，きょうだい3人で歩いて登校するようになったという報告があった。また，家では姉がしきって料理を作っていて，Aも楽しそうに参加したり，自分で「オレの作ったサラダ」と言って食べていることもあるとのこと。仲良く遊ぶ姿に母親はほっとしている。3学期になり，養護教諭の話では，担任が体調悪化のために交代，補助に入っていた先生が新担任となった。明るい男の先生である。Aは落ち着き，保健室に来室することもなくなった。「B退治」が口癖になっている。

　＃5：箱庭では砂の中の宝を小動物が探していたが，大きな馬が現われ独り占めにされた。このころ児童相談センターでの発達検査の結果がわかり，言語理解よりも視覚情報からの理解が高いという特性があるが，知的には問題がないとの結果だったので，母親はほっとしているようだった。しかし，興味の対象が変わりやすく，落ち着きがないことを新担任は心配していた。

**第3期　宝を封印した時期（＃6－＃15）**

　＃6：箱庭で宝を埋めて探したり，レゴで宝探しをするときは，自分の世界に入り込んでしまう。

　＃7：追いかけっこなどSC と一緒に遊ぶことが増え，視線が合うようになった。箱庭で宝を神社に封印した後で，SC と将棋をして家でも父親と将棋をしていると話した。対話ができたので驚く。箱庭に集中しているAと，SC と二人で走り回るAは別人のようである。担任からは「視線が合いにくいこと，よくキレること，ルールが守れないことなどが気になる」との報告があった。

　＃8：特別支援学級で作った自動改札機があり，自動的に切符が出てくるので二人ともびっくりしたときに視線が合い，不思議な気持ちを共有できた。終了したがらない回であった。

　＃9：3年生になった。箱庭では宝は北極に埋められ，狙っている鰐や蛇は凍ってしまっている。幼児用の動物乗り物に乗ったり，ハウスの中に入ったり，屋根に登ったりとSC と一緒に遊ぶ。鬼ごっこでは，Aはすばしこく体力もあ

り，SCはふらふらになる。お宝の大きなビー玉は箱庭から出て，すべり台から転がしてマトの穴に入れて遊んだ。終了をいやがった。

#10：のんびりした宝探しの回。#11：レゴで海の基地の制作。箱庭は「暑いところ」の風景で，亀，蛇，蛙，鰐が四隅に陣取り戦い，最後は観音像を守っていた亀が勝った。#12：両手

図3.3.2　旅館から動物園を眺めている

のひらで砂を渦巻き状に混ぜながら宝探し。#13：お宝島にお宝を探して鰐に襲われそうになりながらも人が渡り，船も流れ着き，最後はお宝島をうかがっていた鰐や亀は死んでしまい，お宝は「大丈夫」。#14：鰐と亀がお宝島に隠れていたが宝は大丈夫と繰り返した。#15：この回の最後は箱庭の世界を全部壊して終わった。3年生の1学期，離席もなく学習に取り組んでいると養護教諭からの報告がある。母親に子ども面接を続けるかたずねたところ継続を要望した。

## 第4期　SCと遊ぶ時期・終結まで（#16-#22）

#16-#18：SCとはブロックで町づくり，プレイルーム全体を使った消しバト（消しゴムバトル），すべり台での自動車滑走競争（トラック，トレーラー，汽車，ブロックの自動車など），畳全体から床まで拡がったドミノ倒し，ドッジボールのキャッチボールで思いきり遊んだ。勝負にこだわり勝つとおおいに満足している。

#19：箱庭を久しぶりに提案すると作った（図3.3.2）。左上半分に動物園。右の海の船から馬，鹿，ゴリラ，犬が宝をとってきて動物園に戻り，犬だけは左下の旅館の敷地に戻る。旅館を囲むように柵があり，男，女，子ども，おじさんはお風呂に入ってから動物園を眺めている。初回に似た風景だが，宝が埋まった動物園では動物が飼育されており，それを人々が眺めている。

3年生の3学期，教室での様子を観察。クラスに溶けこんでいた。#20：面

接の終了について本人に希望を聞くと，あと2回という。最後の2回（＃21，
＃22）は今まで遊んだ消しバト，キャッチボールなどをおさらいした。最終回
は母親と挨拶をして帰っていった。

### ⑶考　察

　Aは4人きょうだいの第三子で，かわいがられてはいても，しっかりとした
関係性が形成されていなかった。そのために，箱庭で象徴的に表現されたよう
な，本人も気づかない大きな情動をコントロールするという課題が達成できて
いなかった。Aの「鏡像的他者」（伊藤，2005）ともいえるBとの関係から自立
していくために，SC，保護者，教師が協働してAと関係づくりを行い，SCは
彼の表現を受け止める器となるようにつとめた。かかわってもらいたい気持ち
があり，理解されれば落ち着くことができ，人の話を聞くことができるように
なり，苦手な学習にも取り組むようになった。当初，学校側は発達の偏りがあ
ると懸念していたが，視線が合い疎通性もよくなり，結果的には育ちの問題で
あると考えられた。

　学校の中ではSC一人で関係者に対しての支援を行うのは，前項で述べたよ
うに難しい課題であるがメリットもある。第一に，関係者への働きかけによる
関係育成的支援（徳田，2000）が可能である。第二に，学校という場を感じ，
生きた情報を見聞きする機会があるので，子ども理解が深まる。Aの絵を教室
で見ていたので，箱庭に象徴される内的世界をより深く理解できたと考えられ
る。

　そもそも，小学校での個人面接は，設定自体にも学校の理解と協力が不可欠
である。放課後の面接の場合は，面接後の帰宅をどう保障するかなども考慮す
る必要がある。SCの側でも，事例や学校状況，SCの勤務形態や力量に応じて
枠組みを臨機応変に作るという課題がある。子どもが安心して表現ができる
「自由にして保護された空間」（カルフ，1972）となるような工夫が必要となる。
別の小2男子の事例では，母親の産後うつによる発達早期での母性剥奪が疑わ
れた。当初，時間枠は厳守していたが，面接が相談場所である会議室では収ま

らず，校庭で鬼ごっこ，サッカーをしていた。そのうち，家庭の受け皿が変化するとともに会議室での遊びに収斂していった。年度替わりも，長期的に事例を見通す場合の大きな変化要因となる。

## 6. 発達促進的かかわりと遊びの要素

中学校での個人面接は，言語によるカウンセリングが中心となり，遊びは描画，手芸，工作などの表現療法的な形で取り入れられることが多い。日常的な生徒とのかかわりの中でも，あまり意識はされないが，さりげなく遊びの要素が取り入れられた活動がある。そのような視点をいくつか提示してみたい。

### (1)学校の中での異空間

中学校では，小学校よりもさらに学習の色彩が強くなり，身体を使う機会，体験的に学ぶ機会が少なくなる。実技科目も技量が競われるようになり，学校行事や部活動でもパフォーマンスを高めることが求められる。その中で，ほっと一息つける時間と空間は貴重である。中学校ではスクールカウンセラーがほぼ全校配置となり，相談室が設けられている学校が多く，カウンセラーのいる昼休みや放課後に，生徒が自由に来室できるよう開放することもある。設備として面接用の応接セットが置かれていることが多い。予算の関係で，中古だったりビニール貼りだったりする場合もあるが，教室で使用する木の机と椅子に比べると，生徒たちにはとても豪勢に見えるようである。年度初めには，はじめて訪れる生徒が，「え～，何この部屋！」「すごい！　ソファある！」といって，スリッパを脱いで座り込み，はしゃぐ場面がしばしば見られる。個人面接中に姿勢をくずしてダラッとする，膝を抱えて座り込むなどの行動もときどき見られる。じゅうたん敷きの部屋の場合は，寝転がったり，あぐらをかいたりする。まさに身体が一挙に緩むという印象がある。また，オセロ，将棋，トランプ，紙と色鉛筆，折り紙などの小道具が置かれていることも多い。他の教室にはないリラックスできるしつらえを雰囲気として感じ取り，心身ともに解放

されてリセットしていく。羽目を外しすぎないようにコントロールしながら、遊びの要素を大事にした時空間を提供することは、小さな遊戯療法といえるかもしれない。

### ⑵遊べない子どもたち

　そのようなかかわりの中で、子どもたちが「遊べない」ことを実感する場面もたびたびある。ある中学校では、家庭的に問題を抱えた生徒や、怠学傾向の生徒などが昼休みに数人のグループでやってくる時期があった。たむろしてふざけ合ってはいるものの、みんなで何かをすることがなかなかできない。たまたま誰かがトランプを手に取り大貧民をやることになったが、経験が乏しい生徒はうまく作戦を立てられず、すぐゲームが終わってしまうので楽しめなかった。それでババ抜きや七ならべといった誰でも知っているゲームを提案したところ、思いがけず生徒たちが熱中し、こんなことでこんなに盛り上がるのかと驚いたことがある。親子きょうだいでそろってゲームに興じるような体験が乏しい生徒たちであり、スクールカウンセラーがいる学校の中の守られた部屋で、疑似家族的に輪になって遊ぶことの楽しさを体験したのかもしれない。このほかジェンガなども、単純ながら生徒が熱中するゲームである。公園で集まっていても、各自が自分のゲームに興じているような光景が見られる時代に、人と人とが直接かかわれるアナログな遊び道具も捨てがたいと思う。

### ⑶らくがき貼りの拡がり

　ある中学校では、相談室に置かれた再生紙に生徒が自由にイラストや詩をかいて、壁にセロテープで貼り付けていくことが自然発生的に拡がっていった。この学校は当時スクールカウンセラーが二人配置であった。ペアのスクールカウンセラーの報告（熊谷、2003）と筆者の経験をもとに紹介したい。ちなみに、「落がき」ではなく、気楽に内面を出せるという意味の「楽がき」ととらえ、「らくがき」（以下このように表記）としたのは、熊谷のアイデアによる。らくがきの内容は、主に以下のように分類された。①来室生徒に向けた励まし等の

メッセージ（例：「仲間がいるから大丈夫だよ！」，自らの体験をつづった詩），②悩みや迷いをはき出したもの（例：一面を受験という文字と青色のペンで塗りつぶしたもの，「ヤンキーはどうしていけないの？」），③自己の存在を示すもの（例：人気キャラクターのイラスト，「X子とY子とZ子は親友同盟！」）。

　このらくがきには，自由な自己表現という以外に思わぬ効果があった。相談室登校した生徒が，らくがきをしげしげと見つめ，間接的に教室の様子を知ることができた事例や，気になるらくがきをした生徒と，その内容についてスクールカウンセラーが話し合い，その見立てを伝えることで生徒指導と協力体制ができた事例などがあった。ときどき相談室に立ち寄っていく教師たちが，生徒の意外な一面を見て，生徒理解を深めるということもあった。このらくがき貼りは，他の人のらくがきに勝手に手を加えないこと，誹謗中傷はしないこと，学期末にはすべて撤去するなどの制限を設けた。これは保護された時空間の中で，授業の作品としては表現できないような様々な思いや自己表現が許され，そのメッセージが人に認められるという，小さな遊戯療法であったかと思う。

　このように学校の中では「遊び」は脇役であり，本格的な遊戯療法はできないが，その本質を理解して，名脇役として面接に取り入れたり日常生活に生かしていけるとよいと思われる。

〈文献〉
カイヨワ，R.　清水幾太郎・霧生和夫（訳）（1970）．遊びと人間　岩波書店
東山紘久（2005）．遊戯療法論　東山紘久・伊藤良子（編）　京大心理臨床シリーズ3　遊戯療法と子どもの今　創元社　pp.11-25.
伊藤美奈子（2002）．スクールカウンセラーの仕事　岩波書店
伊藤良子（2005）．〈心の器〉としての遊戯療法の場から見えてくる子どもの今　東山紘久・伊藤良子（編）　京大心理臨床シリーズ3　遊戯療法と子どもの今　創元社　pp.339-352.
カルフ，D.M.　河合隼雄（監訳）（1972）．カルフ箱庭療法　誠信書房
熊谷恵理子（2003）．カウンセリングルームの利用の様子――らくがき貼りの拡がりに注目して　愛知県臨床心理士会学校臨床ワーキンググループ（編）

平成14年度愛知県臨床心理士会学校臨床心理士報告書

永田法子（2003）．学校での面接の進め方　伊藤美奈子・平野直己（編）　学校臨床心理学・入門　有斐閣　pp.85-103.

難波愛（2014）．日常的な遊びに込められた意味を汲みとる――折り紙遊びから　日本遊戯療法学会（編）　遊びからみえる子どものこころ　日本評論社　pp.164-173.

徳田仁子（2000）．スクールカウンセリングにおける統合的アプローチ――心理的援助と学校教育の相互作用　心理臨床学研究, **18**(2), 117-128.

徳田仁子（2003）．学校臨床における見立て・アセスメント　伊藤美奈子・平野直己（編）　学校臨床心理学・入門　有斐閣　pp.61-83.

内田利広・内田純子（2011）．スクールカウンセラーの第一歩　創元社

植山起佐子（2017）．学校における守秘義務を再考する　子どものこころと学校臨床, **16**, 99-110.

# 4 児童福祉施設における遊戯療法（総論）

村松　健司

## 1.　生活施設における心理職

　1990年度から統計を取り始めた児童相談所の児童虐待対応件数は右肩上がり
で増加し，2016年度は10万件を超えることになった。この間，児童相談所がか
かわることになった子どものおよそ4〜10％が，児童養護施設，児童心理治療
施設（かつての情緒障害児短期治療施設），自立支援施設等へ入所している。施
設入所児における虐待を受けた子どもの割合は，それぞれ59.5％，71.2％，
58.5％であり（厚生労働省，2015），彼らへの心理的ケアの必要性から児童福祉
施設への心理職（心理療法担当職員）配置が進められた。ちなみに，児童心理
治療施設は設立当初から「セラピスト」として心理支援の専門職が常勤配置さ
れている非常に珍しい施設である。児童心理治療施設は，2017年4月1日現在
全国に46か所しかないものの，複数の常勤心理職が施設で活動するという実践
が我が国の児童福祉施設における心理臨床の展開に与えた影響は少なくない。
ただ，児童心理治療施設の10倍以上ある児童養護施設でも心理職の配置が進み，
2007年度には全国の66.5％の施設で心理職が配置された（吉村，2010）。このよ
うな背景から，近年は児童養護施設における遊戯療法の実践報告が多くなって
きた。
　児童心理治療施設の心理支援はどんなモデルに依拠してきたのだろうか。西
田（2007）は，「子どもたちにとって，施設での様々な生活体験をとおして，

心のケアだけでなく，普通の子どもとして成長・発達していくための養育や，個々の生活のなかで十分体験できなかった欠落したものを補う育ち直しといったことが必要となってくる」と述べ，総合環境療法の重要性を指摘している。総合環境療法は，1990年に出版された全国情緒障害児短期治療施設協議会・杉山信作編『子どもの心を育てる生活』などで詳細に紹介され，施設における心理臨床，あるいは子ども支援の大きな理論的支柱となってきた。「育ち直し」という文言が象徴するように，総合環境療法は「治療モデル」ではなく，「発達支援モデル」に基づいている。発達支援のために，施設によっては心理職が生活支援の場にも参加することが必要と考えられ，日常と非日常をまたぐ通常の心理臨床とは異なる活動が模索された。我が国における児童福祉臨床の第Ⅰ期と考えることができるだろう。

　村松（2013a）の調査では，児童養護施設の常勤心理職の約6割（59.6％）が生活支援（指導）を行っていた。しかし，心理職の生活参加を肯定する常勤心理職の割合は25.6％に止まっており，精神分析の実践家を中心に，心理職は生活参加すべきではなく，非日常体験としての心理面接の枠組みを維持する必要があるという主張もある。子どもへの支援，あるいは関係づくりの場を生活場面にまで広げるかどうかは，いまも議論が続いている。児童養護施設に心理職が配置された1999年以降は，児童福祉にかかわる心理職が飛躍的に増加したという意味で，児童福祉臨床第Ⅱ期と見なすことができよう。第Ⅱ期が始まってからおよそ20年，人であれば青年期のただ中で，あらためて児童福祉施設における心理臨床，とくに心理面接における主たる技法となってきた遊戯療法の意義を考えることは，この領域での心理支援のさらなる展開を期す意味でも重要と考えられる。本節では，児童福祉施設における心理職の専門性をキーワードにして，この議論の端緒となることを試みたい。

## 2. 児童福祉施設と児童虐待

### (1)環境療法と心理療法

　村瀬（2001）は虐待を受けた子どもへの支援について，「基本的信頼感を取り戻させ，対人関係と共感性を改善する」「心的外傷の癒やし」「暴力や性的関わりからは保護され，自分は受け入れられて愛されているという自己評価の獲得」「怒りを始め，感情の適切な表現法を学んで，虐待を招きやすい行動を減少させる」ことが重要であると述べている。このことは，西澤（1997）が被虐待児への環境療法的支援として，「安全感／安心感の形成」「保護されているという感覚の形成」という二つの土台と，「人間関係の修正」「感情コントロールの形成」「自己同一性の形成」「問題行動の修正」からなる四つの柱，およびトラウマそのものへのアプローチとして「トラウマ・ワーク」を設定したこととほぼ重なると指摘できるだろう。

　つまり，安定した日常生活におけるケアワーカー（以下，CW）などとのかかわりからアタッチメントを中心とした対人関係と自己感覚が修正（または獲得）され，さらに心理面接というさらに守られたセッティングにおいて，トラウマ的体験を再構成し，自身のライフストーリーを紡いでいくこと，あるいは感情コントロールなどといった複雑な課題に取り組んでいくことが，虐待を受けた子どもの支援において欠かせない要素になる。前者は発達支援を中心とした環境療法，後者はトラウマ・ワークなどを目的とした心理療法と考えると，この両者は被虐待児の支援の両輪と見なすことができよう。施設入所児の成長や回復の手がかりは，施設や地域ネットワークの中にもある。だからこそ，心理療法だけが突出することは避けなければならないが，日常生活の支援を重視するあまり，日常生活に心理支援が埋没することも好ましくない。

### (2)個別対応の意義

　児童福祉施設の心理職として筆者が経験したケースでは，生活場面でスタッフとかかわる際にはなかなか素直になれずに屁理屈を言い，自身の置かれた状

況を煙に巻こうとする男子児童がいた。保護者から虐待を受けてきた彼の生育史は，言いようのない困難，一言で言えば「本当の意味で自分を見てもらえていない」孤独な歴史と思われた。CWによる丁寧なかかわりで日常生活が安定したころ，彼の希望で遊戯療法が開始されることになった。激しい剣の戦いのあとのセッションでは，筆者を「ゾンビ」にした鬼ごっこが行われ，しばらくの間ずっと繰り返された。「何度も自分が見つけられること」，それも「ゾンビ」という「死者」に取り込まれずに生還することが，彼の切実な思いであったと考えられる。彼に「どうして屁理屈を言うのか」「そういう窮屈な関係にならないためにはどうしたらいいのか」をこの時期に問うても，表面的なやりとりしかできなかっただろう。

　施設入所児はスタッフと二人きりで外出がしたい，編み物がしたいなどと「個別対応」を求めることが多い。そして，その時間に彼らの「本音」が聞かれることも少なくない。「個別対応」は，スタッフを独占できるだけではなく，自身の想い，あるいは抱えている困難・課題が身近になり，言語化につながる機会なのだろう。しかし，CWは人手不足などから「個別対応」が難しく，子どもは「みんなの中の自分」という三者関係にとどまらざるを得ない可能性がある。その結果，スタッフの反応を引き出すための「問題行動」が出現することが少なくない。継続して二者関係の場を維持し，「心の動きを一緒にじっくり考えるために」（髙田，2012）心理面接，とりわけ遊戯療法のセッティングが求められる。

### (3)心理療法の枠組み

　心理職が心理面接を中心とした業務の枠を広げて，生活支援（指導）というCWの業務と一部重なる領域に踏み込んだことは，生活施設というコミュニティの一員になるために，児童福祉臨床第Ⅱ期には必要なことだった。そしてその実践的方法論として，生活場面での心理的介入を中心とした「生活場面面接」（The Life-Space Interview：Redl, 1966）が採用されたのも自然な流れであっただろう。さらに，英国においては，重度の被虐待児に対して週一回の面接

より日常生活を通してのコンスタントな治療的かかわりが必要と認識されている，という指摘もある（山下ほか，2007）。

　ただ，トラウマへのアプローチや自己治癒のためには，もっと深い自己体験，あるいはセラピストとの相互体験が求められてくるはずだ。「どうしたらいいのか」といういわば，現実問題への対処を目指した関係づくりでは，言語的な交流が第一になる。しかし，最相（2016）によるドキュメンタリーの中で中井久夫が指摘しているように，言葉は「因果関係からなかなか抜け出せ」ないし，物語を紡いでいくためには，「一次元の言語の配列によって二次元以上の絨毯を織る能力」が必要になる。言葉にならない想いや体験が受け止められ，「なぜこうなってしまうのか」を子どもが見出していくために，心理療法の枠組みは簡単に変更されるべきではない。


## 3. 施設における遊戯療法

### ⑴被虐待児への遊戯療法の必要性

　トラウマは適切に対処されなければ，その後の子どもの発達におけるうつや非行などの問題につながっていくことを指摘する「発達性トラウマ障害」（van der Kolk, 2014/2016）や「第四の発達障害」（杉山，2007）という概念は，施設の中である程度適応ができても，施設を退所した後に様々な困難に直面する子ども（施設経験者）が少なくないことからも了解できる部分がある。子どものトラウマに対するアプローチには，トラウマ焦点化認知行動療法（TF-CBT：Cohen et al., 2006）などがあるが，トラウマへの暴露をともなうため，日常生活の場である児童福祉施設内で行うことは簡単ではない。施設に入所する被虐待児には，いわば無理のない方法として遊戯療法が選択され，数多くのケース報告がある（たとえば樋口，2008）。以下，セッションの流れに従って，遊戯療法を実施する際の留意事項について考えてみたい。

## ⑵日常生活での「問題行動」をどう扱うか

　まず，遊戯療法のセッションがどう開始されるかは，もっとも重要なことである。子どもの主訴はだれからどうもたらされたか，また子ども自身はどう考えているのか，そもそも子どもの生活スケジュールやセラピストの勤務体制，施設の方針などから定期的なセッションを維持できるかなどが検討される必要がある。こういった，「治療契約」や「治療構造」は，セラピー自体の流れを方向付ける重要な基盤となるものなので，疎かにしないようにしたい。とくに子どもとの「治療契約」を，施設の生活担当とも確認しておくと，その後のフィードバックの枠組みになり，日々様々なことが起きる日常生活から過度に影響を受け，セラピーのスタンスが曖昧になることを防ぐことができる。では，日常生活における子どもの「問題行動」はどう扱えばいいのだろうか。

　この問いの答えは，拠って立つ理論によって異なってくる。たとえば，子どもの心的世界のみを扱おうとする立場からすると，現実的な問題はセッションの素材にはならない。ただ，心理職もまた施設というコミュニティの一員であることを踏まえると，現実的な問題を取り上げざるを得ないと筆者は考えている。もちろん，セラピーの中で「説論」することは想定していない。むしろ，その「問題行動」を子どもの心の動きの一つと考え，ともにその意味を眺め，思考していくことがセラピストのスタンスになるのだろう。子どもの抱えている課題が安全に取り扱われる経験を繰り返していくことで，その課題は次第に言葉やイメージに置き換わり，面接室の中で展開されていくことになる。

## ⑶セラピーの枠組みや子どもとの関係をどうつくっていくか

　もう少しセッションの基本的事項について考えてみると，送り迎えの方法，セッションの時間と間隔，遊具の選定（面接室のしつらえ）等も事前に十分吟味したい。心理面接の間隔は基本的に週に1回である。施設の事情から2週に1回までは許容されても，それ以上の間隔，あるいは不定期の面接は基本的に避けるべきであろう。

　虐待を受けた子どもは，なかなか面接室に来なかったり，対照的にセッショ

ン中におもちゃを頻繁に取り替えて過度に落ち着きがないことがある。前者の子どものためには，生活場面での関係づくりから面接に導入する方法，あるいはセッションの時間を短くしたり（面接時間は，その子どもの状態によって柔軟に検討される方がよい），遊戯療法室に子どもがいつでも逃げ込め，一息つけるような「小屋」を用意しておくなどが考えられる。この「小屋」は，子どものパーソナルスペースとしてとくに大切にしたい。後者の子どものために，面接室の遊具を棚にしまったり，子どもの状態に合わせて少ない遊具のみを出しておくなど，少しでも落ち着いて自分の心の動きが感じられるよう，子どもに合わせた工夫が必要になる。「人生ゲーム」はしばしば子どもの心的世界を反映させるものになるが，「遊戯系」のボードゲームは子どもの「心のストーリー」作りにはあまり貢献できないと考えられる。ドルト（Dolto, F., 1987/1994）が子どものファンタジーを表現することができる遊具以外は遊戯室に置かないと述べていることを，この時代にもあらためて心に留めておきたい。筆者はかつて，手触りがよかったり，自然な音を奏でる玩具などを積極的に導入したが，触覚などの五感や身体感覚を生かした活動は，視覚優位と言われる彼らの体験を変化させていく可能性があると考えられる（村松，2013b）。さらに，大人に少なからず脅威を感じている子どもとの初期の関係づくりであれば，ぬり絵や折り紙などの侵入的でなく，並行的な遊びができるものを工夫することが，セラピストの「関係性への感度」を高めていくことになるだろう。施設心理職の専門性の一つは，この「関係性への感度」である。

　もう一つ，セッションへの物の持ち込みについて考えてみたい。通常，面接室に私物を持ち込むことや面接室の備品を持ち出すことは認められないことになっている。しかし，施設は共同生活の場であるため，どうしても他の子どもとの張り合いが起こりやすい。たとえば，「自分は（セッションの時間を）延ばしてもらった」という「情報」はすぐに共有されるし，他児を意識するあまりこっそり備品を持ち出すことが生じるかも知れない。私物の持ち込みや備品持ち出しは，子どもの「心」を知る重要な手がかりでもあるので，その意味を簡単に決めつけ分類することは慎みたいが，「他児との張り合い」は施設におけ

る心理面接の困難要因の一つであり（村松，2013a），面接の中身を公にして「共有」し，セラピストとの秘密にできないことも子どもの抱える困難であると言える。面接のテーマが深まってくると，次第に枠組みが守られていく（他児には言いたくなくなる）ものなので，「他児との張り合い」は面接初期に起こりうるものとして，それを織り込んだ対応を心がけたい。枠組みを意識するあまり，注意事項が多くなると，子どもの自然な姿，心の動きを阻害しかねないので注意が必要である。「枠組みは子どもと一緒に作っていく」くらいのゆとりある心構えが求められよう。

## ⑷子どもの「心のストーリー」をどう紡いでいくか

　水島ら（2008）は遊戯療法の実証研究の試みから，「導入期―展開期―終結期」という流れがあると指摘している。ただ，虐待を受けた子どものセラピーは激しい表現が多く，ストーリーをつかみにくいことが少なくない。また「展開期」では，他者との関係を様々なチャンネルで確かめ，その体験を通じて芽生えた自我をもとに，自身の家族関係やトラウマ体験に向き合うという二段階のプロセスを経ると考えられる。前半の段階では，面接ではあまり変化がないのに生活場面ではこれまでにない姿を見せたり，その逆もあるだろう。この具体例については，次節（p. 152-）の事例紹介でより深く検討されることになる。

　心理面接や生活場面における子どもの言動をスタッフが共有できる子ども理解にまとめ上げていくのは，容易なことではない。子どもの「心のストーリー」が読みにくい場合は，まず遊戯療法だけの流れを追い，それを仮説的なパースペクティブにできるよう心がけるのがよいと考えられる。その際，妙木（2010）の「問題を異化するプロセス」が参考になる。こうして，面接でのセラピストとの体験にはどんな意味があるのか，子どもが展開しようとしているテーマは何なのかなど「ケース理解への感度」を高めておくことが施設心理職の二つ目の専門性と考えられる。施設に特有のこととして，CWとの連携・協働がある。この際には，生活場面ではどんな支援が必要になるのかまで構想するアセスメントが求められよう（村松ほか，2015）。子どもの「心のストーリ

ー」を紡いでいくためには，現実生活（生活場面）から必要以上の影響を受けず，かつ現実の生活の役にも立つという施設ならではの子ども理解を目指していくことが必要となる。こういった視点に立ち，CWと「子ども理解の言葉を編み出していくこと」がコンサルテーションの基本になると指摘できよう。

## 4. 遊戯療法家として成長するために

　施設は子どもがそこで生活しているため，子どもが面接に来ないとき（キャンセル）にどうするかもCWと合意しておく必要がある。先ほど指摘した「ケース理解への感度」を前提にすると，キャンセルは子どもの心の動きを知る素材であり，ネガティブにとらえすぎない方がいいだろう。むしろ何が起きているのかをCWと共有する方が大切であり，CWに遊戯療法は楽しいものとは限らないことを理解してもらう契機にもなる。CWが心理面接に過度な期待をもたないためにも，遊戯療法の意義について繰り返し説明していくことはコミュニティの一員としての義務でもある。

　こうして遊戯療法に対する過度な期待をともなわない肯定的なまなざしができると，セッション自体が施設に守られることになる。筆者が経験したあるケースでは，家族への想いが溢れ出したセラピーのあと，子どもが夕食を取らずに寝込んでしまうということがあった。子どもの様子を心配したCWが連絡をくれ，「それならこのまま寝かせておきます」と言い，様子を見守ってくれた。筆者は，施設全体が心理面接と治療的配慮を大切にしていることに強い感銘を受けた。他職種が心理面接を尊重し，子どものキャンセルにも無理をせず，子どもがこの時間に取り組もうとする困難な課題を側面からサポートしようと思ってもらえるように，心理職は，つねに「一人でケースを担っているわけではない」「一人よりも二人，三人で取り組んだ方が支援はうまくいく」という連携・協働への意識を忘れてはならない。

　こう考えてくると，施設において生活支援（指導）を担いながら遊戯療法を実践するという試みは，臨床家としての応用編であると指摘できる。少なくと

も，初学者の臨床家は施設の生活支援（指導）業務に加わることに対して慎重であった方がいいだろう。井出（2010）によれば，施設の心理職は経験 3 年未満の若い女性であることが一般的であるという。児童福祉施設が心理職にとって長く勤務できる魅力ある職場になるために，臨床家としての心構えや方法論，すなわち「型」の確立のための時間は必須と考えられる。ピカソがデッサンの達人であったように，心理臨床においてもオーソドックスな「型」ができるまでの訓練は欠かせない。遊戯療法家の発達における「自己理論の段階」（東山，1999）には，応用編の意義が問われることになると考えられるが，その前段階では一般的な臨床スタイルを守ることが必要になる。とくに若い臨床家のために，このことは指摘して，問うておきたい。

〈文献〉

Cohen, J. A., Mannarino, A. P., & Deblinger, E. (2006). *Treating trauma and traumatic grief in children and adolescents.* Guilford Press.

Dolto, F. (1987). *Dialogues québécois.*（小川豊昭（訳）(1994). 子どもの無意識 青土社）

東山紘久（1999）．プレイセラピストの成長と感受性　現代のエスプリ，**389**，196-205.

樋口亜瑞佐（2008）．プレイセラピーにおける言葉のメタファの観点からの一考察——児童養護施設の被虐待児の事例から　心理臨床学研究，**26**(2), 129-139.

井出智博（2010）．児童養護施設・乳児院における心理職の有効活用に関するアンケート調査集計結果報告書　平成21年度科学研究費補助金　児童養護施設における心理職の活用に関する調査研究

厚生労働省雇用均等・児童家庭局家庭福祉課（2015）．児童養護施設入所児童等調査結果の概要　http://www.mhlw.go.jp/file/04-Houdouhappyou-11905000 -Koyoukintoujidoukateikyoku-Kateifukushika/0000071183.pdf（2017年 3 月 30日閲覧）

水島栄・泉真由子・大川千尋（2008）．プレイセラピーの臨床——プレイセラピーによってもたらされる子どもの治療効果の構成要素とは何か　研究助成論文集，**44**，40-49．明治安田こころの健康財団

村松健司（2013a）．児童養護施設における心理面接の状況と課題　子どもの虐待

とネグレクト，**15**(3)，328-335.

村松健司（2013b）．施設心理の関係づくり　臨床心理学，**13**(6)，807-811.

村松健司・妙木浩之・金丸隆太・岡昌之（2015）．児童養護施設におけるケースフォーミュレーションプログラムの開発　平成22年度〜24年度科学研究費補助金研究成果報告書

村瀬嘉代子（2001）．虐待児童への臨床心理学的援助　臨床心理学，**1**(6)，711-717.

妙木浩之（2010）．初回面接入門――心理力動フォーミュレーション　岩崎学術出版社

西田行壮（2007）．情緒障害児短期治療施設における総合環境療法　広島文教女子大学紀要，**42**，45-52.

西澤哲（1997）．虐待の心理的影響と子どもの心理療法　小児の精神と神経，**37**(2)，137-143.

Redl, F.（1966）. *When we deal with children*. Free Press.

最相葉月（2016）．セラピスト　新潮文庫

杉山登志郎（2007）．子ども虐待という第四の発達障害　学研プラス

髙田治（2012）．児童心理治療施設（情緒障害児短期治療施設）における生活臨床と心理職の役割　増沢高・青木紀久代（編著）　社会的養護における生活臨床と心理臨床　福村出版　pp.116-130.

van der Kolk, B.（2014）. *The body keeps the score*.（柴田裕之（訳）（2016）．身体はトラウマを記録する――脳・心・体のつながりと回復のための技法　紀伊國屋書店）

山下洋・増沢高・田附あえか（2007）．被虐待児の援助と治療　子どもの虹情報研修センター平成19年研究報告書　イギリスにおける児童虐待の対応視察報告書，15-23.

吉村譲（2010）．児童養護施設における心理療法担当職員の活動の場作りについて――岐阜県内の児童養護施設の心理療法担当職員の活動から考える　東邦学誌，**39**(2)，13-30.

全国情緒障害児短期治療施設協議会・杉山信作（編）（1990）．子どもの心を育てる生活　星和書店

# ⑤ 児童心理治療施設における遊戯療法

井上　真

## 1. 児童心理治療施設における心理職の役割

　筆者は，児童心理治療施設に心理職（臨床心理士）として勤務してきた。前節にも述べられているとおり，児童心理治療施設は，2017年4月1日現在全国で46か所設置される入所型の児童福祉施設（通所を併設するところもある）であり，医療，福祉，心理，教育が協働し，子どもの支援を行うところに特徴があり，心理的に重篤なダメージを負った子どもが入所している。

　筆者は，その中で，生活場面で生活支援を行いながら，心理療法（遊戯療法，心理面接等）を行った経験を有する。前節でも論じられている心理職が生活の中に入るか否かという問題は，児童心理治療施設でも長年にわたって，議論されているテーマの一つである（髙田，2016）。筆者の実感では，生活に入るか入らないかのどちらが正しいかではなく，施設全体の子どもの支援の中に心理職の在り方が，無理なく馴染み，施設全体が機能し，十分に子どもの全体の支援に生かされているかどうかが大事な視点であるように感じている。一般的に，その施設の中で，心理職が生活にどの程度入り，どの程度かかわるかについては，固定的な立ち位置が定められている。しかし，実際のケース対応においては，そのときどきにおいて，かかわりのスタンスを変えていく必要を感じる。子ども自身が，自分の問題をどこに出すのか，あるいは誰に委ねるのかは，こちらの意図を越えるからである。

　たとえば，山中（1978）が提唱した思春期内閉の状態像を有する子どもであ[（1）]
れば，面接室で内閉を保障し，その世界をそっと共有するようなかかわりが，
そのケースの始まりから，求められるであろう。しかし，今，児童福祉施設に
多く入所してくる虐待を受けた子どもたちの場合は，どうであろうか。

　虐待を受けた子どもは，生きるということそれ自体に，困難を来す。まずは，
生活場面で，すなわち，食事，睡眠，排泄，身辺自立などの基本的生活習慣か
ら，さらには，身体的不調，精神的不調，対人関係，学習活動など広範囲にわ
たって，問題を呈する。そして，何よりも，虐待という問題は，非常に近しい
大人との関係で経験されるものであるため，支援する―されるという関係自体
も障害を受けている。たんにお世話をすれば，少なくともいい方向に向かうだ
ろうという楽天的な考えは許されない。下手な世話は，子どもの中に不安を生
じさせ，新たな傷を負わせることにまで至る。火事が起こっていれば，水を掛
ければいいというものではなく，水を掛けることで，爆発が起こってしまう，
特殊な火事のようなものであり，専門的な対応が必要とされる。

　ここにおいて，心理職に必要とされることは，生活の支援を考えることであ
る。情報を集め，子どもの心理・発達的な状況を読み取り，生活での有効な支
援を考える。どのような支援が，その子どもには心地よく感じられ，子どもの
成長を適切に支えるのか，何を課題とすべきか，今はしないでおくべきか，ま
た，それらが現実的な制約の上で実現可能かどうか，精神薬の服薬は必要かな
どを，生活，教育，医療のスタッフと話し合う。ここで，心理職が自ら積極的
に生活の場に参加するという考え方もあるだろう。

　まず，生活環境が子どもにとって治療的な場となるような設定が必要である。
その土台の上に遊戯療法が展開される。

---

（1）不登校，引きこもりで家に閉じこもり，外的には社会的自我の未成熟とされる面
　　を持ちつつも，内的には次への成長をもたらすための積極面を併せ持っている状
　　態とされる。

## 2. 事　　例

　ここでは，児童心理治療施設での事例を提示し，児童福祉施設における遊戯療法の特徴について述べていきたい。「導入期─展開期─終結期」の三つに分けて提示する。

### 治療構造

　子ども一人を，心理職（セラピスト：以下，Th）１名，生活指導員１名が担当する。心理職は，子どもの心理療法だけでなく，子どもの生活場面での支援，児童相談所や保護者の対応を行う。学校，医療なども含めた治療チームの要の役割を果たし，様々な情報をもとに，子どもの見立て，治療方針を立てる。一方，生活指導員は，子どものケアの中心的役割を担う。

　心理面接は，約束した時間に子ども自らが事務室に来る形になっている。事務室に向かわない子どもがいると，「何か忘れていることはない？」と他の職員が軽く声を掛け，子どもが動かない場合は，そっとしておく。心理面接が強制されるものではなく，主体的に受けるものであることの認識が職員全体で共有されている。

　面接は１，２週に１回の頻度で実施される。子どもの状況によって，頻度，方法が異なる。心理面接で混乱を来す子どもには実施を見合わせることもある。主に施設内の面接室で行われるが，ときには施設外でも行われる。

### (1)導入期：事例１

### 事例の概要

　幼いころから不適切な環境で育った小学生児童Ａ。家庭内では親子が密着した関係にあり，児童相談所の介入も困難を極めた。

　入園当初，食事の好き嫌いが多く，とくに味のついた食べ物に手をつけない傾向があった。同室の子どもの存在が気になり，寝つきが悪く睡眠が足りていない。職員にべったりと体を寄せ，甘えてくる様子がある一方で，廊下などを一人でふらつき，空想めいた言動が見られた。

睡眠や食欲もまずまず安定し，施設の職員の名前もようやく憶えてきた入園
2か月後，Thから提案し，遊戯療法を導入した。

**初回面接**

普段の生活場面とは異なるやや緊張した面持ちでやってくる。

〈セラピーの時間はAの時間。ここで，遊んで，自分のことを表現したり，
お話したければ，お話したり，という時間。何か，困っていることとか，こう
いうふうになりたいか，入園のときに考えてくれたと思うけど，Aはどんな目
標立てたっけ？〉「忘れた」。〈そうか。学園ではみんなで生活しているから，
なかなか一対一でゆっくり遊んで過ごしたり，お話したりする場面がないよね。
ここをそういう時間にして，その中で，一緒にこうなりたいとか，そのために
は，こうしたらいいかなとか，考えたりしていきたいんだけど〉「うん」。この
ようなやり取りを最初に行った。

箱庭のミニチュアの棚を見て「これ本物？」「あー怖い」など。「これ，砂の
上に置くんでしょう」と言いながら，何も置かない。

Thが風景構成法を行おうと準備をすると，直前になって，A「そういうの
嫌」と拒む。「猫とか犬が好き」と言い，鉛筆で描き始める。

絵：森を背景に猫の親子が立っている。こちらを二人で睨んでいるように見え
る。森は親がよくAを連れて行ったところとのこと。

**考察**

Thの提案に乗って，心理面接を開始したが，とても警戒している様子。生
活場面では，むしろ馴れ馴れしさ，無防備さが目立ったが，そのギャップが印
象的。生活場面では見られない心の姿を，Aは垣間見せる。Thは，Aが描い
た絵を，こちらに身を委ねているわけではないというメッセージとして受け止
め，少しずつ，Thや施設という環境に馴染んでいくことを支援していくこと

---

（2）入園の際に，「○○を治したい」，「○○を頑張りたい」など，本人に入園の目標を
確認している。実際，入園すると「忘れた」と言う子どもも多いが，治療を受け
る，自分をよくしていこうとする主体的な姿勢を作る意味で大切な作業と考えて
いる。

を思い描いた。

## (2)展開期：事例2，事例3

### 〈事例2〉

**事例の概要**

　小学生児童B。未熟児として出生。保育器に入った。保育所でも他児に馴染めず，先生の指示を聞けずに，一人で保育所の壁を登ったりしていた。傍若無人さが目立った。小学校でも友達がいなかった。母親は余裕がなく，本人のだらしなさや指示の聞けなさに我慢できず，母子関係の不調に至った。

**面接**

　プレイルームの中にあるウレタンブロックを使い，どれだけ高く積めるかに挑戦し，その上に登って，そこから飛び降りていた。あるセッションで，Thとドッジボールをしていたが，Bはウレタンブロックで自分を防御する。次第に，Bがブロックで防御を固めて，それをThがボールで崩すというプレイになっていく。最終的には，Thに手伝わせて，完全に自分が隠れるように仕立て，Thに思い切りボールをぶつけるように指示する。ある程度ブロックが崩れると，そこから，BがThに向かって「わー」と叫びながら，脱出する。このプレイが繰り返される。Thは，〈よく生まれてきたね〉と返した。

**考察**

　未熟児で生まれ，すぐに保育器に入ったこと，保育所で馴染めなかったこと，母親との関係がうまく築けなかったことで，Bは自分が生まれてきたことへの理不尽さを感じていたのではないか。それまで見られた，ブロックを積んで，飛び降りるという行為（保育所での壁に登っていたというエピソードとも繋がる）も出産をイメージさせるが，それは，重力が支配し，落ちた先に人はいない。理不尽さを乗り越えるためには，Thという他者の働きかけに応じて，そして，Thに向けて，自分の力で「生まれる」というプレイを繰り返すことが必要だったと思われる。

〈事例3〉

**事例の概要**

　中学生男児C。周囲の刺激にかき回されて，イライラし他児に暴力が出る。

**面接・生活**

　落ち着くための時間として，遊戯療法を行った。工作に取り組む。面接では穏やかな時間が流れる。しかし，Thが当直勤務の際には，就寝時間後に，必ず「眠れない」と言って，廊下から出てきては，ぐずりがひどくなる。日中部屋を訪れると，工作の素材の新聞紙の切れ端が散乱している。よく見ると，以前いた児童養護施設での写真も破られて散乱している。時間を見つけては，本人の部屋に入り，一緒に片づけをしようと提案した。「うん」とは言うものの，ほとんどThがやって，本人は傍でたわいもない話をしていた。

　Cは幼いころ，父親を亡くした後，精神疾患の母親のもとから，兄弟二人で一時保護された。その際，兄は当時一時保護所で流行していたインフルエンザにかかり，静養室で他の子どもと一緒に手厚い手当てを受けた。一方，本人は，その部屋に勝手に入ろうとして，職員に止められ，悔しがって泣いていたというエピソードをもつ。

　筆者が当直勤務の夜，苦しそうにやってきて，発熱を確認。はじめてインフルエンザになる。ここぞとばかりにThは手厚くかかわった。

　しばらくして，Cは生活場面にいたThに「（一時）保護所の職員が引き取りに来ることってある？」と話しかけてくる。

　Cはそのまま，自分が一時保護されたときの状況を詳細に語った。父親が亡くなって母親が「おかしくなったこと」，母親との別れのとき，「好きなおもちゃを持っていきなさい」と言われて，自分は「救急車のおもちゃを持っていった」こと。兄も自分も「凄く泣いた」こと。

　「小さいときに見た夢で……白い部屋に白いベッドがある。向こう側に兄貴と母さん。自分はこっちに一人ぼっちだから，向こうに行こうとすると，いつの間にか兄貴と母さんは反対側に移動して，こっちを見て笑っている。怖くなって泣いてしまう。ふと見ると壁にふすまがあって，それを開ける。親父がい

て，慰めてくれた」。

　〈大変だったけど，救ってくれるお父さんもいる……〉「おう」。ちょうど担当の指導員がThと交代で来て，その場が終わる。

**考察**

　この局面では，面接室よりも生活の場でケースが展開している。虐待を受けた子どもは，元来，よりどころのなさを抱えており，思春期に入ると，非常に不安定になる傾向がある。生活の中で，Cを支えることが必要となった。その後，Cは自分の家族との思い出や夢を語り，よりどころがなくバラバラになりそうな自分を表現するとともに，それをつなぎ止める。


## ⑶終結期：事例4

**事例の概要**

　小学生男児D。叱られると固まってしまい，親子関係が著しく不調になった。幼少期から，興味関心が偏っている，同年代の子どもと遊べない，ちょっとしたことでぐずり出し，泣きやまないなど，育てにくさの目立つ子どもだった。

　入園してからは，他児のからかいを受けると，普段のにこやかな様子から豹変し，無言で，壁を殴る，椅子を蹴り倒すなど怒りを爆発させた。職員が介入すると，床に突っ伏し，涎を垂らしながら嗚咽を上げた。

　親面接を通して，徐々に親が本人へ理解を示すようになり，1年弱が経過したころ，現状をみかねた親が，引き取りを決意した。本人も納得していた。

**面接**

　退園を控えた時期の面接。プラモデルをする。周辺のパーツを取り外そうとするが，うまくいかずイライラ。パーツに傷がついているのを発見すると，「誰だよ，勝手にいじったのは。取れねーし」と文句。Thが代わりにパーツを外したり，修復するが，ずっと文句を言い続ける。〈ずっと倉庫に入れられていて誰もいじってないし，（以前）自分でバラバラにしたときの傷だと思うけど〉と言うが聞き入れず。〈やめよう〉と提案すると，パニック。首をかきむしり，うめく。プレイルームから出て行こうとするので，抱えて制止。〈絶

対に時間までいること。逃げちゃダメなんだ。言葉にして考えないと〉しばらくして，出て行くのを諦め，自分で他の遊びをし始める。Thはプラモデルを組み立て直す。ひと段落したため，〈今のこと，考えたいんだけど〉と話をすると，再びイライラして泣き出す。ここで時間が来る。四つん這いで2階に上がっていくのにThが手を貸しながら自室へ戻る。

　その後は，面接をキャンセルする。Thと車で一緒に買い物にいく。車中で，ぽつりぽつり，「昔のことはあまり覚えていない」「（家庭復帰は）いつでもいい。園での生活に慣れたから」など話をする。

　退園後は，遊戯療法から言語面接へ切り替えた。Dは，入園中とは打って変わり，学校生活や親とのやりとりの様子を溢れんばかりに話し始めた。家では，自分の思いを言葉で親にぶつけ，親もそれに応えることを繰り返す中で，徐々に親子関係が改善されていった。

**考察**

　Dは生活でパニックになることが多く，Thは，そのフォローをすることを繰り返していた。面接場面でも，やはり思い通りにならないことにイラつく様子があった。Thは，退園までに何とかしたいという気持ちで，面接場面ではじめてDの問題として取り上げようとしたが，結果，パニックになってしまう。その後は，外出をして穏やかな時間を過ごしたが，これはDなりにThとの関係を修復する動きのように思われた。

　退園後の言語面接でDが話し出す様子は，Thが放った〈言葉にして考えなくては〉というメッセージを受けてのもののように感じた。家庭内でDと親がぶつかることがあったが，ぎりぎりのところで言葉を介してやりとりをすることで，乗り越えていった。

## 3．児童心理治療施設における遊戯療法の過程

　児童心理治療施設における遊戯療法は，どのような過程をたどるのだろうか。導入期は，遊戯療法の場，あるいはThへの警戒心が強いように思う。事例1

のように，普段は気づかれないようなこの警戒心が，遊戯療法の場で現れ，そ
れを Th が受け止めることから，関係が始まる。この時期，子どもは一人遊び
やボードゲームなどのわりと単純な遊びを自分のやり方で進めることが多い。
子どものプレイに意味を感じている Th は，そこにそっと付き添う。その中で，
徐々に Th との関係を深めていき，その関係の上で，ようやく子どもは，これ
までに受けてきた痛手を表現するのである。そのプレイを，Th が受け止める。
いわゆるトラウマワークと呼ばれるものである。事例2ではそれがプレイルー
ムで，事例3では生活場面で展開されており，事例3ではプレイルームは，本
人と Th をつなぎとめる守りの場として機能していたように思われる。この事
例では，就寝時の不安が強くなる際に Th へのしがみつきがひどくなった。こ
こを耐え忍ぶことで，その後の語りへとつながっていく。生活の場でのしがみ
つきは，心理職が生活に入ることで生じるリスクである。子どもと Th が乗り
越えられるかどうかの山場で，他の職員もよくわかってくれていて，そっとフ
ォローしてくれるような環境が治療的といえよう。また，傷つきのエピソード
や非常に個人的な話がなされる場合は，〈面接の時間に聞く〉と一旦話を止め
ることも考えなければならない。しかしながら一方で，そのときにしか，話さ
れない内容，「今，ここで」しかとらえられない心の動きがあることも事実で
ある。本人が語り始めた場合，Th はこの場をコントロールできるのか，本人
は守られるのかを一瞬で判断しなければならない。児童福祉施設で生活の場に
入る心理職の抱える難しさでもあり，力量の問われるところである。

　遊戯療法の終結期に関しては，筆者の経験では，印象的なエピソードが少な
いのが本当のところである。中学・高校生くらいになると，遊戯療法を「卒
業」し，言語面接に切り替えていくことが多い。こちらから提案することもあ
るが，子どもの方から「話がしたい」と求めてくることもある。遊戯療法の初
回のオリエンテーションでの〈（プレイの時間の中で）一緒にこうなりたいとか，
そのためには，こうしたらいいかなとか，考えたりしていきたいんだけど〉と
いう部分が，言語面接に引き継がれていく。事例4においては，遊戯療法の中
で先鋭化したテーマ〈言葉にして考えること〉自体が退園後の言語面接，家庭

生活で実践，展開されていく。いずれの場合も，遊戯療法に続く言語面接においては，遊戯療法で培われた子どもの表現する力や子どもの表現を受け止めるThとの関係性が，礎になっていると考えられる。

## 4.　おわりに

　自らの経験から，児童福祉施設の遊戯療法について論じた。昨今，児童心理治療施設以外の児童福祉施設にも，虐待を受けた子どもの入所が相次ぎ，子どもを育てる中にも，その子ども一人ひとりにとって適切な支援を含めていくことが喫緊の課題になっている。生活に入るか，入らないかも含めて，方法論については，様々な考え方があるだろう。しかしながら，児童福祉施設の心理職が，子どもの心の動きを感じ取り，有効な支援を探り，実行していくことにおいて，大きな役割と責任を負うことは論をまたない。

〈文献〉
髙田治（2016）．心をはぐくむ生活の器——調査から見えてくる総合環境療法　滝川一廣・高田治・谷村雅子・全国情緒障害児短期治療施設協議会（編）子どもの心をはぐくむ生活——児童心理治療施設の総合環境療法　東京大学出版会　p.117.
山中康裕（1978）．思春期内閉　中井久夫・山中康裕（編）　思春期の精神病理と治療　岩崎学術出版社　p.21.

# ⑥ 母子生活支援施設における遊戯療法

杉山　亜佳音

## 1. 母子生活支援施設とは

### (1)はじめに

　母子生活支援施設とは，子どもを養育している女性が，その子どもと一緒に入所し生活するための施設である。この施設は，児童福祉施設の一つとして児童養護施設や乳児院などの施設と並んで児童福祉法に定義されており，入所できる子どもは，原則18歳未満とされている。2016年4月時点で，全国で227施設が運営されており，利用世帯の総数は3,288世帯，全体の利用人数は8,725人にのぼる（全国母子生活支援施設協議会，2017）。

### (2)母子生活支援施設の概要

　そもそも母子家庭のための施設の始まりは，戦前の民間施設までさかのぼるとされる。それが法律により明確に規定されたのは，1932年の救護法，1938年の母子保護法であり，「母子寮」という名称のもとで戦時下の母子世帯の保護や貧困対策を担っていた。それから時を経て，社会情勢の変化とともに，母子寮を利用する理由にも変化が生じた。たんなる住環境の提供では足りず，DV被害や児童虐待，日本以外の国をバックボーンに持つ母子など，対応が求められる課題の内容が複雑かつ多岐にわたるようになったのである。こうした課題に適切に対応するため，1998年の改正児童福祉法にて「母子生活支援施設」と

改称がなされ，母子の保護から自立支援へと制度趣旨の転換が図られた。

入所の窓口となるのは，各地域に設置されている社会福祉事務所の女性・母子相談である。そこでは個々の相談内容を踏まえて必要と考えられるサービスについての案内がなされるが，その選択肢の一つとして施設入所が含まれる。このように，行政による措置として入所が決定されるのではなく，当事者の意思による利用制度である点が，他の児童福祉施設とは異なっている。

入所の契機となった理由は，DV（加害者は，夫あるいはパートナー，その他の親族等様々である）（52.3%），住居事情（18.3%），経済事情（12.5%），入所前の家庭環境の不適切（9.7%）などとされている（社会福祉法人全国母子生活支援施設協議会，2017）。また，精神疾患や発達障害，発達遅滞といった特性のある母子が入所する場合も少なからずあり，このことからも，入所者に対してより専門的なケアが必要とされていることが理解されよう。

入所後は，必要に応じて関係諸機関や施設職員の支援を受けながら，心身の状態の安定を図ることや生活の再建といった各々の目標に向けて，母子での生活を送っていくことになる。各世帯の個別性によって具体的な形に当然違いはあるものの，最終的には施設を退所して地域社会で母子が生活を営めるようになることが目指される。入所期間については，幼児だった子どもが中学生や高校生になるほどの年月になることも昔は多かったようであるが，現在ではおおむね2年程度とされることが多い。

### (3)母子生活支援施設の特色

施設の最大の特色として挙げられることは，母親，子ども，また親子双方に対して，生活に密着した直接的な支援を，個々のケースのタイミングを細やかに見極めながら，職員が連携して同時並行的かつ一体的に行い得るという点である。なぜそのような支援が必要とされるのかというと，児童福祉施設として子どもの健やかな成長を援助するに当たり，子どもに直接的にケアを行うことも重要な仕事であるが，子どもの穏やかな生活を保障するために，母親に対しても丁寧な援助を行い，母親に対するサポート体制をとくに手厚くする必要の

あるケースが少なからず存在するからである。

　たとえば，先ほども少し触れたように，母親自身に知的・精神的な機能上の課題が見出せるような事例がある。そうした中には，家事の細かい段取りを考えたり修正したり実行したりすることが難しい場合もあるし，家計管理や就労活動といった社会的・経済的な活動に著しい困難さが見られることも珍しくない。中でも，子育てという非常に変化に富んだ複雑なプロセスは，そうした要因を抱える母親にとって，困難やストレスを感じることの多い過程ともなる。また，母自身が虐待的な環境で育ったという背景がある場合には，「実家からの援助」というような，子育てにおける人的・経済的な後ろ盾の乏しさという困難さも同時に存在することがしばしばあり，母親がなおのこと不安や心細さを抱えているという場合も多い。

　そうした母に対し，安全で穏やかな生活環境を提供しながら，職員との関係性の中で安心や信頼という感覚を母自身に体験してもらえるよう努め，さらに必要に応じて職員が親機能を支えたり補ったりすることを通して，子どもの成長を支えることができるのである。そのため，それまで離れて暮らしていた母子を施設で再統合するといった支援や，母親が原家族との関係性を再構築していく過程に寄り添うといった支援も可能になるのである。

　また，中には，数年に満たない時間の中で十分な水準の自立に至ることが難しい母子もおり，地域社会に出てからも様々な困難にさらされることがしばしば見受けられる。そのため，母子が施設を退所した後も，職員との関係性を手がかりにしながら援助が重ねられていくケースも少なくない。これはアフターケアと呼ばれており，2004年の児童福祉法改正にて退所者に対する援助も施設の役割として規定に明確に盛り込まれた。なお近年では，子どもの貧困といった社会的課題への関心も社会的気運として高まってきており，アフターケアを含むアウトリーチ的なかかわりの重要性が指摘されるようになってきてもいる。

　以上のように，母子生活支援施設で働く際には，じつに様々な人生のあり方，生き方に想像をめぐらせることになる。施設での支援は，入所の契機となったDV被害や生活困窮といった社会的側面のみをとらえて，その要因さえ整理で

きれば支援として事足りるというわけではない。人を多角的な観点からとらえ
つつ，そうした事態に至った背景にその人たちの何らかの生きづらさが作用し
ている可能性も考え，それが見出せた場合には，そのことに対する支援も行い
得るのか，どのように支援を行うことがその親子のこれからの生き方を支える
ことになるのかを考えていくという作業が必要になる。つまり，施設にやって
くるまでに母と子がどのような過程を経てきたのかを的確に把握し，情報を集
約・統合して見立てにつなげ，必要な支援の内容や方法を職員とともに吟味し
ていくことが要求されるわけであるが，そのプロセスには心理臨床におけるア
セスメントのトレーニングが非常に役立つといえる。

### (4)母子生活支援施設の実際の姿（一例として）

　ここで，筆者の勤務する施設を具体例としながら，母子生活支援施設の実際
の姿を紹介する。

　施設の定員は20世帯であり，ほかに緊急一時保護室 2 室を併設している。居
室には， 2 間とキッチン，バス，トイレが備えられている。施設内にはほかに，
職員事務所，補助保育室，学習室，集会室，心理相談室，医務室（応接室とし
ても利用される）などが設置されている。

　職員の配置については，施設長，母子支援員 6 名，少年指導員 3 名，事務員
1 名，心理相談員 3 名，嘱託医といった各種職員が配置されている。

　施設で行われている支援の主な内容としては，母親の就労活動に関する支援
や，家事・子育てにかかわる支援，学童期の子どもには学習支援や生活支援，
乳幼児に対しては保育支援，また家族および個々人への心理的アプローチなど
が挙げられる。そして，施設内部での支援にとどまらず，必要に応じて，社会
福祉事務所を筆頭に，保育所や学校，医療機関，児童相談所など，関係諸機関
とも連携を図りながら母子の自立を支援している。

## 2. 母子生活支援施設における心理職とそれを取り巻く環境

　先述の通り，入所者の抱える課題が多様化してきたことに伴い，施設における心理的ケアの重要性も認められるようになり，2001年にはじめて母子生活支援施設における心理療法担当職員の配置に関する規定が設けられた。もっとも，心理職の採用の有無から人数，雇用形態，担う業務（心理職が宿直等の生活支援にどの程度かかわるかなど）に至るまで，施設ごとに考え方が千差万別であり，方針が異なっているのが現状である。そのため，ここでは筆者の勤務する施設を例として話を進めることとするが，これはあくまで一例であり，他の施設ではまた異なった形で心理職が活動していることをお断りしておく。

### ⑴施設における心理職とその仕事

　施設には，常勤職である筆者と，その他に 2 名の非常勤心理職（週 2 日程度勤務）が所属している。なお， 2 名は臨床心理士，他 1 名は臨床発達心理士と，それぞれ専門資格を有している。この 3 名で協働して，施設全体の心理的ケアに関する事柄をフォローするという形をとっている。心理職同士は，通常の勤務時間はそれほど重ならないが，月に 1 回心理職のみが出席する会議の場が設けられており，その場で情報共有やケース検討等を密に行うことができるようになっている。

　心理職が日々行う主な業務としては，入所者に対する心理面接や遊戯療法がまず挙げられよう。固定的な時間や場所の枠を設けて展開される，いわゆる個別的な心理療法である。当施設では，専用の心理相談室が確保されており，遊具やソファといった備品も整備されている。心理的ケアを専門的に行うことができる環境が準備されており，またそのことに関する職員の理解も培われている。

　次に，生活場面での入所者との直接的なかかわりも，状況や必要性に鑑みながら行っている。生活場面の中の何気ないやりとりの中からも，じつに様々な情報が得られるため，個別心理療法につながっていない入所者などについては

とくに注意を向けつつ，必要なときに必要な支援を導入できるよう，職員と日々の下準備を行っている。

そして，入所者に直接的に働きかけることはもちろん，コンサルテーションなどの形を通して，日々直接処遇にかかわっている職員と入所者との関係性の中で起こっていることについて言語化し意味づけを行うことによって支援者をサポートするといったことも，施設心理職の非常に大切な仕事であるといえる。その他にも，各種会議への参加や研修の企画，支援機関との連携に関する業務なども行っており，近年では退所者へのアフターケアにかかわることもしばしばある。

また，業務に関する集計調査や書類管理といったような，施設運営全体に関する裏方的な仕事についても，一職員として割り振られ，行っている。

## (2)施設における心理職の位置づけ

母子生活支援施設は，クライエントとなる人が生活する空間であるという特徴を持つため，初回面接よりも以前から関係性が始まっている場合がある。たとえば，入所前の見学時に簡単な挨拶を交わしたり，心理療法導入以前に日常的な会話をしたり，といった場面が挙げられよう。また心理職は，面接や遊戯療法の時間になると相談室に入るが，それ以外の時間は，基本的に処遇職員と一緒に事務所に在室している。そこで面接記録を整理したり，心理相談室の運営に関する事務的な仕事を処理したり，あるいは職員と情報交換をしたりして過ごしているのである。

そのように，利用者から見れば他の処遇職員と一見区別がつきにくい環境になっているからこそ，心理職が他の処遇職員とは異なる役割を担っているという位置づけが守られるよう，構造上の配慮がなされている。たとえば心理職は，宿直や補助保育といった生活場面に密着した業務には，原則として入らないことになっている。生活支援に関することは福祉等を専門とする処遇職員が担い，心理職は心理的ケアを中心業務として行う，ということである。

このように業務の分担を明確にすることで，専門の違いによる役割分担を明

確にし，それぞれの仕事を利用者に説明する上で理解をしてもらいやすくなるような構造が取られている。もちろん生活処遇に関することも一職員としてサポートすることはあるが，生活処遇の中心はあくまで処遇職員であり，それがより適切にスムーズに行えるようにサポートをすることが心理職の役割であるとの考えのもとで，入所者との接し方を考えている。

**(3)母子生活支援施設における心理療法**

　当施設での心理療法は，大別して，入所時の母親面接，子どもの遊戯療法，母親あるいは子どもの個人面接，母親へのコンサルテーション面接が挙げられる。入所時の面接は，施設内心理相談についての一般的な紹介・説明という目的もあるが，実際はアセスメントの意味合いが強い。福祉現場で出会うクライエントは，自らヘルプを発信することが苦手な場合も多いため，早期の時点からアプローチをし，誰にどのような支援を行う必要があるのかを見立て，必要に応じて母親面接の継続や子どもの遊戯療法を提案し，あるいは生活場面での見守りを通したかかわりを選択するのである。遊戯療法については，他児から相談室のことを聞いた子どものほうから「やってみたい」と希望があることもしばしばある。また，入所経緯等により，福祉事務所の担当支援員から，心理的アプローチを積極的に行ってほしいとの要望が出される場合もある。

　以下では，母子生活支援施設における遊戯療法にとくに焦点を当て，紹介をしていきたい。

## 3.　母子生活支援施設における遊戯療法

**(1)遊びの治療的機能について**

　そもそも，遊戯療法とは何か，遊ぶとはどういうことなのか。それはあまりにも大きなテーマであるが，母子生活支援施設に暮らす人々にとって遊戯療法がどのように意義を持ち得るのかを考える上で，いくつかの点を確認しておきたい。

　人の心の成長にとって，心の中のものを外界に表出したときに，内的世界の内容がどのようなものであれ，それが受け入れられ安全な形になって返ってくるという過程が重要であるとされる。表出自体と内容とがともに尊重され守られる体験を通じて，心が守られ，育っていくことにつながるのである。しかし表出の仕方や内容によっては，外的な現実世界と干渉し合ったり，ときには相手を傷つけてしまう場合がある。そこで，遊びが有用なのである。遊ぶということは，その人の心にあるものが表現される大切な営みの一つであるが，その治癒的・成長促進的機能に関して，遊びに含まれるリアリティと非現実性という指摘がある（弘中，2005）。これは一見すると矛盾した内容であるかのように感じられるが，遊戯療法が遊戯療法として成立するための非常に重要なポイントを言葉にしたものと思われる。遊びという枠組みは，その人が主観的現実を生き生きと表現し体験することを可能にする。しかし枠の存在ゆえに，客観的現実世界も尊重されたままでいられる。心の世界と外的適応をできるだけ共存させながら，パラレルワールドを生き抜くことを可能にするのが，遊び，また遊戯療法なのではないかと考えられる。

　また，遊びを通じたコミュニケーションの中で起こる，期待と反応の連鎖というものも，相手とのつながりを求める相互作用そのものであるため，関係性の面から重要な意味を持つとされる（弘中，2016）。ある主体から発される言語・非言語のメッセージには，その主体の期待が込められている。もう一方の主体は，相手の期待を汲み取ろうとし，それにフィットするような反応を返す。それらがかみ合っていると，遊びはどんどん展開し，遊び手の感情の動きも豊かになってくるように感じられる。相手の期待を読み取ったうえで，あえて真正面から返さず，変化球のような反応を返すことも起こってくる。そこに両者が怒りや悲しみでなく，痛快さや爽やかさ，ユーモアを伴った感情を持つことができるのならば，関係性はさらに段階の進んだものになっていると考えられるのである。

　以下では，上記に示したような遊びのあり方も含めつつ，母子生活支援施設の相談室で実際に展開された遊戯療法の事例の一部を紹介したいと思う。

## ⑵事　例

### リアリティと非現実性

　ある小学生女児Aは，剣を用いた戦いごっこに夢中になっていた。そのさなかに，ふと真顔になり，「ねぇ，この剣さ，本物の剣だったら切れちゃうよね」と静かに口にした。〈そうだね。おもちゃだから，思いっきりやっても大丈夫だね〉とセラピスト（以下，Th）が返すと，「うん」と笑顔になり，再び遊びに没頭し始めた。

　遊びの枠があったからこそ，AとThはお互いの生身の身体は傷つけ合うことなく，アグレッションを表現することができた。またAは，相談室とそれ以外の場所でThの呼び方を自然と変えており，遊び空間と生活空間の違いを本質的によくとらえていると感じられる子であった。

### 期待と反応のかけあい

　小学生男児Bは，入所してきたころは，無邪気で優しい少年ではあったものの，情緒的にやや幼く，弱々しい印象があった。友達や母に対して，自分の主張をすることも苦手であるようだった。

　彼は，とある不死身のキャラクターに心酔しており，映画の中のシーンを相談室の中でしばしば演じていた。彼はそのキャラクターになりきり，やたらめったらに壊し，殺した。その攻撃は一方的であり，やりとりが介在する余地は感じられなかった。Thはなすすべなく何度も倒れ，この戦いはいつか終わるのだろうかと暗い気持ちになっていたが，終了時間が来ると彼はケロリとした表情で去っていくのだった。そうした回を幾度も重ねた後，実質の最終回となった回では殺し屋ごっこが行われたが，この回の雰囲気はそれまでとまったく異なっていた。少々長くなるが，以下に流れを示す。

　Thは悪役ボス風のBに呼び出され，「この男を殺せ。さもないとお前を殺す」と銃を突きつけられる。〈いいだろう。その仕事，引き受けてやろう〉と返すと，「これを使え」と銃を渡される。Thはターゲットの男を始末して彼に報告するが，今度はターゲットの父親も殺せと命じられ，Bと二人で父親を探しに行く。父親を見つけると，Bが手足を撃って捕らえ，Thが牢屋に入れ

る。彼の指示により，Thは父親のところに医者を連れて行くのだが，Thは，父親と医者をこっそり逃がそうとする。そのとき，彼は「何か話しているのか？」と気づいていないように振る舞い，Thも〈いえ，何も話していません〉とシラを切り通す。ThはBの仲間のフリを続けながら，隙を見て父親と医者と逃げる。捜索の挙句，Bは隠れ家を見つけて爆破しようとする。爆破を免れるためにThは〈奴らが見つかりました！〉と再度父親と医者を牢屋に入れるが，今度はすぐ近くに彼がいるためなかなか逃げ出せない。やがて，Thが裏切り者だという証拠をBが握っていることがわかる。〈バレてしまってはしょうがない〉とThは彼に銃を向けるが，彼は先述のキャラクター（不死身の存在）なので，撃たれても平気である。少々の隙を狙ってThと父親と医者はバスに乗り込み，Bに見つからないように隠れる。彼はバスのすぐ近くまで迫るが，気づかない演技で素通りする（「超ギリギリでしょ？」とニコニコして言う）。時間終了と同時にバスが彼に見つかり，とうとう爆破される。退室時に彼はドアに倒れ込み，Thは〈大変な戦いでしたね〉と声をかけた。

　この回のThは，スリリングな展開にヒヤヒヤしながらも，演じることを本当に楽しんでいるという感覚を持っていた。そして，彼の中で一仕事が終わったのだろうという思いが，しみじみと生じていた。その後，彼は友達と遊ぶことを理由にキャンセルを続けるようになった。数回のキャンセルの後，Thから彼に遊戯療法の終了を提案すると，「うん！」という元気な返事が返ってきた。

　なお，彼は，生活場面でも如実に変化がみてとれた。退所が近くなったころには，母親が入院治療のため不在となる期間を気丈に乗り越えることができるほどに，強くたくましく成長していた。また，日常の場で母と交渉し，自分のしたいことを伝えることもできるようになっていた。

### 母との関係性に変化が生まれたC

　遊戯療法では当然ながら，それぞれの内的なテーマが表現される。

　ある小学生女児Cの母親は，確固とした信念やプライドを持ち，知的な水準や要求度も高い人であった。そのような人であったからか，長子であるCに対

しては，しっかりさせなければという思いが強く，やや強権的とも言える接し方が目立つように感じられた。

　Cは相談室の中でいろいろな遊びをしたが，ままごと遊びや人形遊びをよく行っていた。彼女は“しっかり者”の母親や姉であり，Thはたいてい面倒を見られる側の存在であった。彼女の面倒見には配慮が行き届いていたが，やや強迫的な色合いがあり，面倒を見られる側にも，お手伝いをしたり時間通りに動いたりと，厳とした役割が課せられていた。Thは世話される体験の中に，心地よさよりも息苦しさを感じていた。そのようなしっかり者に対してどのように立ち向かえばいいのだろうかと，そのようなことを思い浮かべながら，だんだんとThは『許されるサボリ具合』を探りながら振る舞うようになっていた。Cは，Thの怠けをときに戒め，ときに許してくれた。退所も近いころには，彼女は自分の要望と母親のそれとを建設的なラインですり合わせる方法を，見出しつつあるようであった。

**相談室を舞台に，母胎の中で育ち直したD**

　保育所の男児Dは，知的な遅れと多動が見られる子であった。言葉の遅れから遊戯療法が開始され，言葉数は見る間に増えたが，今度は攻撃性の課題が顕著に見られるようになった。情緒的な荒れに加えて激しい行動化もあり，母もThも悩んだ時期もあったが，退所を間近に控えた遊戯療法の回の中で，Dの成長を非常に強く印象づけられるエピソードがあった。

　プラレールで楕円形の線路をThに作らせ，女性を二人乗せた電車をDが走らせる。最初Dは線路の外側から電車が走るところを見ていたが，その後，線路の中に入って横たわる。円が少し小さかったため，Dの身長に合わせて線路を少し大きく作り直すと，彼は線路の輪の中で横たわりながら指をしゃぶり，走る電車を眺めた。線路の外側から眺めていたThの前髪が少し落ちかかっていたのを見つけてか，「髪触らせて」とふいに言い，Thの髪をつかんでグイッと1回引っ張り，Thと目が合うとニッと笑う。〈安心？〉と尋ねると，「安心」と答え，〈Dくん，大きくなったね〉とThが口にすると，「大きくなったよ」としっかりした声で答えた。

　退所後も社会的な困難が少なくないだろうと推測される子であったが，その瞬間を経たとき，"彼はこれからもきっと頑張ってくれるだろう"という気持ちが湧いた。現在も，必要な支援を受けながら，母子で元気に暮らしているようである。


## 4. 生活場面等における遊びの要素を含んだかかわり

　母子生活支援施設では，クライエントとなり得る入所者と生活場面でも接する機会がしばしばあるという点で，ベーシックな心理療法とは異なるかかわり方を考える必要がある。そのような特性を踏まえつつ，ここでは，相談室の中で1対1の形で行う遊戯療法という厳密な意味合いとは少し枠組みが異なるものの，『遊ぶ』ということが大きく関与していると感じられる場面に着目してみたいと思う。

### ⑴生活場面での子どもとの遊び

　先述の通り，筆者は面接や遊戯療法がない時間帯は，基本的に事務所で処遇職員と席を並べて仕事をしている。事務所は施設玄関に隣接しており，母子が出入りをするときなどの機会に，子どもと短い遊びのようなやりとりや話をすることがしばしばある。母親が他の職員と話をしている間などに，機会をとらえて気になっている子どもたちと関係性をつくれるようにも心がけている。たとえば，事務所のカウンターやドア等を利用してかくれんぼもどきやイナイイナイバアをしたり，カウンターで手遊びのようなことをしたりする。また，手近なものを題材にして会話を楽しんだりすることもよくある。そんなことをしていると，子どもたちは，短い時間の中でもいろいろな表情を見せる。

　あるとき，保育所男児のEが母と一緒に事務所にやってきた。その母は甘えや依存が強い人であり，母親が職員との話に夢中になっている間，彼は周辺で遊びながら話が終わるのを待っているのが常であった。彼は非常に利発で表現力の豊かな子であり，その日は，居室から自分で持ってきたぬいぐるみを使っ

て，筆者の席のすぐ横で遊んでいた。彼の流れに沿いながら遊び相手になっていたところ，そのぬいぐるみに爆弾がいくつも仕込まれているという設定が出てきた。〈どうする⁉〉とEに聞くと，彼は「外に捨ててくる！」と言って玄関に走り，見えない爆弾を外に何度も投げ捨て，スッキリした表情で戻って来た。その他にも，棒状のマグネットを器用に組み合わせて注射器に見立て，治療を行うといった遊びも見られた。枠組みが曖昧な生活場面においても遊びを遊びとして収められたのは彼の健康さだったろうと思うが，爆弾を抱えて生きることについての彼の真摯な表現の一端を垣間見た思いであった。

## (2)母親にとっての遊び

　遊びは，大人にとっても非常に大切な表現である。大人の遊びと言っても，何も高尚な内容に限られない。何かに接して心が緩み，それまでとは異なる動きの自由さや広がりが生まれてくるとき，人の心は遊んでいると言えるのではないだろうか。

　母子生活支援施設には，遊ぶことが苦手な母親が少なからず見受けられる。その人が子どもだったころに，子どもとして自由に遊ぶ経験に恵まれなかったという場合もあるが，そうだとしても，大人になってからでも遊ぶことは可能であり，心を少しでも柔らかにして生きていくために不可欠なことではないか。彼女たちが遊べるようになることは，非常に大切な支援であると考えている。以下では，母親と遊びということに関してのエピソードを挙げたい。

**遊ぶ体験に母の意識が焦点化した瞬間**

　とある母面接をセッティングする際，1歳過ぎの子も同室で一緒に過ごしながら面接を行うことにした。やや危機介入的なニュアンスを含んだ面接であったが，母子の関係性に直接介入することも必要なケースであると考えていたため，通常とは異なる形であえて誘った。子は相談室のおもちゃで自由に遊び，母も話をしながら自分の気になった遊具を少し手に取ったり，子どもの遊びに参加しようとした。後日，他の職員に「今まで子どもとあんなふうに遊ぶ時間を持ってこなかったなぁ，って思ったんです」と穏やかな流れの中で気づきが

語られたそうである。生育歴の過酷さもあり，母自身に遊びの体験が少なかったであろうことが子どもとの関係に仮託されていたと考えられたが，遊びの感覚に触れることの大切さをあらためて感じたエピソードであった。

**子が遊ぶ姿を見ることで母の心が遊ぶ瞬間**

　幼い子を育てながら仕事をしつつ，高卒資格の取得を目指している母親がいた。あるときその母が，自習中にわからない問題を聞きに，事務所を訪ねて来た。手の空いている処遇職員がたまたま少なく，筆者が母の対応をすることになった。母と筆者が事務所のカウンターで勉強をしている間，子は他の職員と事務所で遊んでいた。その姿を見た母は，とても満足そうな笑みを浮かべていた。その母は真面目ではあるが，ややしなやかさに欠けるきらいもあり，子どもと遊ぶことは苦手なようであった。しかし，子どもが職員と楽しそうにしている様子を見て，母が柔らかな表情を子に向け，「あばばば」とおどけたような声をかけてみせた。また別の日には，母と他職員が話をしている間，筆者と子どもが待ちがてら遊んでいた。そのときも彼女は，その様子を見ながら穏やかな表情を見せていた。母子のあたたかな交流に接することは，職員にとってもあたたかな体験となるものである。


## 5．おわりに

　これまでの説明で，母子生活支援施設というものや，そこで生じている営みのことが，少しはご理解いただけたかと思う。この場で展開していることは，人の絶え間ない交流から紡ぎ出されている生活そのものであり，人間の成長する過程にほかならないのである。職員は皆，緩やかではあっても母と子一人ひとりが前に進んでいくことができると信じながら，日々の支援業務を行っている。ここには，『待つこと』という忍耐強い心の作業が確実に存在しており，その点で，心理臨床で強調される『ともにいること』とも通底していると思われる。

　福祉現場における心理臨床の実践は，先人の地道な活動の積み重ねにより，

着実に発展を遂げてきている。そしてその歩みは現在進行形であり，これから
も社会のありようやそれに伴う人の心の変化とともに進み続けていくものであ
ると思う。母子生活支援施設は，福祉領域の施設として，全国的に見ても絶対
数は少ないといえよう。しかし，そこが果たし得る役割はけっして小さくはな
いし，心理臨床，また遊戯療法が必要とされる大切な場であると考えられる。
子どもと母親が育ちゆく場面に，福祉職員とともに寄り添い立ち会う仕事は，
とても意義深く味わいのあるものであると思う。

〈文献〉

弘中正美（2005）．遊戯療法とその豊かな可能性について　河合隼雄・山王教育
　　研究所（編）　遊戯療法の実際　誠信書房　pp. 1-21.

弘中正美（編）（2016）．心理臨床における遊び——その意味と活用　遠見書房

社会福祉法人全国母子生活支援施設協議会（2017）．平成28年度全国母子生活支
　　援施設実態調査報告書

# 7 小児医療における遊戯療法

駿地　眞由美

## 1. 小児医療と心理臨床

　子どもたちとその家族が抱える問題が多様化・複雑化する中，子どもや家族にとっての身近な受け皿としての小児医療において，心理臨床的援助が必要とされる場面も増えている。本節では，小児医療という場や，そこでの心理臨床について概観したのち，心理臨床的援助の主要な一つである遊戯療法について，事例を提示して考えてみたい。

### (1)小児医療という場

　小児医療は，生まれたばかりの赤ちゃんから，乳児期，幼児期，児童期，思春期を経て青年期に至る，多様な発達過程にある子どもたちにかかわるという点で，他の医療領域と比べても特殊である。子どもは，各発達段階固有の課題に取り組みながら，その途上で，病をはじめとする様々な困難を抱え，小児医療の場を訪れることになる。心も体も大きく変化していく時期であり，発達についての短期的・長期的な視点を持ちつつ，心身両面から子どもを理解し援助していく必要がある。

　持ち込まれる問題も様々である。風邪や胃腸炎といった比較的軽度の急性疾患から，アナフィラキシーや髄膜炎という急性の中でもとくに一刻を争う疾患，また，白血病，悪性リンパ腫，脳腫瘍などの難治性の重篤な疾患，さらには小

児糖尿病やアレルギー性疾患などの慢性疾患まで，あらゆる病を小児医療では扱う。ダウン症候群をはじめとする先天性の染色体異常を持った子どもや，身体の障害，発達の遅れを持つ子どもたちの成長を促し見守ること，体重が増えない，おねしょが長引くといった生活上の問題や悩みにかかわることも，小児医療の役割である。

　そして，子どもの場合，心の困難が身体症状や行動上の問題として表現されることも多く，心身症をはじめ，不登校や，習癖，問題行動など，心理的要因が背景に大きく考えられる問題も守備範囲となる。また，子どもは養育者をはじめとする他者とのかかわりの中で生きている存在であり，子ども虐待や育児不安が大きな問題となっている現代においては，子どもの養育環境を抱え，支援することもまた，小児医療に期待されている役割であろう。

　このように，小児医療は，心理的な問題や，関係性の障害も，身体の症状や病と分かちがたく持ち込まれる場であり，また，身体の病の治療の過程で心の問題が生じることもあって，さながら「子どもの心の ER（emergency room）」（田中，1998）とでも呼べる状況である。

　しかし，有井（2005）も言うように，子どもにおいては，身体症状への丁寧な手当と，子ども，家族の話をよく聞いたうえでの環境調整により，状況は早くたしかに改善していくことも多い。そして，乳幼児が成長の過程で様々な病気にかかり，それらに対する免疫をつけながら，体をより強くたくましくしていくように，ときに医療や他者の力を借りながらも，子ども自ら一つずつ困難を乗り越えていくことが，その子が生きる上での心のしなやかさ，確かさを養う面があるのも事実であって，より強く深く生きるための契機として症状や問題が呈されることすらある。

　けれども，身体的な手当だけでは困難を乗り越えがたい場合や，心におさめがたいほどの大きな苦難を体験しているとき，また，とくに重篤な疾患や慢性疾患，障害を抱えて生きる子どもたちが困難を抱えつつも自分らしく生きてゆこうとする，そのありようをまなざすとき，その心にしっかり寄り添い，彼らの生きる過程に伴走する心理臨床的援助が必要となることがある。

## ⑵小児医療における心理臨床

　小児科から心理教育相談にかかわる機関に気になる子どもがリファーされるという従来の形態に加え，小児医療の特殊性および子どもと家族をめぐる今日的課題の多様性・複雑性から，近年，多くの医療施設で子どもの心にかかわる専門外来が開かれ，小児医療の現場で働く臨床心理士（以下，心理士）も増えて，小児医療と心理臨床の協働がますます積極的に模索されてきている（鈴木，2002；平竹，2005；安立ほか，2006；松嵜・板橋，2006；細田ほか，2011；成田ほか，2016など）。

　心理士の職務内容としては，主にアセスメントや心理療法を通して子どもやその家族（親はもちろん，たとえば慢性疾患児や入院患児のきょうだいも含まれよう）にかかわることが中心となろうが，その他，サイコロジカル・プレパレーション[(1)]を行うことや，学校や福祉施設等の関係諸機関との連携，自助グループや親の会，院内外での研修会等の開催，地域援助，さらには研究活動に従事することもある。これらは，病院の規模や体制，心理士への期待や理解度，また，心理士の力量，個性，常勤か非常勤かなどによっても異なる。各々の心理士が，その場のニーズを把握しつつ，病や困難を抱えた（あるいはその予備軍の）子どもとその家族にとって役立つことを模索し，臨床の工夫を重ねているのが実状であろう。

　その中で子どもへの援助を考えた場合，病棟などで会話を交わすさりげない一コマや，一回きりの発達検査の場，あるいは親への後方支援という間接的なものであっても，子どもの心を思い，理解し，より健やかにその子が生きられるための手立てを考えようとする態度がそこにあるならば，それは十分心理臨床的なかかわりになりうるだろう。けれども，より濃やかに子どもの心にかかわり，彼らが十全に自らの生を生きられることを援助することにおいては，遊

---

（1）検査や手術などの治療行為について遊びを交えて説明することで，子どもの発達段階に応じた理解を促し，治療行為への不安を軽減させたり，心理的準備を支えたりすること。

戯療法が主要な援助の方法となる。

　田中（2011）は遊戯療法について,「セラピストとクライエントがこころとこころをかわしながら, 彼らのこころの世界を育ててゆき, 主体的に, 自分らしく生きる自分の土台を作ってゆくということに伴走する営み」としている。こうした定義に立つとき, 遊戯療法とは, 小児医療において（こそ）求められる重要な営みであると言えよう。なぜなら, われわれが小児医療で出会いかかわることになる子どもの多くは, 自分の意に反して病や症状を抱え, 心身の自由を奪われてしまった子どもや, 重篤な疾患に罹患し, 死に向き合わざるを得なくなった子ども, 慢性疾患や障害を抱え, あるいは長い入院生活を余儀なくされて, 日常生活や人生において様々な制約を受けつつ生きる子ども…といった, 心身を豊かに育んでいく過程で困難をもち, ときに主体としての感覚が阻害されながらも, 自らの心や体を精一杯伸ばし, 自分らしく生きたいと切実に希求している子どもたちだからである。

　以下では, 小児医療における遊戯療法の実際として, ある難治性慢性疾患児Aとの十余年にわたる遊戯療法の過程を提示したい。先述のとおり, 小児医療で扱われる問題や疾患は多種多様であり, 子どもの抱える困難や置かれた状況によって注意すべき点やアプローチのしかたも異なろう。しかし, 遊戯療法において目指すところは共通する部分が多いのではないだろうか。


## 2. 事　　例

### (1)事例の概要

　免疫不全にかかわる難治性疾患を抱えた男児A（来談時5歳）。乳児期早期に疾患がわかり, すぐに治療を開始。当該疾患においては, 生体の防御にかかわる免疫機構に障害が起こっているため, 様々なウイルスや細菌に感染してその攻撃を受けやすく, しばしば致死的であり, 一生涯にわたる綿密な医学的管理および治療を要する。Aの場合も, 定期的な診察・検査で体の状態をモニターしながら, その都度適切な治療を行い, 家では毎日の服薬が欠かせなかった。

服薬をはじめとする家庭でのＡの健康管理は，母によるたゆまぬ気配りによって行われていたが，最近は，なぜ自分は薬を飲むのかとＡ自身気にするようになっているとのことであった。

## (2)遊戯療法の構造

個人開業の小児科医院にて，月1回の定期受診に合わせて遊戯療法を実施。筆者は非常勤で，外部機関からの派遣という形。主治医はＡの乳児期から治療に携わっており，Ａ家族からの信頼は厚い。生涯にわたる医学的ケアが必要な疾患であるが，成長に伴い服薬を気にするようにもなってきており，早晩訪れる告知の問題も見据えて，今後，Ａ自身が病を受け止め，それに伴う気持ちを安心して表現できる場が必要であろうとのことから，遊戯療法が依頼された。母子並行面接で，母親面接は奥の診察室を利用し，遊戯療法は待合室にて実施（1回約1時間・診療時間外）。おもちゃはもっぱら待合室にある玩具や絵本を使用。ときにセラピスト（以下，Th）が描画用具や粘土，ソフトボール等を持ち込んだ。

## (3)経　過

### 初回　出会い／Ａの病の体験世界へ（＃1：Ｘ年1月）

母子で来院。Ａは少し緊張した面持ちで Th をちらっと見遣るが，Th が〈こんにちは〉と声をかけ微笑むと，ふわっと表情が緩み，はにかむ。利発そうな大きな瞳がとても愛らしい。簡単に自己紹介。Th のことは，母が話ししている間一緒に遊んでくれるお姉さんと聞かされて来たらしい。

医師や母親面接者と事務的なやりとりをしたのち，Ａと Th だけ待合室に残る。コルクのブロックで先に遊んでいたＡに〈何作ってるの？〉とたずねると，得意になって教えてくれる。「手はない」が「バリア」があるロボット1号機と，「顔はない」が「弾が飛んで一発で攻撃できる」2号機とのこと。その後，Ａは，自分の通いなれた医院を新参者の Th に紹介してくれるかのように，待合室にある様々な玩具を使って，自分ができる遊びを次々に見せてくれる。Ａ

が体験している治療風景にそっと身を寄せ，入れてもらう心持ちで Th が傍に
いると，「これおもしろいんやで」と棚から絵本を取り出してくる。内容は，
男の子と女の子がお菓子の国へ。お菓子を食べて回るが，手にはばい菌がたく
さん。「ここにもいっぱいいるんやで」と A は自分の手のひらを開く。女の子
は手を洗ってから食べるが，男の子はそのまま。「ほら，ばい菌がいっぱい！」。
次のページでようやく男の子も手を洗い，大きなおにぎりを二人でうれしそう
にほおばるところでおしまい。「おもしろかったやろ？」。A は，Th が自分の
体験を受け止め分かち合ってくれていることを確認し，満足しながら，どんど
ん遊びを展開していく。

　しばらくして母親面接が終わり，母らが待合室に戻ってタイムアップ。A は
母に急かされしぶしぶ片づけをしながら，引越しのために新しい家を見に行っ
たという話を Th にしてくれる。声を潜め，真顔で，「お化け屋敷みたいやっ
た」「怖かった」と。帰り際は，「お姉さん，さよなら，またね！」と満面の笑
みで Th に走り寄り，手と手をタッチ。

　A 自身主訴がなくとも，また，病名を知らずとも，A が生きている病の体験
世界を垣間見せてもらったような初回であった。Th を含む他との関係の中で
表現され展開していく A のイメージ（身体像や自己のイメージも含まれよう）を
大切に，A の成長発達を見守っていきたい。Th は，病や身体という A にとっ
ての未知なる領域への旅にもいざなわれたように感じた。

**第1期　防御と攻撃／見えない敵との闘い／結婚（#2-#4：X 年3～5月）**

　毎回，ロボット作りに熱中。体の一部が欠けているものが多いが，それはさ
して気にならないようで，「防御」と「攻撃」に腐心。固い殻で覆われたロボ
ットを作ったり，新たな攻撃法を編み出したりして，「パワーアップ」を繰り
返す。

　#3では，ロボットからレーザーが出て狙った獲物は逃がさないという話か
ら，待合室を見渡し，「あそこに敵が！」と指さす。見えない敵が潜んでいる。
A は忍者となり，敵の気配を慎重にうかがいながら，潜んでいる敵を見破り，
倒していく。しかし，敵は四方八方から現われ，隠れたところから不意に攻撃

を仕掛けてくる。「やっと倒した！」と思っても，「分身の術」を使って敵はどんどん増殖。さらに，こちらが勝つ術を見出しても，敵もすぐにそれに対する「免疫」をつけてしまう。際限がなく，気味が悪い。Ａはトランス状態とも言えるほどに，ものすごい迫力で，全身を使って待合室いっぱい激しく駆け回る。負傷したときにはThの元に退避。「力をちょうだい！」とThの手を握る。Ａが疲れ果てたときにはThが代わりに戦う。Thも必死に戦うが，「今，刺された！」〈うっ！〉。倒れたThにＡは駆け寄り，呪文を唱えながらThの身体を宙でなぞるようにして復活の儀式を行う。「生き返った！」。その後もＡは汗だくになりながら戦い，「あと一人」というところまでたどり着くが，どうしても倒せない。「そうだ，お医者さんに聞いてみよう！」。白衣を着たぬいぐるみに尋ねに行くが，ぐっすり眠っていて起きてくれない。何とか薬をもらって敵に撒くが，「薬が間違ってる！　うんこや！」。その強烈なにおいにこちらがへろへろに。今度は鍵屋さんに聞きに行くが，鍵屋も知らないと。「どうしよう…」。困っていると，「診察室の奥に秘密があるかも」と鍵屋。向かおうとするが，タイムアップ。最後，おもちゃを片付けながら，Ａはペアのテディベアを手に取り，水色を自分に，ピンクをThに持たせて，結婚の儀式を執り行った。

### 第2期　主体の転換／救済（＃5−＃10：Ｘ年6〜11月）

「守り専用」のロボットを作ることに苦心。自分の周りに無数のトゲを持ち，敵を一網打尽にやっつけるロボットや，厚い壁で敵の攻撃を跳ね返し，それで敵を自滅させるロボット，敵の威力を自分の中に蓄え，自分を強くするロボットなど。守りは回を追うごとに強靱になっていくが，それほどまでして守らなければいけないＡの大変さ，敵の強大さもまた，Thには途方もなく感じられる。この時期，現実生活では下痢嘔吐が続いていた。「僕の中にはどれくらいばい菌がいるの？」と母にたずねることもあったという。

　＃7では，Ａは棚に新しい玩具が入っているのを発見。馬のぬいぐるみ3頭と，それぞれに対してカウボーイ。ThとＡで一組ずつ持ち，戦うが，Thはことごとく負かされてしまう。「血がだーって出てきた」とＡは笑う。Thの

陣が息絶え絶えになっていると，Aは亀のぬいぐるみを出してきて，Th に持たせ，「亀には甲羅がある」と。〈そうか！〉。Aからの攻撃をよけて Th の亀は甲羅の中に隠れるが，それでもやられてしまう。さらにAは Th に他のぬいぐるみを出させ，倒れているぬいぐるみの周りに集めさせて，どうしたらよいのか相談させる。けれども，「うわっはっは〜！」と馬に乗ったAのカウボーイが雄たけびをあげながらやってきて，逃げ惑う Th のぬいぐるみたちを総攻撃し，全滅させる。しかもそれらはゾンビのように次々と生き返り，Aの一部になって，Aの陣地に連れ帰られてしまう。Th（のぬいぐるみ）は容赦なく殺されてはAのものとして生き返るという戦いが，延々と続く。途方もない戦いの中で，Th は，自分はAの敵なのか，それともAの一部なのか，いやAが自分なのかとわからない気分になってくるが，やはり自分を生き残らせなければと思う。しかし馬に乗ったAのカウボーイからの理不尽で残忍な攻撃は続き，Th は思わず，〈何で攻撃してくるの？　どうして？〉と声を上げる。孤島での最終戦。壮絶な戦いが繰り広げられるが，結局，Th のぬいぐるみは海に落とされ，ワニに食べられてしまう。タイムアップ。最後，Aは自分が馬になったように四つん這いになり，Aが倒したぬいぐるみを一つずつ自分の背中に乗せて運び，片付けをする（Th はまるで救済の儀式を見るようだった）。そして，「亀になった」と腰を折り曲げ，リュックを背負って帰って行った。

## 第3期　主体的に病と向き合う場としての遊戯療法（#11-#16：X年12月〜X＋1年5月）

　遊びに陣取りゲームが加わる。Th の陣地の駒は，Aの駒の毒によってすべて感染させられ，絶滅させられてしまう。一方，A側のバリアは強度を増すと同時に，死んでも何度でも再生し，壊れた部分を修復して，生き続ける。そして，プレイの前半激しく遊んだあとは，Th にもたれてうたたねするなど，心を安らげ退行した様子で時間を過ごした。

　また，勉強のこと，友達のこと，担任教師のことなど，学校場面に関する話題も増える。しんどいこともありつつ，頑張ってやっているようで，幼児期から学童期へと身も心も成長していっている様子がうかがえた。

　しかし，学校生活になじむに伴って，定期的に遊戯療法を受けることへの疑問が母親面接の中で語られるようになった。それを機に Th は，〈（主治医に）からだを診てもらったり，お薬をもらって飲んだりするみたいに，ここで月に1回でもこうして会って遊んだりお話したりすることがAくんにとってとても大切だし必要なことだと思っている〉とAにも伝え，Aはうなずく。そうして遊戯療法場面は，“母の面接の付き添い”ではなく，“A自身のセラピー”として明確に位置づけ直された（＃15）。

　それを受けてであろう，＃16では，Th の様子をうかがいながら，「何しようかな…，ここは小学校1年生くらいまでの赤ちゃん用のおもちゃしかないからな…」と，はじめて，遊ぶのにためらいを見せる（Aは2年生に進級していた）。その思いに Th がそっと心を傾けていると，「僕，普通やのにって。僕普通やし，全然悪いことないのになんでかなって…」と。来院に伴う気持ちが語られたのは，これがはじめてであった。それは，なぜ自分は服薬や治療を受けなければいけないのか，自分の病気は何なのか，どうして病気になったのかという，Aの多くの「なぜ」が一つの問いとして結実し，発せられた瞬間であったようにも思われる。Aから投げかけられる問いに，そのつど誠実に向き合い，Aに理解できる形で答えつつ，告知についても具体的に考えるときが訪れたのであった。それは，主体的に病を抱えて生きようとする尊厳ある個人としてのAを尊重するとともに，Aの健全な身体・自己イメージの発達を促していくうえでも重要なことと思われた。しかし，子どもであるAへの告知においては親の同意も必要であり，母親面接を中心に，家族の思いを受け止めながらの長い話し合いの過程も始まることとなった。

### 第4期　死と再生／魂を探して／告知（＃17-：X＋1年6月〜）

　スクイグルの描線に誘われ，たくさん道のある迷路の中でただ一つ生き残る道を探し出す遊びや，タイムリミットに迫られてもう少しで死にそうなところ

---

（2）クライエントとセラピストが相互にぐるぐる描きをし，そこから連想されたものを互いに絵にして返すという技法。

から何とか生き延びる遊び，「死の国」に冒険して宝物を奪還する遊びなど，生死のテーマに深く根差した遊びが続いた。Th は，プレイの中で繰り返し殺され，床に寝かされ，埋められては，救済され，ロボットは，爆発によって解体されては，バラバラになった破片を集めて，再統合された。

　#18，Aはロボットからミサイルを発射。骨になり，やがて灰になるまで何度も Th を攻撃した。そしてそのつど生き返らせていたが，やがて今度はAが横たわって，「死んだ」。Aに倣って Th が復活の儀式を行うが，「もうそれは効かん。魂が抜けた」。Aの口から，ふわふわと魂が出てくる。「僕の魂つかまえてきて。僕の魂，隠れてるから探して」。Th はAの名を呼びながらAの魂を探し，見つけた魂をつかまえてAの口に入れるが，Aはむくっと起き上がったかと思うと，夢遊病者のようにさまよい，あちこち壁にぶつかり，戻ってきて，また倒れる。「これは竜の魂だった」。魂を探す長い苦難の旅の末，3回目に探し当てた魂がやっと「僕の魂」。口に入れるとパッチリ眼を開けて，「あれ？　僕，何してたんだっけ」と意識を取り戻した。

　Aの体内では病との拮抗状態が続いていたが，Aの成長にも伴い，これまでの薬では太刀打ちできなくなってきて，薬を変更することとなった。しかし，そのあまりのつらさ（味やにおいに強い吐き気を催す）から，とうとうAは，「僕はもう飲まない。自分で決めた！」と宣言。薬を変更する理由を母が必死に説得し，また，薬の変更によって劇的な効果があったことが医師から報告されたことで，「良薬は口に苦しなんだね」とAは自分にとっての意味を見出し，納得して，翌日からの薬は自ら飲むと言い，つらさに顔を歪めながらも我慢して飲むようになったという出来事があった（X＋3年）。

　病名告知は，X＋6年，医師のイニシアチブのもと，Aの中学進学を機に行われた（#64）。告知にあたっては，A家族と心の過程をともにしてきた医師，母親面接者，Th が，それぞれが築いてきたA家族との関係性の中での考えを突き合わせ，内容や方法，告知後のフォローアップ体制も含めて，慎重に，時間をかけて繰り返し検討した。母らの思いを置き去りにすることもできなかった。そうして外的状況を見極め整備していったが，何より，プレイに表された

Aの内的状況が，告知を受け止めるだけの準備がすでに整っていることを示唆していた。告知は，A，医師，Th の三者の場で行われたが，Aは，自分の心の内を見つめ確かめるように時折目を伏せながら，まっすぐなまなざしで説明を聞き，自ら質問して疑問点を整理しつつ理解し，しっかりと自分の身に受け止めた。告知後の面接では，学校での創作物で図らずも自身の尾をかむような竜ができあがったという話や，獣を殺しその皮をはぐゲームに熱中する様子などが印象的であったが，現実場面では同性同年齢の仲間集団に参入し，長期休暇には仲間と自転車で長距離旅行にも出かけ，Aの機転によって窮地を切り抜けるなど，たくましく，賢い青年へと成長していった。面接はやがてオンディマンドとなり，筆者の勤務する機関に一人で面接に訪れるようにもなって，話題は，恋愛や職業選択の話にも移っていった。

## 3. 考　　察

### (1)死と再生のイニシエーションと主体の成立

　当初，Aの遊戯療法では，「攻撃」と「防御」のテーマが形を様々にかえて繰り返されていた。それは，遊戯療法の経過の中で，「自」と「他」，その交錯とせめぎあいの中での主体の成立のテーマへと変容していったように考えられる。

　＃3では，Aは敵の気配をうかがい，見破り，倒していくが，敵もさるもの，Aによる攻撃への免疫を付け，増殖しながら，Aに攻撃を仕掛けてくる。それは，Aの体内で絶えず繰り広げられているウイルスや病との戦いを連想させるような，際限のない戦いであった。敵への攻撃と，自らの防御ということが，徹底的に行われていた時期である。Th はまるで，ウイルスや病という「自」にとっての異物である「他」を峻別し，「他」を攻撃・排除することで「自」を守ろうとする，Aの免疫機構の働きを見ているかのようであった。しかしその敵はあまりに強大で，障害をこうむり無防備にさらされているAの免疫機構は，ますます防御の鎧を強くするしかないのであった。

　それが＃7に大きな展開を見せる。Aにとって「他」でもあるThは，Aとともに戦う同士であり，心的エネルギー補給の基地であったが，まさしく対立物の結合の象徴でもある「結婚」（＃5）を経て，対立し，せめぎあい，かつ，同一化するものとなる。＃7でThは，ことごとくAに殺され，Aのものとして再生させられながら，自分がAにとっての敵であるような，否，自分がAであるような，我を喪失させられる体験をしたが，そこから，"自分を生き残らせなければ"と，あらたな"自分"が立ち上がってくるのを感じた。

　じつは，こうした，攻撃するものとされるもの，すなわち「自」と「他」が交錯し，反転し（Aは攻撃すると同時に攻撃されるものでもあった），合一化し，いったん「自」が消失したのち，分化し，新しい主体が立ち上がってくるというプロセスが，Aにとって本質的なものであったのではないか。

　それは死と再生のイニシエーションでもある。Aのセラピーにおいてはつねに死と再生のテーマがあったが，ウイルスや病との間断ない攻防戦の拮抗状態においてAの生があり，細胞レベルでつねにAが死と再生を体験しているように，「自」と「他」の不断のせめぎ合いの中で，Aはたえずイニシエートされ，新しい主体となって立ち現れていたのではないか。それはAの生きる過程そのものであり，だからこそ，それは繰り返されなければならなかったのだろう。

　そして，こうした主体の成立は，たんに他を攻撃し，排除しようとするやり方だけではなしえなかったことであろう。＃7では，容赦ないAからの攻撃に，Thは思わず〈何で攻撃してくるの？〉と声を上げたが，これは，カウボーイという人間主体に理不尽なやり方で一方的に駆逐されようとする病の声であったようにも思われる。最後，Aのカウボーイが，馬に主体の座を明け渡し，自身が殺したものを一つずつ救済し，担い，そのものになっていったのも印象的であったが，ここに，病との共生を考えるための一つの手がかりも見て取れよう。そこには，やみくもに病と戦うあり方ではなく，病を担い，病とのかかわりあいの中で生きる主体のありようがある。

## (2)主体的に病を生きるということ

　こうして，Aの主体が立ち現れる場としての遊戯療法は，A自身のセラピーとして明確に位置づけ直され（#15），Aが主体的に病を問い，担う場となっていった（#16-）。

　そして，主体的に病を生きるということは，必然的に，病を抱えつつ生きる自らの身体を見出し，再体制化していくプロセスをも伴うのであろう。Aの場合それは，身体に「魂」を呼び戻す，あるいは"身体という魂"を取り戻すプロセスでもあったと思われる。

　遊びの中で，Th は灰になるまで繰り返し殺されては救済され，ロボットは爆発によって解体されては再統合されていったが，これは，死と再生の過酷なイニシエーションの中で，Aが"身体"を見出し，再体制化していく営みであったようにも思われる。初期の遊びのように攻撃と防御に終始しているだけでは，その行為自体にエネルギーが費やされるばかりで，身体の一部が欠けたロボットのように，自らが生きる身体の全体性をとらえ育むことは難しかっただろう。また，身体の状態が逐一データとなって医学的にコントロールされ，母による細心の注意で世話されている身体は，他から見られ，管理される身体であっても，自ら主体的に生きる身体にはなりがたかったかもしれない。遊戯療法の経過の中で，X＋3年，「僕はもう（薬を）飲まない。自分で決めた！」という服薬拒否と言える出来事を経験したが，これは逆説的に，他に委ねられていた身体を自分のもとに取り戻し，自分が身体に責任と選択権を持ち，能動的に病や治療に向かい合おうとする，主体の宣言であったと考えられる。

　もう一つ，Aが主体的に病を生きる上で重要であったのは，告知であろう。A自身のことであるにもかかわらず，Aから隔てられ，隠されていたことが，告知により明らかにされた。それはAにとって，自身の内に宿る死をも痛烈に感じさせられる体験であっただろう。獣を殺し，その皮をはぐゲームに熱中するなど，その後の様子からは，Aが内的に非常に壮絶なイニシエーションを体験していることがうかがえた。

　しかし同時に，告知は，行き場を見出せなかったAの積年の問いが着地点を

見出し（まさに腑に落ち），深い安堵がもたらされる体験でもあったように思われる。それは，自身の尾をかむウロボロスのように，自と他の果てしない対立から解放され，根源的な同一性や身体性にもつながるものであっただろう。

　死にも通じる病を一人で抱えていかねばならないAは，同年齢の仲間とは分かち合い難い大きな孤独を抱えることになったが，それは自身に与えられた唯一無二の生を深く自覚する契機となり，固有の生を主体的に生きるよすがをも手にしていったように思われる。

　このようなAの遊戯療法の経過は，Aが生きる過程そのものであり，ユング（Jung, C. G.）の言う「個性化の過程」でもあったと考えられるのである。

### (3)〈心の器〉としての遊戯療法という場

　深い心の作業が行われるためには，その場がしっかりと守られていなければならない。しかし，今回の遊戯療法の場を顧みた場合，物理的な枠組みとしては万全ではなく，むしろ構造的には守りの弱いものであったと言えるだろう。遊戯療法の間隔は内的・外的事情に左右されて1か月以上空くことがあったし，待合室という開けた場で，遊びの最中に医師や母らがAを呼びに入ることもあった。Aの事例に限らず，病院内において，決まった時間，場所で，毎週継続的に遊戯療法を行うことは難しい（黒川，2005）。

　しかし，外的構造を整えていくことはもちろん重要であるが，黒川（2005）や仁里（2005）も言うように，既成のプレイルームの枠や，構造的な治療空間が遊戯療法の場を成立させるのではない。精神療法（心理療法）とは二つの遊ぶことの領域，つまり，患者の領域と治療者の領域が重なり合うことで成立すると言ったのは，優れた精神分析家であり小児科医でもあったウィニコット（Winnicott, D. W.）であるが（ウィニコット，1979），子どもとセラピストが心をかわし合い，遊びの空間を見つけ，それを重ね合わせることによって，遊戯療法の場は成立する。そこでセラピストに求められるのは，その場に自らの心と身体を差し出し，子どもの遊びの世界を保障し，子どもが遊びを演じ尽くせるようにすること，心の重ね合わせの世界に表現されたものの意味を自らの心を

通して考え，その場に映し返していくことといった，濃やかな心の作業であろう。

　そうして，「子どもがその心をしっかりと受け止められるとき，すなわち，その場が〈心の器〉となったとき，彼らはその生死にかかわる原初的な次元の困難と対峙する遊びを自ら生み出していく」（伊藤，2005）のであり，Aの事例はそのことを教えてくれている。

　一方，遊戯療法の枠としては一見脆弱でありながら，"小児科"という場自体が守りとなった部分も大きい。小児科とは，子どもの心と身体をまるごと抱え，長期にわたって成長を見守る母性的空間である。医師をはじめ，スタッフの誰もが，いのちの重さに日々厳しく対峙しながら，子どもの健やかな成長を願っている。待合室におかれた絵本や，ぬいぐるみ，調度品の全てが，子どもをあたたかく迎え入れ，ときに投影の引き受け手になりながら，子どもの心を包み込む。そこは，ほどよい退行を促すと同時に，まさしく死と再生を司る場である。

　Aとの遊戯療法も，主治医や小児科というたしかな器によって守られ，助けられていたことを，最後に付け加えておきたい。


## 4. おわりに

　Aの遊戯療法の過程は，幼児期から青年期へという成長の中で，一面的な見方から"脱中心化"（ピアジェ Piaget, J.）し，物事を相対的にとらえられるようになり，いったん身体を否定したのち，再体制化・統合し，心理的な死と再生を経てアイデンティティを確立していくという，"発達"の視点から振り返ることもできよう。小児医療における遊戯療法では，病や障害という要素や，子どもの心理的・身体的発達を考慮しながら（病や死についてのとらえ方も発達の中で変化するであろう），一人ひとりの個性的な生の体験様式に深く分け入り，その子らしく生きられる方途を探り，援助していくことが求められよう。

　ユング派分析家のバッハ（Bach, S.）は，脳腫瘍や白血病などの重篤な病に罹

患した子どもたちが，その心理的側面のみならず，自身では見るべくもない病巣部や器質的側面の状態までをも見事に絵に描き出していることを数多く例示している（バッハ, 1998）。今回，疾患の詳細は省いたが，Aのセラピーでも，Aがまるで身体の微細レベルで起こっていることを知っていて，目の前で繰り広げてくれているかのように Th は感じることがあったし，Aの自己治癒力や，身体の知恵をそこに感じさせられることもあった。

　心身の危機状態にある子どもたちは，意識を超えた深い層で自身の身体やその危機を感じ取りつつ，心も体も含めた全体存在として懸命に生きようとしている。そこには，自己治癒力や，病を主体的に生きようとする力もまた内包されている。しかしその力は，しっかり受け止められる場〈心の器〉があってこそ，表現され，発揮されるのであろう。

　病や障害を抱えつつも，子ども自らが主体的に生き，自分らしく成長してゆける，その過程をしっかりと守る場が，小児医療における遊戯療法なのではないだろうか。

〈文献〉

安立奈歩・國松典子・河野伸子・植田由美子・和田竜太・黒川嘉子・山中康裕（2006）．小児科における心理臨床の現状——心理臨床家と小児科医の心理的援助の取り組みに関する調査より　心理臨床学研究, **24**(3), 368-374.

有井悦子（2005）．小児科診療所と心理臨床の協働を期して　山中康裕・河合俊雄（編）　心理療法と医学の接点　創元社　pp.185-200.

バッハ, S.　老松克博・角野善宏（訳）（1998）．生命はその生涯を描く——重病の子どもが描く自由画の意味　誠信書房

平竹晋也（2005）．小児科医の立場からみた心理療法　東山紘久・伊藤良子（編）遊戯療法と子どもの今　創元社　pp.170-184.

細田珠希・加川栄美・齋藤正博・飯島恵・田中恭子（2011）．小児医療における臨床心理士と小児科医師との連携——カウンセリングの実際とその導入について　小児保健研究, **70**(5), 709-715.

伊藤良子（2005）．〈心の器〉としての遊戯療法の場から見えてくる子どもの今　東山紘久・伊藤良子（編）　京大心理臨床シリーズ3　遊戯療法と子どもの今　創元社　pp.339-352.

黒川嘉子（2005）．小児科での発達フォローと心理療法——言葉が生まれる空間　山中康裕・河合俊雄（編）　京大心理臨床シリーズ2　心理療法と医学の接点　創元社　pp. 144-157.

松嵜くみ子・板橋家頭夫（2006）．小児科における乳幼児心理臨床　臨床心理学, **6**(6), 761-766.

成田有里・黒田舞・森秀都・矢崎知子（2016）．小児科における心理職　精神科治療学, **31**(9), 1157-1162.

仁里文美（2005）．ジル・ドゥ・ラ・トゥレット症候群の男児とのプレイセラピー　東山紘久・伊藤良子（編）　京大心理臨床シリーズ3　遊戯療法と子どもの今　創元社　pp. 97-109.

鈴木眞弓（2002）．病院小児科における臨床心理士の役割について　小児保健研究, **61**(2), 163-168.

田中千穂子（1998）．小児科における心理療法　山中康裕・馬場禮子（編）　病院の心理臨床　金子書房　pp. 46-53.

田中千穂子（2011）．プレイセラピーへの手びき——関係の綾をどう読みとるか　日本評論社

ウィニコット, D. W.　橋本雅雄（訳）（1979）．遊ぶことと現実　岩崎学術出版社

# 8 被災地における遊戯療法

佐藤　葉子

## 1.　子どもたちの震災体験と遊び

　東日本大震災の大きな揺れの直後，子どもたちの目には否応なしに「非日常世界」が映り込んだ。物の散乱，建物の破壊，うろたえた大人たちの様子，津波などさらなる悲惨な光景。さらに家族と離れた場で被災した子どもは，もう2度と家族と会えないのではないかという恐怖と絶望の中に何時間（場合によっては数日間）も居続けた。しかし，そのような受け入れ難い状況下にあっても，いつの間にか子どもから「遊び」が生み出される。「地震速報ごっこ」や「地震ごっこ」「津波ごっこ」がその例である。こうした遊びは，たんに楽しむための遊びというよりはむしろ，つらい記憶と向き合うためのものとなったり，恐怖体験を再現して新たに乗り越える方法を見つけるためのものとなる。いわば遊びを通して，心に溜め込んだ様々な感情を表現する場となるのである（佐藤，2015）。被災後の子どもたちにとって，そうした遊びを信頼関係の築ける大人（セラピスト）からしっかり受け止められる場で安全に行えることが，心の回復の過程において重要となる。遊戯療法はまさにこうした要請に応える心理療法である。遊戯療法では，子どもの遊びを「心像（イメージ）の表現とみることによって，セラピストはその背後にある可能性にまでふれ，それを引き出してゆくことができる」（河合，1967）とされる。そして子どもの心がしっかりと受け止められ，その場が〈心の器〉となったとき，彼らは生死にかかわる

*196*

原初的な次元の困難と対峙する遊びを自ら生み出していく（伊藤，2005）。被災地という様々な制限や限界のある中でいかに心の器となりうる場を創り出し，傷ついた子どもの心の回復過程をどのように見守っていけるのか，事例を通して考えていきたい。

## 2.　遊戯療法を用いた支援活動の実際

　東日本大震災後，被災地の児童館の館長より，落ち着きがない，一人で行動できない，けんかの増加，感情が豹変する，表情なくぼーっとしているなど，「子どもたちに異変が起きている。焦りばかりで何をしてあげたらいいかわからない」と筆者に相談があった。時を同じくして日本遊戯療法学会が，被災した子どもたちの心のケアのための遊戯療法を行える場を探していることを知った。現地在住の筆者だからこそ「支援を求む」ものと，「支援の場を求む」ものを繋ぐ役割が担えると思い，両者を繋ぎ，日本遊戯療法学会の常任理事有志（臨床心理士）7名と，被災地在住の学会員（臨床心理士）3名によって，2011年6月より約4年間，児童館にて被災児童への遊戯療法と保護者カウンセリング，児童館職員への心理サポートとコンサルテーションが実施された。

　緊急支援を行う上で課題となるものには「場の確保」や「支援メンバーの継続性」，「支援構造」がある。場の確保に関しては児童館という特性上，安全に遊べる適度な広さの遊戯室があり，使用する玩具の保管スペースも提供されたことでスムーズな支援が可能となった。メンバーの継続性については，メーリングリストや定期的に情報交換の場を設けることで，支援頻度の高い現地メンバーへの心理的サポートを念頭に共通認識を持ち続けた。支援構造は担当者制をとり，「遊戯療法の本質である『子どもとセラピストの関係性』・『継続性』・『時間・空間の構造』」（伊藤，2014）は損なわないように配慮した。本活動の特徴は，一つの遊戯室に子どもとセラピストのペアが5組まで入り，個別の遊戯療法を同じ空間で同時に行う「集団遊戯療法」というスタイルを用いたことである。年2〜3回メンバーである臨床心理士が全員集まり1回最大5組を1日

３セッション実施し，現地メンバーはさらに月２回行った。

　次に筆者が担当した，５年に及ぶ全28回の遊戯療法事例の経過を報告する。児童館で震災支援活動として行った遊戯療法過程を第１期〜第２期に分け，緊急支援としての遊戯療法は第２期の最後で一度終結を迎えている。しかし，１年２か月後に本人の希望により遊戯療法を再開することになり，その後の経過を第３期〜第４期としてまとめた。

## 3. 事　　例

### (1)事例の概要

　**クライエント**　男児Ａ（開始時，小学校１年生）

　**家族**　父，母，年上のきょうだい二人，祖母の６人家族

　**被災体験と震災後の様子**　幼稚園行事の遠征時に被災，夜まで家族と会えずにいた。震災後より，存在しない友達が実在するかのような話をするなど，非現実なことを現実だと言い張り，感情豹変や大胆な行動が見られるようになった。震災の２週間前に大好きな祖父を亡くし，祖母は震災により布団から出られなくなり入院。退院後一緒に暮らすようになった。

　**面接構造**　月１回，１回50分。同時入室する他児ペア数は回ごとに異なる。

### (2)経　　過

### 第１期　内的世界に『安全基地』が築かれるまで（＃１-＃６：Ｘ年）

　＃１，目を合わせることもできないほどの緊張感。ほどよい距離を保ち静かにＡの視線の先をともに見ていると，全体をゆっくり見渡した後で玩具に近寄り，「わぁ〜！」とはじめて見たかのような表情で一つ一つ触れていく。レジを選んで買いものごっこを始め，次第に物語が生まれていく。Ａが楽しそうに料理をして豪華に盛り付け，セラピスト（以下，Th）にご馳走する。Ａのお店でピアノを購入した際，急に真剣な表情で「本当には運べないからね。ぼく，まだ小さいから」とそわそわする。不安が見え隠れする様子から，『経験した

ことのない事象への不安の高さ』を感じた。ふとした瞬間に，プレイルームの
出入口ドアの天窓が開いていることに気づき，「閉めたい」というAとともに
スポンジブロックを重ねて足場を作る。不安定なため必死におさえ，〈おさえ
ているから大丈夫だよ〉と声をかける。天窓から覗く児童館はAの目にはどの
ように映ったのだろうか。ピタッと動きが止まり，無言のまま眺めている。A
にとって意味のある時間のように感じ，声をかけずに待つ。降りてきた際，
〈いつもと違う児童館が見えた？〉と聞くと「うん！」と高揚した表情が印象
的だった。しかし，直後に平均台など頑丈なものでドアの前を塞いだ後，一転
してボールテントに入って寝転び，テントの天井を見上げてぼーっとし始める。
テントの天井には九つの窓があり，それぞれ布製の開閉自由なふたがついてい
るが，その窓からAの指示通りに色とりどりの小さく軽いボールを，寝転んで
いるAの身体の上に一つずつゆっくり落としていく。Aはそれをしばらくの間，
不思議そうに見続けていた。全体を通してAの真面目で感受性豊かな面が感じ
られた。【職員情報：プレイルームから退室した際のAを見て「あんなに子ど
もらしい表情を見たのははじめて」とのこと。】

　＃2，＃3でも，レジごっこや豪華な料理でThをもてなす。＃2のドール
ハウスでは，犬と女の子が突然いなくなったニュースが何度も流れていると真
剣な顔で訴える。探しに行くが最後まで見つからないままで終わる。

　＃3では慌ただしく遊んだ後，テントに入り，表情なくぼーっとする様子が
見られた。【職員情報：事実と異なることを話し，母親も心配している。】

　＃4，ぬいぐるみの犬たちを連れてキャンプごっこ。ベッドを作ってあげて
「悪い奴をやっつける」と剣と盾を手に犬たちを必死に守る（他児の激しい遊び
によりボールが飛んでくることがあり，緊張感が増していた）。その後のドール
ハウスでは，落ち着きのない様子で遊びが展開される。トイレにご飯を入れてみ
たり，犬が突然お化けになったり，悪者退治に行ってみたものの結局皆倒され，
必死に傷を癒したりと，混乱している様子が見られた。

　＃5でも遊び方が乱雑で落ち着きがない。すぐにテントへ入り，テントごと
回転しながら無言でいる。黙ってその様子を見ていると，突然，中のボールを

テントの天窓から勢いよく放出。全て出すと，それを Th が一人で集め天窓から中に落とすよう指示する。その後，何事もなかったかのようにサッカーをするが思うようにいかず，Aが想像している自分とのギャップを感じている様子。しかし，諦めずに苦手なことにもチャレンジしようとする姿勢が見られた。

　＃6，レゴブロックで家を作ろうとするが思いつかずやめてしまう。「何か…家が作りたいな～」と，A自身が入る大きさの家がいいと，プレイルームの隅に作り始める。立てて置かれていた卓球台を家の壁にし，入口はスポンジブロックを積み上げて立派な『玄関』を完成させる。守られた空間としての『家』を時間をかけて作り上げ，さらに玄関と部屋の鍵を二つ作り，外出の際には鍵の確認を何度も行う。家の中ではゆったりと過ごし，外ではサッカーをするなど，どちらの空間も楽しんでいた。【職員情報：このころよりAの変化（意見が言えるようになった，切り替えが上手になった，友人関係で我慢ができるようになった，年齢相応のやんちゃさが出てきた）が見られるようになり，職員にも甘えることができるようになってきた。】

**第2期　安全基地で大切なものを守り，外的世界と内的世界の境界が築かれるまで（＃7-＃14：X年～X＋2年）**

　この時期では入退室のたびに，大人っぽく格好をつけるAから子どもらしいAへと瞬間的に変わることが＃11まで続いた。＃7，＃8では，これまで他児が自分の遊びに侵入する不安を感じていたAだが，他児の遊びを眺めたり，真似るようになる。ドールハウスではお父さん人形が食事を用意し，侵入者を捕まえるなど，家族を守る様子が表現された。終了時にテントに入り，寝転がってから退室することも続く。

　＃9，剣と盾を用いて歯を食いしばり本気で戦うが，互いの基地に入ると一時休戦となる。〈安全基地ではゆっくり休めるのね〉に対し，Aは大きく頷く。突然，他児がAのイメージの世界に入り込むハプニングがあり，一瞬複雑な表情をするが，気になりながらも Th との遊びを継続させる。最後に『見えない敵』を倒すための旅に出るが，途中で馬がやられてしまい，治療をして終了。

　＃10のキャンプごっこでは，テントに犬のぬいぐるみたちとAが入り，場所

がないからと Th には外から自分たちの様子を見させ，テントの中で物語が展開していく。Aと犬たちは穏やかな日常を過ごしていたが，ある日侵入者が現れ，犬たちが大怪我をしてしまう。Aは傷を負った犬たちを病院へ連れて行き，Aが医者となり，Th が看護師となって治療開始。Aは犬を丁寧に扱い治療をしているかと思えば，急に荒々しく残虐な手術を行う。その際のAの表情は真剣で怖いくらいだが，必ず最後にはスカーフを包帯にみたて，包帯や薬を用いて治療するよう Th に指示をする。Th がしっかり治療をしているかの確認をして終わる。

　#11では犬のぬいぐるみを手にし，他児のボールなどが当たらないよう Th と相談しながら犬たちを守れる頑丈で特別な空間を作り上げ，ホッとしたような表情となる。剣と盾は必ずそばに置いておく。ボールが飛んできて一瞬固まるが，Th がそのボールを弾き飛ばし〈侵入者だね〉と言うと笑う。その後はときどき飛んでくる侵入者（ボール）をよけるため，二人で剣と盾を持ち，犬たちを守る遊びが続き，楽しんでいる様子が見られた。

　#12では遊戯療法の開始直前や終了直後にプレイルームの外でこれまでのように格好をつけることはなくなり，自然に振る舞っている。粘土遊びでは Th にも協力を求め，時間をかけて様々な色のたこやきを作り上げ，完成すると満足そうにしていた。

　【関係者で話し合い，学校，家庭，児童館，遊戯療法でのAの様子から遊戯療法の終結が決定。あと２回で終わりとなることを告げている。】

　#13の折り紙ではイメージを形にするのが難しい様子。Th もAを真似て三角に折り，ハサミで飾り切りをすると，ハロウィンのお化けのような形になる。それを横目で見ながらAは三角に折ったものに顔を描き，画用紙に貼り付けていく。１体だけ紙に対し垂直に立たせて貼り付け，後ろに貼り付けた３体を守っているかのよう。「真ん中の人が家主。こっちは（右から）お姉さん，お兄さん，弟」と説明。さらに家と外の『境界線』を描き，家の中に「ドア　キンコ」と書かれた枠を作り，鍵穴を複数と，それぞれに刺さる『鍵』までも描いていく。その後，家の外に「けいさつ」と書き，下にAの名前を書き込む。最

**図3.8.1　内と外の境界と守り**

後にThが作ったものを「これちょうだい」と自分の名前の横に貼り付けて完成。〈警察のマークみたい〉と言うと，Aはニヤッとし，満足気に眺めていた（図3.8.1）。剣と盾でこれまでよりも真剣に戦う。「あと10回！」と区切りをつけ退室。

　＃14（最終回）ではAの考えた対戦ゲームをする。その後，剣と盾を使って激しく戦い続ける。かなり真剣な表情でThを倒そうとする瞬間と，物語に入り込む瞬間とが交互に現れる。最後にThは倒され，すぐにAも倒れ，お互いの死で戦いの幕がとじる。しばらく倒れたまま互いに疲れを癒し，起き上がったときにはすっきりとした表情になっていた。テントに入り，ボールを全て天窓から放出し，全てThに拾わせた後，いつものようにテントの中に落としてほしいと言う。それが終わると，最後にこれまでの作品が見たいと，作品箱を開けて眺める。たこやきを作ったときが一番楽しかった，最後まで作れるかじつはとても不安だった，などと当時を振り返る。〈自信をもってチャレンジしていけばきっとできるようになると思うよ。今までそういうAをたくさん見れたよ〉と言うと，「そう？」と照れながらも前向きな表情を見せた。粘土で具がいっぱい詰まった『餃子』と，ゆったりできる『椅子』をAだけの力で作る。いつもと変わらず退室し，退室後の変化も見られなかった。

　【1年2か月後，Aが「久しぶりにThに会いたい」と言ったことで，母親が児童館に連絡し，遊戯療法を再開する。児童館の都合により以前と異なるプレイルームで実施。】

**第3期　震災テーマの出現・陸と海の戦いから復興へ（＃15-＃19：X＋3年～X＋4年）**

　＃15では，一通りお気に入りの遊びをした後，イメージが膨らみ，新たな物語が展開されていく。ボールテントがAの基地となり，反対側の荷物が積み重

なる場所が Th の基地となる。プレイルームの床材がちょうど半分で異なり，「こっちが陸で，そっちが海ね」と言う。ぬいぐるみが家来となり，Th には基地から移動するための船も用意する。A は基地に入り「ここは安全基地だから絶対に破壊されないから大丈夫！」と大きな声で言う。お互いに様々な方法を用いて真剣に戦い，『陸と海』どちらかの世界の生き残りをかけて，壮大な戦いをしているかのような時間に感じられた。最終的に A が勝利するが，お互いの基地は破壊されずに残る。最後に基地からボールを激しく放出し続け，すっきりとした表情で基地から出てくる。

【児童館での遊戯療法支援が終了となり，継続希望の被災児童と保護者を受け入れるための相談室を開設し，A と母親の希望により継続することになった。】

#16，これまでのプレイルームと比べ非常に狭いが，これまでと変わらずの雰囲気で遊び始める。児童館にはなかった【箱庭①】では，玩具を手にして迷わず置いていく。右側に滑り台，ブランコ，街灯の順に置き，電信柱を苦労しながら砂に刺す。テトラポットを手にし，悩みながら右上に置く。自転車，ベンチ，井戸を置くが，後で移動させている。背の高い柵を左側の砂箱の壁に沿って置き，奥の壁にも柵をあるだけ並べる（周囲から入ってこないように守りを強固にしないと不安なのかな？と感じる）。さらに手前には柵で囲まれたスペースも作り，車をびっしりと並べる。左上には大きい船，右上のテトラポットの後ろにヨット。赤い小さな橋を上方の真ん中付近にぽつんと置く。左側にパーキングとストップの標識を並べる。右に赤ちゃん用の馬の乗り物を置き，チラッと他の棚の人間も見るが触ろうともしない。あえて置きたくないのだろうなと感じる Th。「これで終わり」〈ここはどこなんだろう…〉「秘密基地」ニヤッとして駐車場の車を砂に埋め，リフト車で動かそうとするが持ち上がらない。「あ，無理だった」と駐車場に戻す。その後は次々と玩具を乱雑に置き始める。赤い橋を取り除き，駅の歩道橋，電話ボックス，交番，消防署，時計台，の順に置いていく。交番の中にいる警察官については「いないことにする。誰もいない，ここは」と言う（図 3.8.2，図 3.8.3）。

図3.8.2　箱庭①-1

図3.8.3　箱庭①-2

図3.8.4　箱庭②

#17の【箱庭②】では，柵で囲んだスペースに車を並べていき，「車のことならけっこう知ってる。好きだから」などと話す。工事車両や誘導車両を置き，柵の手前の砂を掘ったり，車を潜らせる。最後に右上に電話ボックスを置き，「ガレージ。車少ないのに，こんなに大きいけど…」と（図3.8.4）。

#18の【箱庭③】では，砂を指ででてから，迷わず『危険』と『立ち入り禁止』の看板を手にし，最初は真ん中より前方に置く。少し悩んで奥に移し，看板がしっかり立つように何度も砂に押し付けていた（図3.8.5，図3.8.6）。

#19の【箱庭④】では，右上に大きな岩を置き，次にテトラポットを置くと，ベンチや電柱，街灯，標識，五重塔などを次々に投げ入れ，その上から砂をかけ，埋めていく。両手を使って激しく砂をかけた後，両手で奥へ押しやり（まるで津波がひいていくかのように），その手前に柵を並べ，前回も置いた『危険』や『立ち入り禁止』などの標識を置く。「ここはずっと変わっていない」とつぶやく。しかし，そこから柵の手前に駐車場を作り，工事車両やパトカーなどを丁寧に並べる。工事車両が出動し，車を掘り起こしたり，流木を取り除き始める。その様子はまさに『復旧作業』そのものであり，震災から5年が経過し

図3.8.5　箱庭③-1

図3.8.6　箱庭③-2

図3.8.7　箱庭④-1

図3.8.8　箱庭④-2

た今ようやく震災の表現が可能となったAが，当時どれほどの不安と恐怖と混乱の中にいたのだろうと胸が締め付けられるような思いに駆られた（図3.8.7，図3.8.8）。その後の粘土遊びでは学校生活の様子を語りながら，餃子，シュウマイ，枕と布団を作り，箱庭玩具のサラリーマン人形を布団に寝かせた。それ以降の回では，箱庭に触れることはなくなった。

　【母親より：数日後，熊本地震が発生。Aの反応を目の当たりにして，Aにとって震災体験がいかに大きいものであったかとあらためて気づいた。当時は様々なことが一度に重なり，非現実的な世界に逃避することで，恐怖や不安から逃れようとしていたのだろうと。】

**第4期　文字や表情の絵を用いた感情表出から，自己表現のための『言葉』を獲得するまで（#20-#28：Ｘ＋4年～Ｘ＋5年）**

　#20では，粘土遊びでイメージ通りのものが完成。テントに入って一呼吸おいてから，布製の柔らかい素材で作られたボウリング玩具で対戦することに。Ｔｈに倒し方を伝授するなど，自信と積極性が目立った回であった。

　#21でのボウリング対戦では交互にピンをセットし，全て倒すまでの投球数で競う。喜怒哀楽を身体全体で表現。Ｔｈが負けると，ホワイトボードに書かれたＴｈの点数の上にＡが「ガーン」と書き，表情と言葉が描かれた顔マグネットの中からＴｈの感情に合いそうなものを選んで貼る。ＴｈもＡの勝ってうれしい気持ちを想像して貼り付ける。すると，「これ言葉で言ってみようよ！」とＡが提案し，実際に表情やジェスチャーもつけながら読み合う。やりとりが面白く大爆笑する。多様な感情表現ができたことの解放感が伝わる回であった。

　#22-#27でもボウリング対戦は続き，ホワイトボード上に線を引いてお互いの領域を決め，表情や言葉を次々に書いて感情表出をしたり，交互に相手へのメッセージを書き合い，さらにそれを読み上げる方法でやりとりをしていく。Ａは，回を重ねるごとに豊かな自己表現ができるようになっていった。それに伴い日常生活のエピソードを語ることも増えた。【母親より：文字を書くことが嫌いだったが，しっかりした文章で祖母に手紙を書き，表情のシールもつけてあったという。また，達成できることが増えてきたとのこと。】【自分の感情や考えを表情や言葉を用いて表現できるようになり，内的世界と外的現実の間で混乱しなくなったこと，思春期らしいやりとりが母子間で見られ定期的な来談も難しくなってきたことから，小学校卒業を機に終結することが決定した。】

　その後も会えないまま数か月が経過し，中学入学後の#28（最終回）では中学生活について語り，その様子から日常生活が充実していること，来談することへの違和感を持ち始めたことが感じとれた。友人関係の不安もなく，自己肯定感も保たれている様子であった。これまでの楽しかった遊びについて言葉を選びつつ恥ずかしそうに話し，Ａの思いやりも感じられた。はじめての対話のみの回となった。退室後，ポケットに両手を突っ込み格好をつけて歩いていく

後姿は自然で，まさに等身大のＡの姿がそこにあり，感慨深いものがあった。


## 4. 考　察

### (1)遊戯療法開始まで

　不安の高さは，実際の被害程度によってはかられるものではなく，それぞれの子どもが内的にどのように体験したかで大きく異なる。つまり，震災によって失われた「家族の日常」も子どもたちにとっては十分に喪失体験となり得るのである。また，子どもの多くは，身近な存在である家族の心理状態（不安など）に影響を受けやすく，もともと家族が抱えていた問題などが震災によっていっそう顕在化することもある（佐藤，2017b）。

　震災当時のＡが置かれていた生活状況をみると，震災直前の祖父の死，震災による祖母の変化と入院，母親の震災後の多忙さなど，いくつもの喪失体験が引き起こされている。そして明らかに家族全体が震災の影響を受けやすい状態にあった。まだ幼かったＡを次々に襲った衝撃的な外的現実は，一時的にＡ自身の内的世界の混乱を引き起こしたものと想像された。


### (2)第 1 期～第 2 期

　遊戯療法開始時よりＡの想像力の豊かさから，物語が生み出されていく遊びが中心となっていた。Ａの紡ぎ出す世界に筆者も違和感なく入り込むことができていたが，時折見せる経験したことのない事象へのＡの反応から，Ａのもつ不安の高さは十分に感じられた。♯１で偶然にもプレイルーム出入口ドアの天窓が開いており，Ａがそこからいつも見ている日常風景を高い位置から眺め，見る角度が違えば見えてくる世界も違う，という貴重な体験をし，そのことはＡにとってプレイルームの内と外との境界を意識するきっかけになったのではないだろうか。その直後に平均台などを置いて入口を塞いだことからもＡの心が動いたであろうことは推測できる。しかしその後テントに入り，ぽーっとした後に中からボールを放出し，筆者に拾わせてテントに戻させる。こうしたや

りとりは遊戯療法経過中に何度も見られたが，Ａの内的世界にある混沌とした何かを思う存分放出し，それを筆者の手を借りて「あるべき場所」へ収めていくという一連の流れそのものに，筆者は何か意味があるのではと感じ，丁寧に拾って戻す行為を大事に繰り返した。こうした遊びと遊びの間にテントに入ることもＡの特徴であり，何らかの感情が動かされた後，一気に自分の殻に引きこもるための安心できる場としてテントを用い，バランスをとっていたのだろう。

　＃４，＃５ではよりいっそうＡの創り出すイメージの世界が広がっていくが，それと同時に他児のボールが飛んでくるという外的現実が突きつけられた際，内的安定が脅かされ，落ち着きがなくなり，混乱する様子が見られた。筆者は，震災が喚起される不測の事態への強い緊張が影響しているのではないかと感じながら，Ａが守りたいものを筆者も必死に守り続けた。＃６でとうとう誰からも邪魔されない，Ａにとって安心な空間を見事に創り上げ，特別な鍵まで作るという，大変重要な遊びが展開された。内的世界と外的世界とを自由に行き来できる楽しみが持て，内的な安全が確保できたことで，外的世界を怖がらずに直視できるようになることが期待された。このころより児童館においてもＡの変化が見られるようになっている。＃７からは他児の遊びを眺めるようになり，参考にしつつ色付けしながら新たな遊びを生み出していく。これまでの遊びを通して，外界は自分を脅かす理解不能な世界ではないことを心的に体験し，外界をありのままに受け止めることができるようになってきたと感じられた。

　＃８よりプレイルームの内と外でのＡの態度や雰囲気の差が目立つようになっていく。これまで以上に情動を解放できるようになり，「守る・戦う・癒す」というテーマで遊びが続き，見えない敵と戦って負けてばかりいたＡが，＃11で頑丈な基地を作り，いつ飛んでくるかわからない他児のボールを侵入者として見立て剣と盾で象徴的に倒すことができた。そして＃14では実際にＡと筆者が直接対決をし，お互いの「死」をもって終結を迎える。この死はＡにとっても筆者にとっても「解放感や達成感を伴う死」であり，「次なる段階に進むための儀式」のようでもあり，本気で戦ってきたからこそ得られる感覚であった。

このときはAの主訴がなくなったこと，Aらしさを取り戻したことから終結となったが，おそらくAには次なる段階として，震災体験と向き合う心の作業が必要だったのだろう。残念ながらこの時期の筆者はそのことにまだ気が付けていなかった。

### (3)第3期〜第4期

　1年2か月後，Aの希望により遊戯療法を再開し，＃15でAは見事に「陸と海の戦い」を行い，ここで筆者はAには震災体験との向き合いがもうしばらく必要であることに気づかされることになる。

　児童館における支援活動が終了となり，場所を移して行われた＃16より箱庭に興味を示し，砂箱の枠に沿って柵が並べられ，侵入してくるものからこの場を守ろうとしている様子が印象的であった。テトラポット，駅，消防署，交番，電話ボックス，井戸，船，ヨットなどは筆者にとっては津波を連想させるものであり，砂箱の上部に柵やテトラポットや船などが置かれていることから，柵の向こうが海であろうことが想像された。＃17の箱庭では駐車場をしっかりと柵で囲む。ほとんどの車が工事車両や誘導車両であり，さらに＃18では車は全て取り除かれて『危険』と『立ち入り禁止』の看板だけを置くというシンプルだが緊張感のある場面を表した。

　そして＃19，震災から5年が経過し，ようやくAは箱庭の中で震災そのものを表現することができたのである。変わらない場所もあるが，復興に向けて動き出した場所もあるという被災地の今を見事に表し，外的現実をありのままに受け止められるようになったAの心の復興を感じずにはいられなかった。また，「ここはずっと変わっていない」とAが言葉にしたように，震災によって傷つき混乱したAの内的世界についても，いつまでも変わらない部分と少しずつ変化していく部分があることを象徴的に表しているように思え，揺れ動かなくなったAの成長を感じることができた。この回を境に，等身大の言動や積極性，自信に満ち溢れた態度などが出てくるようになった。粘土やカプラ，ボウリングなど筆者とともに楽しんだり対戦する遊びが増え，＃21以降は毎回ホワイト

ボードを用いて互いの境界線をＡが記入し，それぞれの領域に文字や表情の絵を描いて感情表出したり，相手への意地悪なメッセージを書いて声に出して読み合うといった形で自己表現するための言葉や感情表現の方法を獲得していった。そして最終回では，Ａを取り巻く現実世界の話を言葉だけで表現することができたのである。

　このような経過を辿れた背景には，多忙な中，Ａを連れて来談を続けた母親の，遊戯療法に対する理解と，Ａへの深い愛情があったこともここに記しておきたい。


## 5.　被災児童の心のケアのための遊戯療法の意義

　震災体験によって引き起こされた不安は，その子どもを取り巻く生活環境や家族関係のよい点や問題点などと絡み合いながら，遊びを用いて象徴的に表現される。不安や悲嘆などを心に溜め込んだ子どもたちの遊びは，けっして楽しいものばかりではなく，震災を再体験するものや，失われた家族の日常を表現する空虚なものなど，苦痛を伴って展開されることも少なくなかった（佐藤，2017a）。被災児童の遊戯療法において，震災がイメージされるような遊びや，悲惨な体験そのものが表現されると，セラピストは戸惑ったり，胸が引き裂かれそうになることもあるだろう。しかし，そのような瞬間こそ目を背けずに「子どもたちの negative な表現をこそ受け止めねばならない」（山中，2008）のである。筆者も支援活動を通し，子どもたちの心の回復を早めるためには，深層にある喪失感や不安や怒りなどを遊びの中で自由に表現すること，安心して遊べる場を保障すること，子どもたちの心の動きに寄り添うことが重要であると実感している（佐藤，2015）。そして，子どもたちの抑え込んでいた情動が解放されていくときこそ，子どもの「語り」によりいっそう心耳を澄まし，取り戻したいもの，象徴的に再生したいものは何であるのかと思いを馳せながら，子ども自身の力で困難と対峙する様子を見守り続ける役割を遂行してきた。

　児童館での遊戯療法支援を継続していく中で特徴的であったのは，震災がテ

ーマとなる遊びが落ち着いたり，主訴が消失したり，症状の回復に向かっていくと，「それぞれの子どもの発達課題やもともと抱えていた家族の問題がテーマとなって遊びに現れてくる」というものであった。震災支援の特性上，その段階で終結を迎えた事例もあるが，保護者や本人の希望により継続している事例もあり，その後の大きな余震や，他県の災害によって喚起される不安などが遊びを通して再現されることもあった。しかし，その再現の際には，以前よりも明確な表現や言葉によってその不安が語られ，不安や恐怖を抑え込んだり溜め込んだりせずに表出しやすくなっていることが確認された。このことからも，子どもの心のケアにおいて，災害後の早急な遊戯療法を用いた支援が有効であると示唆されよう。

　子どもの心の安定を取り戻すためには，土台となる家族の安定や，日常生活場面で接する大人の心理的安定と子ども理解は欠かせない。そのような意味においても，家族の震災体験への心のケアのため，また子ども理解を深めるための保護者カウンセリングの実施も並行する必要がある。さらに支援場所の職員は震災後より休みなく働き続けていることから，必要に応じて職員の心のケアを行うことや，職員とのコミュニケーションも大切にすべきである。子どもを見守る大人たちが協働してかかわりつつ，お互いに尊敬と労いと感謝の気持ちを持って丁寧に接していったこともまた，被災地における遊戯療法支援が意義深いものとなったもう一つの側面ではないだろうか。このような地域の施設を用いて協働して行う遊戯療法による支援活動モデルが今後の災害支援のあり方に多少なりとも寄与するところがあればと切に願う。

〈文献〉
伊藤良子（2005）．〈心の器〉としての遊戯療法の場から見えてくる子どもの今　東山紘久・伊藤良子（編）　京大心理臨床シリーズ3　遊戯療法と子どもの今　創元社　pp. 339-352.
伊藤良子（2014）．被災地における集団遊戯療法の意義　今泉岳雄（研究代表）　東日本大震災を体験した子どもを対象とした遊戯療法についての考察　日本臨床心理士資格認定協会第4回臨床心理士研究助成研究成果報告書（未公

刊）

河合隼雄 (1967). ユング心理学入門　培風館

佐藤葉子 (2015). 大震災が子どもに与えた影響　伊藤良子・津田正明（編）　情動学シリーズ3　情動と発達・教育――子どもの成長環境　朝倉書店　pp. 84-99.

佐藤葉子 (2017a). コラム12　被災地における遊戯療法　小林真理子・塩﨑尚美（編著）　乳幼児・児童の心理臨床　放送大学教育振興会　pp. 190-191.

佐藤葉子 (2017b). 事例6　学童期の不安と震災支援――震災により感情抑制的となった児童の遊戯療法事例　青木紀久代・野村俊明（編）　これからの対人援助を考える　くらしの中の心理臨床④不安　福村出版　pp. 42-45.

山中康裕 (2008). 遊戯療法　「精神科治療学」編集委員会（編）　児童・青年期の精神障害治療ガイドライン（新訂版）　精神科治療学, 第23巻増刊号　星和書店　p. 93.

# ⑨ 高齢者における遊戯療法

門馬　綾

## 1. 高齢者の心理療法

　日本は今，かつてないほどの高齢化を経験している。平均寿命が延びたことによって，「老後」と言われる時間が延伸した。高齢期をいかに過ごすかということは，超高齢社会を生きるわれわれにとって大きな関心事であると言えるだろう。このような社会の流れを背景に，医療・介護，社会保障など様々な領域において，高齢者ケアの充実を目指した取り組みが積極的になされている。心理臨床も例外ではなく，高齢者の心のケアについては多くの研究や実践の報告が積み重ねられている。臨床現場において高齢者に出会う機会は今後もますます増えることが予想され，心理臨床に携わるものとして，高齢者の心理療法について様々な角度から検討を重ねていくことが求められている。

　高齢期には，役割の変化・喪失，親しい人との離別，身体の衰えや病気の罹患，住環境の変化など，その人の人生にとって重大な意味をもつ出来事に遭遇することが多くなる。そのような体験がきっかけとなり，心理的危機に陥る高齢者もいる。うつ病や神経症，認知症や身体疾患の終末期など，精神科治療の対象となる様々な状態において，薬物療法や環境調整などと並行して，心理療法が有効となる場合があるという認識が広がっている。

　黒川（1998）は「高齢者に対する心理療法は，他の年齢層に対するものと基本的に異なるものではない」が，「一見高齢期の問題と無関係と思われるケー

スでも，面接を行い，じっくり話を聞いてみると『老いのプロセス』の影響が
ないことはまれである」と述べている。高齢者の心理療法においては，「老い
のプロセス」の影響に対する理解と配慮に基づく，柔軟な対応が求められる。

　たとえば，身体機能，認知機能の低下や障害によって言語によるやりとりが
難しい場合には，必要に応じて，言語以外のコミュニケーション手段を工夫す
る必要があるだろう。加齢や疾患の影響で疲れやすくなっている高齢者には，
面接が過度な負担にならないよう，日時や場所の設定などの面接構造に工夫が
必要な場合もある。高齢者に心理療法を導入する際には，心理的側面だけでな
く，身体機能や認知機能，社会的背景などにも細心の注意を払い，面接のあり
方を考えていく必要がある。また，高齢者の心理療法に臨むものとして，「高
齢者の人生の歩みに心から敬意を払い，その声に耳を澄まし，尊重する」（黒
川，2005）姿勢が求められている。

　高齢者の特徴に配慮したアプローチ方法としては，回想法や音楽療法，ダン
スセラピーなどが用いられている。音楽療法やダンスセラピーなどは，身体や
感覚に直接働きかけることによって，言葉を介さずとも心の交流を図ることが
できる。対象となる人に合わせて様々な形で応用することも可能であり，幅広
い臨床場面で活用されている。また，近年では，高齢者とのかかわりに箱庭や
風景構成法を用いた報告もなされている（浅田ほか，2010，千葉ほか，2017な
ど）。これらの報告からは，高齢者の心理療法において，その人それぞれの内
的世界の表現が成されることとその理解の重要性，そのためにイメージ表現を
用いることが有用であることが示唆されている。

　本節では，高齢者の心理療法として遊戯療法を用いることについて検討する。
遊戯療法は通常子どもの心理療法において用いられるものであるが，上に挙げ
たように，高齢者の心理療法として用いられているアプローチ法の中にも遊び
の要素が含まれていると考えるのならば，高齢者に対しても遊戯療法を用いる
ことは可能であるといえるだろう。ここでは，うつ病患者との心理療法過程を
紹介し，高齢者の遊戯療法について考えてみたい。

## 2.　事　例

### (1)事例の概要

　Aは80歳近い男性である。心理療法を開始した時点で，他機関での治療も含めて10年以上うつ病の治療を続けていた。朴訥とした印象の男性で，しゃんとした佇まいは実際の年齢よりも若いように見えた。しかし，その表情は苦々しさに満ち，口はへの字に固く結ばれていた。人生を振り返り，胸に残っているしこりを整理してみてはどうかと医師に勧められ，薬物療法と並行して心理療法が導入された。

　Aは山間の農村で生まれ育った。10代のころに奉公に出されたが，「このままでは人に使われて終わってしまう」との思いから，3，4年で奉公先を出て，建設関係の仕事を始めた。その後20代で会社を興している。時代の趨勢に流され，かなり苦労をした時期もあったようだが，Aの度胸と実直な努力，粘り強さでなんとか乗り切り，営業所を何か所ももつほどに会社は成長した。今はその会社を息子に譲って第一線からは退いており，会社の近くで妻と二人暮らしをしている。リタイアした今も毎日妻と一緒に会社に行き，社内の自室で誰と話すでもなくTVを観て時間を過ごしているということだった。

### (2)経　過

#### 第1期　描画の導入まで　(＃1-＃4：X年10月)

　初回面接でAは，「昼間行くところがないから」面接に来たのだと言い，「うつ病」に困っている，と言葉少なく述べた。調子の悪さは，義歯の合わなさ，夜間の頻尿，頭のぼーっとした感じや目のかすみなど，加齢に伴う変化とも思われる身体症状として表現された。長年熱心に取り組んできた趣味も，腰や膝の痛みによって諦めなければならず，それがうつ病の悪化に拍車をかけたとも感じているようであった。身体の不調に合わせて様々な医療機関を受診してはみるものの，どこへ行っても身体的な異常は見つからず，「うつ病がよくならないと身体もよくならない」と言われてしまうということだった。毎朝健康の

**図 3.9.1　＃ 4 で描いた最初の交互色彩分割法**

ために 1 時間の散歩を欠かさず、漢方を試したり、新しい趣味を見つけようとしたりと、なんとかうつ病がよくなればと行動しているようではあったが、どれも功を奏していないようだった。

　＃ 2、＃ 3 と面接を重ねても、自発的に話されるのはもっぱら身体的な不調と薬が合わないという話で、ふとスイッチが切れたように固くなって俯き押し黙ってしまうことが続いた。仕事やかつての趣味の話をするときにはいくらか柔らかい雰囲気になるものの、こちらの質問に言葉少なく答え、具体的な出来事の表層をさらっと語るのみであった。話の内容からは、身体のことや今後の生活に対する不安を抱えていることは想像されたが、情緒的なものはどこか遠くに抑え込まれているようだった。苦しみは、言葉で表現する限り、心気的な不安や薬へのこだわりとしてしか訴えるすべがないように思われた。そこで、言語以外の表現として、描画を試みることにした。

　＃ 4、暗く固い様子と、筆者がつながりにくさを感じていたことから、相互にやりとりのあるような、遊びの要素の含まれたものがよいのではないかと考え、まず相互スクイグルを提案した。Aは、絵を描くこと自体には抵抗はないようであったが、「色を塗るのはできるけど、何かに見立てるのはなぁ…」と考え込み、筆者のなぐり描きをクレヨンでなぞるだけで終えた。「色を塗るのはできる」という言葉から、次に交互色彩分割法を紹介した。Aのペースや疲れなども考慮して、B5サイズの画用紙を使用した。セラピスト（以下、Th）が枠を描き、交互に分割線を描き入れ、ある程度まで分割が進んだところで、今度は交互に彩色を行う。まず Th が分割線を描き入れて見本を示すやり方もあるが、ここではAに最初の分割線を描いてもらうことにした。図 3.9.1 は最初の交互色彩分割法である。Aはまず空間を縦半分に機械的に区切った。その後も筆者の線を真似た線を描くことが多く、やや機械的なやりとりが続いた。

しかし彩色になると，「もう一つ塗ってみようか」と2か所続けて彩色するような様子も見られ，表情も和らいだ。彩色をしながら，「もう治らないんだろうね。うつ病がさ…」と呟くように話し始め，「グラウンドゴルフをやってて，『治った‼』と思ったことはあったんだよ。スッキリして。でももう諦めたよ…」と辛そうに顔を歪めた。

　描画の影響か，Aの語りにはこれまでにない情緒的な彩りが加わったように感じられた。Aがこの方法を気に入ったように見えたこともあり，面接に交互色彩分割法を取り入れていくこととした。

## 第2期　描画を通した関係づくり（♯5-♯12：X年11月〜X＋1年1月）

　描画を開始した当初は，描画を通して，主にAと筆者との関係づくりが成されたように思われる。

　♯6では，胸の辺りの苦しさや目のかすみを訴えたが，表情はこれまでよりも明るく感じられた。描画では，直線や曲線を織り交ぜた線が自由に描かれるようになった。彩色は，「色を選ぶのが難しいなあ…」と言いながらも，バランスを考えながら丁寧に行われ，♯4の描画よりも濃い色合いになった。途中，「もう一つ塗りたいな」と続けて彩色する場面もあった。♯7で，Aは仕上がった絵を見て「この辺（筆者が塗った青）は暗いね。でもこれ（Aの塗った薄紫）が入ったから明るくなったね」と話した。Aはどこをどちらが塗ったかは把握していなかったが，それぞれが補いあったり，引き立てたりしていると感じているようだった。

　♯9，体調が悪い，胸が締め付けられると苦しそうな様子であったが，描画を始めると表情が幾分和らいだ。彩色では，体調が悪いことを話しながら黒や茶色を多用した。筆者もAのトーンに合わせた落ち着いた色を多く使った。最後の一枠の彩色が筆者の順番になり，何色を塗るか迷う筆者にAは「ピンクがいいんじゃない？」と助言した。暗いトーンの描画が，ピンクが入ることで柔らかくなった。そうやって完成した絵をAはじーっと時間をかけて眺め，「品がある」と一言感想を述べた。

　♯10は，話をするうちに時間がなくなり，描画導入後，唯一描画を行わなか

った回となった。うつ病を治すためには薬を減らす必要があるが，薬を減らして眠れなくなるのではないかと心配だと話し，「こわがりなんだよね，俺は…」とこぼした。その後，若いころ一緒に飲み歩いていた友人を60歳のころに亡くしたこと，家族のことなどを話し，終了時間となった。Aは「今日はやらないの？」と描画をやりたい様子であったが，〈時間なので次にまた〉と伝えた。この回，はじめて身体症状や薬の話という形ではなく，自発的に自らの話をしたように筆者には感じられた。

　#11，最初の描線を描きこむ際に「考えて描かないと…先生，難しい線描くからなー」といたずらっぽく笑った。「今日は地味にいこう」と彩色をしながら，「10年もうつが治らないなんて，情けないよ」「あと何年生きられるんだろうって考えるよ」としんみりと話した。

　#12の描画では，「難しいな…難しい…」と言ってなかなか最初の描線を描きこめずにいたが，「あんたが区切ってくれるだろうから…」と言って，やっとの思いで線を描きこんだ。二つの山のような線だった。これにどう応じるか，筆者もずいぶんと悩み，Aの描線に接する線で空間を小さく区切った。彩色では，「今日は明るくいこう」と，中央付近の領域を赤で塗ることから始めた。彩色をしながら，「景気がよくなったから，身体も景気がよくなったかな」と笑ったり，「3連休だからいいね」と話したりした。この回以降，彩色はAが中央を赤で塗ることから始まるようになった。心臓のようにも見えるこの中心の赤について，Aは「バランスをとるため」だと言った。

### 第3期　描画による表現（#13-#39：X＋1年2月〜10月）

　描画を通したやりとりを重ね，Aとの関係が築かれつつあると感じられるようになるのと並行して，描画の中に，あるいは絵を描くという行為そのものの中に，様々な表現がなされるようになった。描画をしながら語られるAの話も，話をしながらのぞかせるAの表情も，じつに多くのことを物語っていたように感じられた。

　#17，「今日は明るくいこう！」と赤を塗りながら，目の不調について話した。「目がかすんじゃうのがね…これじゃあ何をしても楽しくないよ。歳のせ

いもあるのかもしれないなぁ。ねぇ」
と筆者に答えを求めた。「そうなんで
すかね…」とどっちつかずの返答をす
る筆者に，Aは「そうでしょ。目も悪
い，歯も悪い，うつ病，じゃ，クズだ
よ。人間のクズになっちゃった」と吐
き捨てるように話し，その後は，茶色
や灰色を多用した。筆者はAの思いに

図3.9.2　#17の交互色彩分割法

返す言葉もなく，Aの塗った茶色や灰色が暗く沈まないようにと明るい色を選
んで黙々と彩色を続けることしかできなかった。Aは，仕上がった描画を見て
「塗っていくとなんとかまとまるもんだなぁ。いいんじゃないの？」と感想を
述べた（図3.9.2）。

　#25，この日のAは「身体がだるく，ぼーっとする」と暗い表情であった。
描画では，いつもほど悩むことなく機械的に描線を描き入れ，ぱっぱと色を選
んだ。暗色を多用しいつもよりも雑に色が塗られ，これまでの半分くらいの時
間で描画を終えた。完成した描画を眺めてしばらく黙り込んだあと，「学校に
行けばよかった」と呟いた。小学校を出た年に終戦となり，進学はせずに家業
を手伝うことを決めたという。「自分がもう勉強はいいって言って，行かない
ことにしたんだからね…」と言いつつ，後悔がにじんでいるように感じられた。

　#28，「頭がぼーっとするのがひどくなって調子が悪い。調子が悪くなると
イライラして家族に迷惑をかける」と暗い表情であった。描画では，彩色中，
「ほおーきれいになったなぁ…」と繰り返し，仕上がりを見ながら「ここでこ
うやってあんたと（描画を）やってると，心が広がる。広がって，明るい気持
ちになるね」と話した。

　#30，友達にもらったうつ病の本を読んだという。「えらい病気になっちゃ
ったな〜。楽しいことが何もないよ。楽しくないんじゃしょうがない」「うつ
病を治すためには，薬を減らすんでしょうよ。あんまり薬を飲んじゃダメみた
いだね」と話した。その後彩色をしながら「クレヨン，いろんな色があるけど，

使いこなせないね…」「半分（薬を減らすこと）が本当に大きいよ」と言った。クレヨンを使いこなせないという言葉にのせて，いろいろと試してみても合う薬がないことの苦しさが表現されたようだった。

#39,「下痢をしていて，いつ出るかわからないのが心配だ」と話した。その後の彩色時，クレヨンが枠線をはみ出すと，「あーあ，はみ出ちゃった。だらしねえなぁ…」と呟き，情けなさを滲ませた。筆者はAのはみ出した部分をカバーするように彩色をした。それを見て，Aは「ほぉ～，きれいになったなぁ…」としばらく沈黙し，「車に乗ってあるければ…」と話し始めた。近所にある会社への往復以外は，家族に車の運転を止められているという。「会社に行けば暇をしない。だから毎日行っている。だからね…土日がね…苦しいんだよ。…することがなくて」と苦笑いする。〈車に乗ってあるけたら，行きたいところが？〉と尋ねると，「グラウンドゴルフに行きたい」と話した。

**第4期　過去，老い，死（#40-#74：X＋1年10月～X＋3年4月）**

このころになると，描画による表現と合わせて，この面接のテーマでもあったと思われる，これまでの人生について，老いや死についても語られた。

#40では，彩色をしながら，妻が買ってきたもので食事を済ませることへの不満を語り，「養老院に行こうかな。気楽でいいんじゃない」と話し始めた。「弟や妹と一緒に暮していたころ，俺がごはんの仕度をしていた。仕事で疲れて帰っても，やっていたんだ。仕事には雨の日も風の日も行った。『Aさんにはかなわない』って言われていたくらい，真面目に一生懸命やってきたんだ」と淡々と，しかし誇らしげに話した。当時の恋人の話もして「そういう人もいたんだよ…へへへ」と照れ笑いをし，かなわなかった思いを語った。「田舎から出てくるとき，片道の汽車賃だけ持たされて，『嫌になったら逃げてこい』と言われた。嫌になっても逃げて帰れないじゃない。いくらかわからないけど，親は奉公先からお金をもらっているんだから。汽車を降りたら焼け野原で驚いたよ…」「若いころは飽きるほど遊んだ。あのころは楽しかった。あっという間だった。お金なんて残っていても何にもならないよ。楽しくなきゃ」と過去を振り返った。

　#41，最初の描線を描くことに難渋し「難しいんだよな…」と呟く。筆者が線を加えて返すと「うわー，難しいぞ」とゲームに興じるような笑顔をのぞかせた。クレヨンを選びながら鼻歌を歌い，仕上がりを見て「いい色になった」と満足そう。〈最初に線を描くのは難しい？〉と尋ねると，「土台でしょ。そこから二人で切っていくんだから。土台だから難しいよ」と話した。

　#48，「正月は休みが長くて辛い。調子が悪い」と話した。描画では，"はいみどり"で一角を塗り，「なんだこれは。あか抜けない色だな…」と呟いた。描画を終えたあと，妻が認知症になったため，「自分が面倒を見るようになる。そしたらカウンセリングを卒業するしかない」と話す。筆者は，妻や家族の様子を確認し，今はまだ通える状況のようなのでA自身の治療も大切にしてほしいと伝えた。Aは「はいよ」と短く答えた。

　#49，妻の世話を忙しい子どもたちには任せられないと言う。彩色をしながら「認知症っていうのは怖いねぇ…家に二人でいたら，『まだ帰らないの？』って言うの。さみしくなっちゃったよ。ぞっとした。怖かったよ。なんであんなこと言うんだろう…やることとられちゃったのがよくなかったんでしょ。俺だってそうだよ。土日は家にいるのが苦しくなっちゃう。やることがないっていうのはね。…親戚が最近亡くなった。そういうのもあるんでしょ。年をとるっていうのは怖いね。もう治らないなんて…」と話した。

　#51，彩色をしながら，「今まで苦労して働いてきて，これからゆっくりというときだったのに，今度は病気なんてかわいそうだ」と妻に対する思いを語った。「若いころ，女房と飲まず食わずで頑張って築いた財産なのに…。田舎から出てきて働いて，苦労をたくさんしてきたのに」と悔しそうに話した。妻のことに自分のことを重ね，自分のことに妻のことを重ねて語っているようだった。

　このころから，妻の面倒を見なければならないから，体調が悪いから，という理由で，3週間4週間と面接の間隔が空くようになった。これまで健康のためにと欠かさずに出かけていた早朝の散歩にも「集中力がないから行かれない」と徐々に出られなくなり，一気に老けこんでしまったように見えた。

**図3.9.3　#74の交互色彩分割法**

#56，彩色をしながら，「好きな人と結婚したらよかったかもしれない」「女房だったから会社もうまくいったのかもしれない」と言い，「昔，知り合いの医者に『頭が悪いから取り替えてくれ』と言ったことがあった。そしたら『今の脳みそでそこまで商売を大きくして十分だ』と説教されたことがあった。替えたからって今よりもよくなるとは限らない」と話した。

#61では，「調子が悪い」と言い，描画に取り組む様子も力のない感じだった。仕上がりを見て「これは失敗だ。今までにこんなことはなかった。最低だ…」と吐き出すように言った。「車の運転ができれば自分で病院に来られるんだけど」と通院の送迎をしてくれる子どもを気遣ったり，「この年で散歩に行かれなくなるなんて恐ろしいことだよ」と失う怖さを話したりした。

通院が途切れ途切れになりながらも，その後も面接に来ると，Aは黙々と描画に取り組んだ。調子の悪さには波があり，「もう年だから，どこかしら調子の悪いところはあるでしょ」（#66）といつもよりも調子がよさそうに見えるときと，「ぽーっとする。苦しい」ととても辛そうに訴えるときとがあった。このころになると，身体的にも通院はやっとのようだった。#74で描かれた描画は，これまでにない構図となった（図3.9.3）。中心の赤の領域に他のすべての領域が接しており，曼陀羅のようにも見える仕上がりとなった。描画中，Aは口数少なく黙々と彩色を続けていた。「来れそうだったら連絡するよ」という言葉を最後に，この回で面接は終結となった。

## (3)考　察

### 心の「遊び」を創り出す

身を粉にして働き，幾多の苦労を乗り越えてきたAが第一線を退いて目の前にしたのは，家族や友人との死別，会社からの引退，身体的な衰え，これまで

当たり前にできていた車の運転や趣味ができなくなってしまったことなど，多くの喪失体験であった。どれも，AをAたらしめていた大切なことであった。それを失ってきたこと，そして失いつつあることは，Aにとっては非常に受け入れがたいことであったのだろう。「うつ病さえよくなればうまくいく」と回復を願って薬に執着すること，散歩や趣味を頑張ることでしか現状と折り合いをつけることができなかったのではないかと思われた。

　長い間，生活の大半を「うつ病を治す」努力に費やしてきたAの心は，まるで「あそび」のないハンドルのように硬く凝り固まっていた。そのような状態では，次々と生じる身体的不調の対処に追われるばかりで，自らの人生を振り返って気持ちを整理したり，そこに新たな意味を見出すような心の作業をする余裕はなかったように思われた。なんとかAの心に「遊び」ができればと考えた末の試みが，交互色彩分割法であった。

　交互色彩分割法では，支える，交わる，ぶつかる，避ける，距離を置く，といった直接的なやりとりが描画を通して生じてくる。Aとの交互色彩分割法は，黙々と続くキャッチボールのようなときもあり，オセロや囲碁のように相手の出方次第のゲームのようなときもあった。そのようなやりとりを重ねるうちに，これが本来のAなのだろうと感じられる表情やユーモアを垣間見ることも徐々に増えた。交互色彩分割法によってAと筆者との間に「遊び」が生まれ，それが関係性の構築や，心の表現につながっていったと考えられる。面接の中で展開される「遊び」が，うつ病を治すために頑張る，努力する，という方向だけではなく，のびのびとした自由な時間をもたらし，そこに内界と向き合うのに必要な心の「遊び」が創り出されたのではないだろうか。

　Aの直面していた問題は，老いや死など人間の実存的な問題にかかわる根源的なものであり，それを言葉でのやりとりの中だけで表現するのは難しいことであったと考えられる。言葉にならない苦しさや虚しさ，やるせなさが，描画を通して表現され，筆者もまた，より感覚的にそれを感じることができたように思う。また，描画による表現が言語表現をも推し進めたようにも感じられた。Aがこれほどまでに熱心に描画に取り組んだのは，言葉では言いつくせないも

のを表現する手段，それを他者と共有する手段となったからだと考えられる。

**様々な出来事や思いを統合する**

　Aは絵を描きながら，これまでの人生で起こったこと，家族のこと，身体の不調，後悔やふがいなさなど，様々なことを語った。毎回仕上がった絵を見ては，「おさまったな～」「途中どうなるかと思ったけど，なんとかなるもんだ」「バラバラだけど，いいんじゃない」「ちゃんとまとまったね。まとまることはいいことだ」などと言って，面接を締めくくった。エリクソン（Erikson, E. H.）は老年期の心理的課題を「統合」と「絶望」という言葉で表したが，Aの中にも「波乱の多かった人生のさまざまな経験を，ひとつの意味あるパターンにまとめ上げたい，という欲求」（エリクソンほか，1990）があったのではないだろうか。バラバラに塗られた色が枠の中に，Aによって塗られた赤を中心に，一つの絵として納まっていくことと並行して，Aの語ったこと一つ一つも心に納め直す作業が続いたように思う。


## 3. 高齢者と遊戯療法

　遊戯療法とは，本来子どもに対して行われる心理療法である。子どもは遊びによって様々な自己表現を可能にし，自らの心の安定を取り戻す。遊戯療法の場において，「子どもがその心をしっかりと受け止められるとき，すなわち，その場が〈心の器〉となったとき，彼らは生死に関わる原初的な次元の困難と対峙する遊びを自ら生み出していく」（伊藤，2005）のである。これは子どもの遊戯療法に限らず，どの年代の心理療法においても様々な形で生じることであると言えるだろう。箱庭や描画に表現されるイメージの中に，言葉のやりとりの中に，遊び心に託されて，クライエントの様々な心の内面が表現されるのである。角田（2005）が，子どもの遊戯療法も大人の心理療法も「本質的には心の『遊び場』の提供を目指しており，遊びがもつ治癒力に期待しているのである」と述べているように，子どもに限らず，心理療法が「遊び場」としてクライエントの表現の器となることが重要となる。

　高齢者の場合，子どものように設定された面接時間を「遊び尽くす」ことはできないかもしれないが，その人それぞれにあったやり方，テンポで遊ぶことができるとき，その人にとって意味のある創造や変容がもたらされるのではないだろうか。「高齢者臨床におけるケアに関しても，『遊び』をいかにとりいれるか，一人ひとりの高齢者の遊びを深めること，そのための場を創出し，遊び感覚が自由にのびのびと表出されるための援助を行うことは極めて重要な課題である」(黒川, 2002) と言えるだろう。


## 4. おわりに

　戦後，日本社会の復興，成長を支えてきた人たちが，今高齢期を迎えている。がむしゃらに生きてきた人たちが，ようやく自分のための時間を持てるようになったとき，Aさんのように心理的な危機を迎え，心理療法の場を訪れることになる場合もあるだろう。過酷な人生を生き抜いてきた一人ひとりの高齢者にとっての「遊び」の意義を，高齢者における心理療法の重要な視点として考え続けていきたい。また，高齢者の場合，様々な事情で来室が困難になるときが来る。その点についても今後，検討していきたい。

〈文献〉
浅田剛正・運上司子・椎谷杏紀子・中村規子・佐藤美希・橋田望・齋藤恵美 (2010). 風景構成法を介した高齢者とのかかわり——特別養護老人ホームでの事例から　新潟青陵大学大学院臨床心理学研究, 4, 25-32.
千葉友里香・木村大樹・皆本麻実・岡部由茉・細川佳菜・山﨑基嗣・武田和也・不和早央里 (2017). 特別養護老人ホームにおける認知症高齢者の継続的な箱庭作成について——見守り手との関係性を中心に　箱庭療法学研究, 29, 51-64.
エリクソン, E.H., エリクソン, J.M., & キヴニック, H.Q. 朝長正徳・朝長梨枝子 (訳) (1990). 老年期——生き生きしたかかわりあい　みすず書房 p.310.
伊藤良子 (2005). 〈心の器〉としての遊戯療法の場から見えてくる子どもの今

東山紘久・伊藤良子（編）　京大心理臨床シリーズ3　遊戯療法と子どもの
今　創元社　pp. 339-352.

角田豊（2005）. 遊戯療法と大人の心理療法　東山紘久・伊藤良子（編）　京大心
理臨床シリーズ3　遊戯療法と子どもの今　創元社　pp. 117-118.

黒川由紀子（編）（1998）. 老いの臨床心理——高齢者のこころのケアのために
日本評論社

黒川由紀子（2002）. 高齢者臨床におけるケア——遊び，笑い，色　臨床心理学，
$\mathbf{2}$(4)，447-452.

黒川由紀子（2005）. 老年臨床心理学——老いの心に寄りそう技術　有斐閣

第 4 章

遊戯療法の理論

遊戯療法の場に生じる子どもたちの遊びは，われわれの想像を超える表現であることが少なくない。そのような遊びを理解することは困難ですらあるが，しかしながら，セラピストは，その場にあって，子どもの表現を守り，大切に受け取る経験を重ねるとき，先人の理論が大きな助けとなって，子どもの心の理解を深めることができるに至るように思う。

　本章では，遊戯療法の基盤となった下記の三つの理論を取り上げる。子どもの遊びの意味をどのように理解し受け取るのか，子どもとの信頼関係はどのように生まれるか，子どもの成長はどのようにして生じるか，子どもとの間における言葉はどのような働きをし得るのか等々，セラピストとしての本質的なあり方について考える手がかりが与えられよう。

①精神分析理論：「解釈」について
②ユング心理学：「象徴とイメージ表現」について
③子ども中心療法：「受容と共感」について

　精神分析理論においては，まず，精神分析的心理療法で重視されている解釈について，その具体例・意義・解釈をする際の留意点が示され，遊戯療法のあり方をめぐってなされたクラインとアンナ・フロイトの論争，子どもに対する解釈の必要性，子どもが解釈の言葉を理解できるか等に関して述べられる。

　ユング心理学においては，無意識からのメッセージをどのように受けとるか，象徴について，象徴言語や全体性・円のモチーフ・ヌミノースの観点から，また，イメージ表現について，その具象性・直接性・自動性・多義性・象徴性，さらに，イメージ表現の特徴とその治療的意義に関して述べられる。

　子ども中心療法においては，八つの基本原理，とくに，受容と共感について，アクスラインの事例における具体的な場面を取り上げ，検討される。過酷な人生を歩んできた子どもにおける実際的な要求をセラピストはどのように受容し得るか，共感はどのように伝え得るか等，セラピストの態度に関して述べられる。

# ⓵ 「解釈」について

## ――精神分析理論

竹内　健児

## 1. 精神分析療法の原理

　精神分析的な遊戯療法の理論について述べる前に，まず精神分析とは何かについて見てゆくことにしよう。精神分析とは，オーストリアの医師，ジクムント・フロイト (Freud, S.：1856-1939) が19世紀末に創始した，人の心を「無意識」の観点から深く探究する方法である。そこには，私の心の中には「私の知らない私」がいて，私はその影響を受けているという基本的人間観がある。その方法を心身の疾患の治療に適用したものは「精神分析療法」と呼ばれる。また，精神分析の方法は医学以外の領域，すなわち心理学，文学，芸術学，社会学，宗教学，人類学等の領域においても応用され，20世紀の思想界に大きな影響を与えた。

　では，精神分析療法の原理はどのようなものだろうか。たとえば，自分でも馬鹿らしいとわかっていながら必要以上に手を繰り返し洗い，そのために生活に支障が出て，相談に来る人がいる。これは「洗浄強迫」と呼ばれる症状を持った「強迫性障害」と考えられる。精神分析療法と並んで主要な心理療法の一つに行動療法があるが，強迫性障害の行動療法では曝露反応妨害法という治療技法が用いられる。これは，「強迫観念とそれによる不安や不快さが高まるような状況へクライエントを曝露させておいたうえで，この能動的回避としての強迫行為をとらせないという手続き」(鈴木・神村，2005) であるが，要するに，

229

何か不快な刺激があって手を洗いたくなっても知らんふりをして洗わずにいると，最初は洗いたくて仕方がないが，それでもなお洗わずにいると次第に慣れてきて不安が減り，最終的に洗わずにいられるようになる，という原理に基づく。一度やればよいというものではなく，時間をかけて根気よく繰り返し練習するのだが，いずれにしてもこれは症状に直接働きかける方法と言える。

　これに対して，精神分析は症状に直接働きかけるのではなく，症状の背後にあるものに目を向ける。つまりそのような症状が出るのは，心の中に本人も気づいていない何かがあるのではないかと考えてみるのである。この何かが「無意識」の心理である。その「何か」は，性愛的な，あるいは攻撃的な，あるいは自己愛的な欲望かもしれない。そうした欲望を抱くことが社会道徳や個人の信念に反すると感じられると，その欲望は危険なものとみなされ，不安が生じ，その危険に対して何らかの防衛策を試みなければならなくなる。たとえば，他者に対して憎しみを抱くと，たとえそれを何らかの行動に移さなくても，気持ちを抱いただけで罪悪感を覚えたり，報復を恐れたりすることがある。そのような状況が続くことは辛いので，それに対する防衛として，憎しみを向けているはずの相手に対して妙に謝るとか，過度に優しく振る舞うといった行動を取ることがあり得る。あるいは，ある人に憎しみを抱いて「死んでしまえばいい」と思ったことで，今度は「本当に死んだらどうしよう」と不安になり，それが現実に起きないための儀式として手洗いを繰り返すという症状が生じるかもしれない。

　人からいじめや虐待を受けて心を深く傷つけられた人の中には，人とかかわりたいという欲望を心の中にもっていても，その欲望を自分で感じた途端に，人と会うことは危険だという恐れの感情が湧いてきて，ひきこもるという防衛策を取る人がいる。あるいはかつて自分が奴隷のように屈辱を味わわされたことへの恨みから，人に対して絶対的支配者として振る舞おうとし，傷害事件を起こす人もいる。これらは，自分が受けた体験をうまく心の中で消化できずに苦しんでいる姿と理解できる。もちろん傷害などの反社会的行為はけっして許されるものではないが。

　精神分析療法はこのように症状の背後にある心の苦しみや，そこから症状や「不適応」行動が生み出されるメカニズムを突き止めていく，探索的で発見的な技法である。その防衛方法が最初から適切でなかったにせよ，最初は適切だったのが時間の経過に伴って徐々に適切でなくなってきたにせよ，症状や不適応行動は，その対処法がうまく機能していないことのサインである。裏返せば，背後にある心の動きが解明され，より適切な対処法が見つかれば，もはや症状を出す必要はなくなるので，症状は消失すると考えられる。

## 2. 精神分析療法の方法

　では，精神分析療法では，どのような方法で分析者の心の中を探索していく[(1)]のであろうか。フロイトが行った精神分析療法では，分析者は寝椅子に横たわり，分析家は分析者の頭の側に椅子を置いて座るという構図がとられる。つまり分析者から分析家の姿は見えない。分析者は横たわって，心に浮かんでくることを取捨選択せずにすべて分析家に話すことを求められる。これは「自由連想法」と呼ばれる。そして分析家は，語られる連想内容（夢を含む）やそれを語る際の発話の乱れやその他の失錯行為から分析者の心を分析していくのである。しかし「心に浮かんでくることをすべて」と言われても，「こんなことは言いたくない」という「抵抗」が働くものである。また，自分のことを話すはずが，分析家はこういう人だとか，分析家はこう思っているに違いないというように，いつしか分析家のことを直接にあるいは暗に話すようになる。フロイトは分析者の分析家に対する認識には，誰か過去に出会った重要な人物に対する感情やその分析者のもつ対人関係パターンが反復されていると考え，それを「転移」と呼んだ。分析家はこうして語りや語り方，抵抗，転移などから分析

---

（1）本節では，分析を受けにきた人を「分析者」と呼ぶことにする。「被分析者」と呼ばないのは，受け身に分析されるだけの人ではなく，自らを分析する人だという意味においてである。

者の無意識的心理を分析し，分析者に伝え返す。それが「解釈」である。分析者はそれをもとに，自分の身に起きていることについて，あるいは自分の中から自分に影響を与え続けているものについて「洞察」を深める。分析者はこうした作業を繰り返すこと（「徹底操作」）で自己知を深め，自分の中にあって自分を苦しめ続けてきたものから解放される。精神分析療法は週に4，5日のペースで行われ，数か月，場合によっては数年間にわたって続けられる。

## 今日の精神分析

　精神分析療法はフロイト以後も理論的に発展し，自我心理学，対象関係論，対人関係論，自己心理学，ラカン派などの学派を生んでいる。実施方法の面でも変化があり，今日では，寝椅子は用いず，対面で，週に1〜3日行われる形がとられることが多い。これは「（標準型）精神分析療法」に対して「精神分析的心理療法」と呼ばれる。また，フロイトが重視しつつも技法的に十分発展させるには至らなかった転移と逆転移の分析が深化し，それに基づく解釈の方法が洗練されてきた。「逆転移」とは分析家の側に生じてくる認知や感情であるが，それには分析家の個人的なコンプレックスから生じてきているものと，転移への反応として生じてきたものとがある。後者であれば，自分の中に湧いてきた逆転移感情を吟味することが，転移の理解につながることになる。今日の精神分析療法では転移と逆転移の解釈が技法上の中核的位置を占めており，「転移分析療法」あるいは「転移―逆転移分析療法」と呼ぶ方がその中身をより的確に表現しているのではないかと思えるほどである。

## 3．精神分析的心理療法における解釈

### ⑴解釈の概念と具体例

　ここからは，より広く精神分析的心理療法について述べる。分析家は分析者の自由連想を受け身に聞き入り，分析者の心を分析する。その連想を邪魔しないよう，あまり多くは語らない。とはいえ，ときには能動的に言葉を発するこ

とがある。それは「介入」と呼ばれる。ギャバード（Gabbard, G. O.）（2012）は，精神分析家による様々な介入を表出的—支持的連続体として概念化し，「解釈」「観察（観察したことを指摘するのみで説明することはしない）」「直面化」「明確化」「詳述の奨励」「共感的認証」「心理教育的介入」「助言と賞賛」の順に並べている。その中でもっとも表出的な（洞察を促す）介入が解釈である。

　この「解釈」という言葉は精神分析の内部においても異なった意味合いで用いられることがある。一つは分析者の心に対する分析家の理解（あるいは推論）という意味である。たとえば，「夢解釈」と言われるときには夢のもつ意味の理解を指している。もう一つは，そうした理解（推論）の分析者への言語的伝達という意味合いであり，先述したように，より大きな概念である介入の一種をなすものである。本節では，主に後者の意味で解釈という言葉を用いている。

　馬場（1999）は解釈の例として，「父親がどうしても許せない，憎らしいと思っているのは，気を許して仲良くすると，たちまち支配されるという恐れがあるからなのですね」，「自分をつねに厳しく点検して，欠点を探しているのは，そうしていないと思いがけないときに叱られるという，小さいときからの思いを，今も持ち続けているからでしょうか」，「何かをやってみるのが恐いのは，もしできてしまったら，何もかも一人で責任を取らなければならないと思っているからなのですね」などを挙げている。

## (2)解釈の意義

　心理療法では，何学派であれ，クライエント自身の気づきが何らかの形で重視されるが，単純化して言えば，精神分析的心理療法では分析家の解釈によって促進される洞察が強調され，人間性心理学ではクライエント自身による気づきが強調される。もっとも，精神分析的心理療法でも解釈によらず自分自身で気づくことは生じるわけだし，人間性心理学の一派である来談者中心療法のセラピストも何も言わずにフンフンとうなずいているだけではなく，ときには自分の考えを自己一致の態度（純粋性）をもって語るわけだから，その違いを排他的なものとして論じることは適切ではなかろう。

　心理療法全体を見渡したとき，セラピストが解釈などしなくても，受容的共感的態度をもって傾聴していくと，一人でしゃべり，一人で変わっていくように思えるクライエントもいるから，セラピストの解釈がそうしたクライエントのもつ自然治癒力や成長力を妨げるようであってはならない。だが，人から指摘してもらわないとなかなか気づけないこともある。クライエントにすれば，私の身に起きているわけのわからないことや，私の心の中にあるモヤモヤの正体が，セラピストによって適切な言葉で明らかにされるとき，「まさにそうだ」という腑に落ちる感覚が，ときには驚きを伴って湧き起こることだろう。

　日常場面での例を挙げよう。何だかよくわからないがともかく無性に腹が立っていて，それが周囲の人にもわかるほどであるとき，周囲の人から「まあまあ，そう怒らずに」と宥められる場面がある。宥められることでホッとすることもあるが，しかしそれでいつも怒りが収まるとは限らない。そんなとき，ある人から「それはこれがこうだから腹が立っているんじゃないの？」と冷静に，しかも好意的に言ってもらった途端，「ああそういうことか，それでこんなに腹が立っているんだ」と思い，次第に怒りが鎮まってくることがある。怒りの感情が一掃されるかどうかは別だが，少なくとも「わけもなく，無性に」という部分は取れるので，その分だけ自分の中の怒りと付き合いやすくはなるだろう。怒りへの対処というと，その怒りをどうやってコントロールするかに主眼を置き，その怒りのもつ意味は問わないという方法もあるが，精神分析はその怒りの正体をよく見てやることで怒りに対処するのである。

　怒りだけでなく，恐れにしてもそうである。怖い夢を見て，目覚めた後も恐れの感情が残っているとき，その夢を誰かに伝え，自分の中の得体の知れないものがその誰かによって適切に説明されるなら，それはもはや恐れるべきものではなくなるだろう。「幽霊の　正体見たり　枯れ尾花」である。

　精神分析家による解釈の機能とは，分析者の身に何が起きていて，分析者の中でどんな心の動きが生じているのかを分析者自身が把握できるように援助することである。それによって，分析者は自己知を深め，心の苦しみから解放されたり，苦しみを遠ざけずに抱え続けていけるようになるだろう。

## ⑶解釈をする際の留意点

　解釈にはこのような意義があるが，個別の場合を考えてみると，すべての解釈が分析者に有益な効果をもたらすとは限らない。解釈によって，指摘された側が自分について深く考えるきっかけを得て，「指摘してもらえてよかった」と思えればその解釈はうまくいったと言えるが，「ピンとこない」ということもあるだろうし，「指摘されてしまった」とか「嫌なことを言われた」という負の感情を引き起こす可能性もある。そうした否定的な反応が生じる場合には三通りがある。

　一つ目は，その指摘自体は正しいのだけれども，指摘されたほうがそれを理解できない場合である。分析者が自己知を深めていくペースよりも伝えるのが早すぎたなら，たとえ正しい解釈であっても，分析者には理解できない。言葉遣いの工夫もいるだろう。心理学用語を使うよりも，できるだけわかりやすい言葉のほうがよい。分析者が以前に使った言葉を使うと伝わりやすくなる。

　二つ目は，その指摘自体は正しく，分析者はそれを頭では理解できるけれども，それを受け入れられない，受け入れたくない場合である。傷つけられたように感じれば，最悪の場合セラピーを止めることもあり得る。他方，しばらくすると，「言われたときは不愉快だったけど，言われてみればたしかにそうだ」と認めることもある。解釈には適切なタイミングというのがあり，同じ言葉であっても，分析者の心にすっと入っていく場合とそうでない場合がある。機が熟すと言えばよいだろうか。それは，対話が深まった程度，分析者側が自分の心に取り組んだ程度に応じて決まる。また，分析家がどれだけその解釈に確信をもち，解釈の言葉を磨いたかによっても違ってくる。

　三つ目は，指摘そのものが的を射ていない場合である。解釈はあくまでも分析家によるその時点での仮説の提示であり，つねに正しいとは限らない。「自分は正しいことを言ったが，分析者は受け入れなかった」と必ずしも言えないはずなのだが，そうした一方的な受け止め方に陥ってしまう危険がある。そうならないためには，自分の仮説の正否について両方の可能性を考えておくべきであるし，同時に，解釈に対する分析者の反応をしっかりと見て次の対応につ

なげる必要がある。

　解釈はあくまでも分析家側の仮説にすぎないのだから，断定的な言い方は避けるほうがよい。「お話を伺ってきて，私はこんなふうに感じたんですけど，どう思いますか」のような尋ねる言い方をすると，対話促進的になる。つまり，分析家は「答えを知っている者」としてその答えを告げようとするのではなく，解釈を通して心の対話がさらに深まるようにするのである。


## 4. 子どもの精神分析療法とその歴史

　子どもの精神分析療法の話に移ろう。フロイト（2009）は，1905年に『性理論のための3篇』で幼児性欲について論じ，心理―性発達理論と呼ばれる発達段階説を提示した。しかしそれは子どもの直接観察によるものというよりも，大人の分析を通して理論化されたものである。また，フロイトは1909年にハンスという少年の症例報告を残しているが（フロイト，2008），これはハンスに直接会って治療したものではなく，相談をしてきたのは父親であった。

　子どもに対して直接に精神分析療法を行った先駆者は，1910年代にウィーンで実践を行ったフーク＝ヘルムート（Hug-Hellmuth, H.：1871-1924）であるが，子どもの精神分析の理論化を行った重要な人物は，メラニー・クライン（Klein, M.：1882-1960）と，フロイトの末娘であるアンナ・フロイト（Freud, A.：1895-1982）である。この二人は子どもの精神分析についてイギリスで1920年代に激しい論争を繰り広げた。その主張については，それぞれの著作集で読むことができる（フロイト，A.，1981；クライン，1983）。現在では，子どもの精神分析療法において教育的かかわりが必要だと考えられていない点，遊びを象徴的に解釈することが可能であるとされる点，子どもの分析でも転移が生じるとされる点などでは，クラインの主張が支持されていると言えよう。他方，アンナ・フロイトが主張していた親からの情報収集と環境調整の重要性については，クライン派の後継であるポスト・クライン派においても支持されており（平井，2009），その差は90年前よりも縮まっていると言ってよいだろう。

## 5.　子どもの言動から子どもの心をどう読むか

　子どもの精神分析的心理療法において，分析家は子どもの言動から，本人も
まだ気づけていない無意識の心理をどのように読み解いていくのだろうか。

　相談機関によっては，学校の夏休みや冬休みに合わせて，セラピーに比較的
長期の休み期間を設けているところがある。そうした場合，セラピーが休み期
間に入る前の心の準備をしてもらうために，子どもにいくらか早めに予告をし，
休みに対する不安などの感情を扱えるようにするが，予告をしたときに見せる
子どもたちの反応は様々である。たとえば，休暇期間に入る4週間前に〈8月
の1か月間はセラピーも休みになるよ〉と伝えた途端，「え？　セラピー，も
う終わりなの？」と驚いた反応をする子どもがいる。セラピストはカレンダー
を一緒に見ながら，〈いや，セラピーが終わりなんじゃなくて，夏休み前の最
後の回がこの日だってこと。夏休みが終わったら，9月の＊日にまた始める
よ〉といった説明をする一方で，この子は夏休みになると聞いてなぜ「セラピ
ーが終わりになる」と思ったのだろう，と考えてみる必要がある。

　セラピーがしばらく休みになることで不安を覚えるのは自然なことだとも言
えるが，それだけが理由とは限らない。これがもし，生まれ落ちてまもなく施
設に預けられたり，保護者がコロコロと変わったりして，特定の大人と安定し
た密な情緒的関係をもった経験が乏しい子どもだったらどうだろう。そうした
子どもたちは，ある人と信頼関係がいくらか結ばれたかのように見えても，
「この人もまたいつか，いとも簡単にいなくなってしまうのではないか」とい
う不安を抱いているかもしれない。「休みになる」と聞いた途端に，その不安
がやはり的中したと早とちりをして思った可能性も考えられる。

　その子が夏休み前の最後の回の冒頭で，メモ用紙のような紙を一枚，ポケッ
トから取り出し，これに再開の日付を書いて，と言ったとする。そこには，
「僕は再開の日をちゃんと覚えていられるかなあ」という不安と，「セラピスト
は本当に再開の日を覚えていてくれるのかなあ」という不安が混在しているよ
うに感じられる。あるいは，書かれた紙をお守り代わりに持っておきたいとい

う願望もあるかもしれない。

　セラピストが要求に応じて日付を書いた紙をポケットにはしまわず，部屋の棚の上に置いておき，終わり際，紙を置いたまま帰ろうとする子どももいる。ただの度忘れだろうか，それとも何か意味があるのだろうか。〈大事なものを忘れているよ〉というセラピストの指摘に対して，その子が紙をわざとクシャクシャにしてポケットに入れたとしたらどうだろう。〈あれ？　大事だって言っている＊君と，こんなもの要らないって言っている＊君と，二人いるみたいだよ〉と言ってみることもできるが，そう言いながら，セラピストの心には，せっかく書いたのにどうしてだろうという戸惑いや寂しさの感情が湧いてくるかもしれない。

　この子は，自分が書くように頼んで書かせた紙をなぜ置いて帰ろうとし，またその後クシャクシャにしたのだろうか。セラピーが休みになることに腹が立っているのだろうか。「セラピストは休みの間，僕のことなんか忘れているに違いない」と思って腹が立っているのだろうか。もし，これが施設に入所していて，夏休みの間も自宅に帰られない子どもなのであれば，誰も迎えに来てくれないことに腹を立てているのだろうか。「セラピストは休みの間，僕のことなんか忘れているに違いない」という，セラピストに向けられた，寂しさを含んだ怒りは，「お母さんは休みの間，僕のことなんか忘れているに違いない」という怒りとつながっているのだろうか（転移）。紙を置いていかれそうになり，さらにクシャクシャにされたことでセラピストの中に生じた戸惑いや寂しさの感情は，その子自身が感じている思いの反映なのだろうか（逆転移）。

## 6. 子どもの精神分析的心理療法と解釈

### (1)解釈の必要性

　子どもの精神分析的心理療法において分析家は，精神分析的な概念を駆使して，子どもの言動に表現されている意味や感情を適切に受けとめようと努力する。遊びも同様で，砂遊びであれ，ゲームであれ，ごっこ遊びであれ，子ども

は遊びを通して自分の心を表現しているのだと考える。注意すべきなのは，子どもの遊びがある外的事実を表現しているように見えるときでも，それは現実のたんなる描写ではなく，子どもの空想が混ざり合っていることである。つまり，その事実を子どもがどのように受け止め，どう体験したかが表現されているものとして理解する必要がある。

　そして分析家は，自分が理解を深めるだけでなく，理解したことを折を見て子どもに伝え返す。解釈の意義が，その子の身に何が起きていて，心の中でどんなことが動いているのかを子ども自身が自分で把握できるように援助することにあるのは，大人の場合と同じである。子どもはその解釈に反応してまた新たな表現をする。そうやって心のやりとりを重ね，子どもが新たな体験をすることがセラピーになるのである。

　クライン（1985）が，「子どもの精神分析をするための前提条件は，遊びによって表現される子どもの幻想や感情や不安や体験を治療者が理解し解釈してやること，そして，もし遊びが制止されている時にはその制止の原因を理解し解釈してやることである」と述べるように，精神分析的な遊戯療法では，解釈は重要な位置を占める。

　学派間の違いを明らかにするために，これを来談者中心的遊戯療法の代表格であるアクスライン（Axline, V.：1911-1988）の考えと比較してみよう（第4章❸も参照）。アクスライン（1972）は解釈をできるだけ排除し，子どもの発言に表現されている情動的態度を子どもに「反射」することで，子ども自身がそれをよく理解する助けとすると主張し，反射と解釈の違いを次のように例示している。

　　　反射：「その男の子はおうちから追い出されてこわがっているのね。そこには流砂があるのね。この子は泣きさえしてお母さんにこわいっていってるのね。でもお母さんはしゃにむに行かせて，その子は砂の中に埋まるのね。」

　　　解釈：「あなたはこわがっているのね。でもお母さんはあなたのこわがっていることには目もくれず，それでなおいっそうあなたはおびえている

のね。」

　前者は表現されていることを描写しているだけであるのに対して，後者は子どもの心の中で起きていることを推測して言葉で伝えているという違いがあることがわかるだろう。ただし，精神分析の中でも，イギリスの精神分析家で小児科医でもあったウィニコット（Winnicott, D. W.：1896-1971）が，来談者中心的遊戯療法のアクスラインの考えに賛意を示しているのは興味深い。ウィニコット（2015a）は，解釈を重視する精神分析の中にあって，遊ぶこと自体の治療的意義を説き，重要なのは「賢い解釈をする瞬間」ではなく，「子どもが自分で自分に驚くとき」だと述べている。

## (2)子どもは解釈の言葉を理解できるか

　ところで，子どもは解釈の言葉をどの程度理解できるのだろうか。これについては，フランスの精神分析家で，独自の身体像論を展開したフランソワーズ・ドルト（Dolto, F.：1908-1988）が，あるセミナーで取り上げている例を紹介しよう（Dolto, 1982）。

　　ある子ども病院で数日前にこんなことが起きました。その日の午後に入院した生後18か月の子どもが，真夜中に，病棟中を駆け回ったり，他人のベッドによじ登ったりと，ひどく不安定になったのです。看護師はとうとう看護師長を呼び，その看護師長は今度は当直の若い研修医を呼んで，その子に鎮静剤の注射をするように頼みました。

　　その若い女性の研修医は，注射の代わりにその子を腕に抱いて，こう話し始めました。「たぶんパパとママをあっちこっち探し回ったのでしょう。パパとママは今おうちで寝ていてあなたのことを考えているはず。この時間はみんな寝ているのよ。でも，あしたになればパパやママが子どもたちに会いに来るわ」。その子は注意深く聞いていました。それから研修医がその子をベッドに連れ戻すと，その子はすぐにウトウトしだしました。看護師は「注射と同じくらい早かった」とブツブツ言いました。（参加者から笑い）

　これは精神分析的遊戯療法における解釈の例ではないが，たとえ幼い子ども
であっても解釈の言葉を理解する力を有していることがわかるだろう。ドルト
は，「私がこの例を出したのは，子どもを助け得るのはまさに言葉だというこ
とを示すため」だと言い，「統一を与え，安心を取り戻させる真の関係とは，
言葉の関係です。なぜなら言葉の関係は，子どもにとって安心を表す存在から
生じるものであり，子どもにその安心の存在について伝えるものだからです」
と強調している。子どもは大人が真摯に伝える言葉を「自分なりに」理解する
力をもっている。そのことに対する信頼が解釈という行為を支えていると言っ
てよいだろう。

　ここまで，遊戯療法の精神分析理論について，他学派との違いや，精神分析
内の違いについても触れながら検討してきた。精神分析的遊戯療法に関心をも
たれた方は，ウィニコットの事例が詳細に記された『ピグル』（ウィニコット，
2015b）や，ドルトによる事例が豊富に紹介されている『子どもの無意識』（ド
ルト，1994）を読んでみられることをお勧めする。

〈文献〉

アクスライン，V.　小林治夫（訳）（1972）．遊戯療法　岩崎学術出版社

馬場禮子（1999）．精神分析的心理療法の実践——クライエントに出会う前に
　　岩崎学術出版社

Dolto, F. (1982). *Séminaire de psychanalyse d'enfants, tome. 1.* Seuil.

ドルト，F.　小川豊昭ほか（訳）（1994）．子どもの無意識　青土社

フロイト，A.　岩村由美子ほか（訳）（1981）．アンナ・フロイト著作集第1巻
　　児童分析入門　岩崎学術出版社

フロイト，S.　総田純次（訳）（2008）．ある五歳男児の恐怖症の分析〔ハンス〕
　　総田純次（責任編集）総田純次・福田覚（訳）　フロイト全集10　岩波書店
　　pp. 1-176.

フロイト，S.　渡邉俊之（訳）（2009）．性理論のための三篇　渡邉俊之（責任編
　　集）渡邉俊之・越智和弘・草野シュワルツ美穂子・道籏泰三（訳）　フロイ
　　ト全集6　岩波書店　pp. 163-310.

ギャバード，G.O.　狩野力八郎（監訳）・池田暁史（訳）（2012）．精神力動的精神療法　岩崎学術出版社

平井正三（2009）．子どもの精神分析的心理療法の経験――タビストック・クリニックの訓練　金剛出版

クライン，M.　西園昌久ほか（編訳）（1983）．メラニー・クライン著作集1　子どもの心的発達　誠信書房

クライン，M.　渡辺久子（訳）（1985）．精神分析的遊戯技法　メラニー・クライン著作集4　妄想的・分裂的世界　誠信書房　pp.157-181.

鈴木伸一・神村栄一（2005）．実践家のための認知行動療法テクニックガイド――行動変容と認知変容のためのキーポイント　北大路書房

ウィニコット，D.W.　橋本雅雄・大矢泰士（訳）（2015a）．改訳・遊ぶことと現実　岩崎学術出版社

ウィニコット，D.W.　妙木浩之（監訳）（2015b）．ピグル――ある少女の精神分析的治療の記録　金剛出版

# ② 「象徴とイメージ表現」について
## ——ユング心理学

吉川　眞理

## 1. ユング心理学と遊戯療法

### ⑴カルフ夫人の箱庭療法

　ユング（Jung, C. G.）自身は，直接子どもの心理療法にかかわることはなかったのだが，ユング派による分析心理学の様々な理論や概念は，遊戯療法にも豊かな示唆を与えてくれる。ユングの指導を受けて直接に子どもの心理療法に携わった心理療法家として，アメリカのシカゴで私立学校のスクールカウンセラーとして活動していたウィックス夫人（Wiches, F.）と，ユング派の箱庭療法を創始したカルフ夫人（Kalff, D. M.）を挙げることができる。ウィックス夫人は，思春期の子どもたちの心理的支援を行った実践に基づき，子どもたちの心理的不適応が両親の無意識の影響を受けていることを明らかにしようとした。一方，チューリッヒのユング研究所で訓練を受けていたカルフ夫人は，ユングの勧めで児童の心理療法に携わるようになり，ロンドンにおいてローエンフェルト（Lowenfeld, M.）の世界技法を学んで，チューリッヒにおいてユングの分析心理学に基づいた箱庭療法を発展させた。

　カルフ夫人の箱庭療法では，子どもたちは，遊戯室の壁一面の棚に並べられた多くのミニチュア玩具を自由に用いて砂箱の中に自分が作りたい世界を作ることができる（図4.2.1）。

　ユング派の観点より，その作成プロセスそのものは，成人の夢やアクティ

**図4.2.1　旧ユング研究所の一室で今も使用されている箱庭療法室**

ブ・イマジネーションと同様に、非言語的なイメージを媒介とした心の深い部分に由来する表現として取り扱われる。箱庭が作成される場において、セラピストはその心の世界の表現をクライエントと共有するのである。

　ここでカルフ夫人は、「子どもの治療を行う場合には、自由であると同時に保護された一つのある空間を我々の関係の中に作り出すということを自分の任務としてきた」(カルフ、1999) と述べている。こうした信頼関係において〈母と子の一体性〉の状況が再現され、そこに新しい人格発展の可能性が内包されていると論じられている。

### (2)箱庭療法と遊戯療法

　このような箱庭療法における治療的な態度や子どもたちの体験は、遊戯療法全体にも通じるものであろう。たとえば、ある大学附属の心理相談室の遊戯療法室には、箱庭の砂箱やミニチュア玩具だけでなく、子どもたちが室内で遊べる玩具（ゲーム盤、遊戯用バットやラケット、刀、やわらかいボール、人形、ままごと、子ども自身が乗れる車、トンネル、大きな砂場等）が備えられている。子どもたちは、広い室内で玩具を使って遊んでもよいし、砂箱の中に何かを作ってもよいのである。

　筆者がかかわったある遊戯療法の例をあげてみよう。

　　遊戯療法室にやってきた男児Aは、水を注入するとチューリップが開く玩具に水を注ぎながら、「花に水やりすぎたらどうなるか？　死んでしまう。ウェー」と独り言をつぶやいていた。Aは、たびたび、激しい周期性

嘔吐症のため入院を繰り返していた。入院すると母親が付き添ってくれるので，Aは母親にゆっくり甘えることができ，まもなく症状が軽快して退院するのだが，自宅に帰るとまた症状が再発し入院するという繰り返しであった。周期性嘔吐症は，自律神経の不安定な幼児・児童にみられる自律神経失調症状と考えられているが，Aのように遷延化してしまう場合には，症状言語，身体的な表現としてとらえる必要があるだろう。

Aは，「周期性嘔吐症」によって何を表現しようとしていたのだろうか？

　ある日のセッションで，箱庭を前にしたAは，「恐竜が出てきました。これものすごく大きい。深い池から出てきた！」と，恐竜を動かして家や牧場を踏み潰した。そこに象が登場する。セラピスト（以下，Th）に「この象，全部あつめて！」と指示を飛ばし，象の次に，ワニ，そして草食恐竜も総動員となった。そこに，肉食恐竜や宇宙戦士が襲いかかってくるが「象，水を鼻に入れて，チュッとやる！」と撃退される。やがて箱庭の棚から各種の動物たちが2頭ずつ登場して，箱庭の枠の上での一騎打ちが始まった。一方の牙が他方の体に刺さる等，激しい血みどろの戦いの末，負けた動物は箱庭の中に転がされていく。終了時には，箱庭には，累々と屍が積み重なっていた。この箱庭にカバーを掛けてAは「このままにしておいて」と退室した。Thはこの箱庭の写真で記録をとり，次回にはこれを再現してAを待った。

　翌週の回でAはカバーを外し，屍になって横たわっていた動物と恐竜たちの一騎打ちの戦いを再開した。今度は負けた者が箱庭の外に放り出されていく。そして，とうとう箱庭の中は草食恐竜だけが残った。しかし，次の一瞬には，いったん放り出された肉食恐竜と動物たちが再び箱庭に放り込まれ，時間終了を告げると「今度の今度，二組に分かれて決闘な！」と言い置いて，「終わった！」とつぶやき，さわやかな表情で退出した。

　体調が回復して退院の日が近づいてきたころ，Aはガンベルトを腰に巻き，地球防衛軍のヘルメットをかぶった。そしてThと，決闘が始まった。

二人でプレイルーム中を走り回り，銃を撃ち合い，剣を交える。Aは物陰にいる Th を追い立て討ちかかってくると思うや，弾をよけるために派手に砂場に転がり込む。白熱した戦いの中で，Th がバキューン！　と銃を撃つと，「死んだ！」と声が返ってきた。とまどう Th は〈え？　誰？〉と問うと「僕」。ヘルメットとベルトをはずしたAは，静かに青いガンダム人形を箱庭に埋めた。「色塗ろ」とビー玉の半分だけに色を塗り，「ビー玉の改造」とつぶやいた。

　このように実際の遊戯療法を振り返ってみると，遊戯療法室における遊戯（プレイ）そのものが，心の劇（プレイ）として全身を使った心の表現であることがわかる。とくに，箱庭を備えた遊戯療法室では，心の表現は，箱庭における表現と，遊戯療法室の空間いっぱいを使った「遊び」の二元構造をもって，展開している。

　子どもと Th がともに，ファンタジーを体現して動き回る「遊び」は，箱庭以上に，動きを伴う心の表現としてとらえることができるのである。

　この観点より，ユング派のカルフ夫人の箱庭療法において基盤となっている分析心理学の理論やアプローチは，そのまま遊戯療法における遊び全体の理解にも十分適用することができると考えられる。

　次項では，遊戯療法場面で出現する象徴とイメージ表現に対するユング派の理論を紹介したい。


## 2.　遊戯療法における象徴表現

### ⑴象徴とは何か

　ユングにとって象徴は，意識で理解されない心理学的事実が独特の方法で表現されたものであった。彼は，「人間の理解の範囲を超えたものが無数に存在するのだから，我々は，定義できないものや完全に理解することができない概念を表現するために象徴的言葉をしばしば使用する」と述べている（ユング，

1975)。

　この定義に従えば，象徴が表している「それ」について，私たちはけっして言葉で説明することができないことになるだろう。

　それでもカルフ夫人は，ユングの著作を引用しつつこれを説明しようと「子どもは幾千年をも経てきた象徴言語の表現として，遊び，絵を描き，色を塗る。大人たちもまた，この象徴言語の表現として，意識的にしろ無意識的にしろ，あらゆる時代，あらゆる文化の中に，自分の全体性を表現してきたのであった。この象徴的表現においてある特別な役割を演じているのが〈円〉と〈四角〉なのである。ユングによれば，〈円〉というものは，"完全性と完全なる本質との象徴であり，天，太陽，神，また人間やこころの原像についての全てに行き渡った表現である"。」と述べている（カルフ，1999）。

　子どもに限らず大人においても，象徴言語は，私たちの心の全体性を表す可能性を持つ。それは，私たちの心にヌミノース[1]を呼び起こす。それは，自我の力を超えて私たちを圧倒し，抗しがたい魅力とともに近寄りがたい畏怖を起こさせるものと考えられている。

　たしかに，箱庭の事例では，心の変わり目にさしかかるところで，箱庭に円のモチーフが現れることがある。図4.2.2は，筆者がかかわった小学校6年生の女児Bの箱庭である。来談して二度目に作られた箱庭であった。箱庭の中心に石で囲まれた泉が湧き出しており，動物たちが水を飲みに集まっている。カルフ夫人によれば，泉は円や四角によって構成される心の全体性の象徴であり（カルフ，1999），彼女は自分自身の心の深いところにあるエネルギーの源とつながった感覚を箱庭で表現してくれたように思われるのである（図4.2.2）。

---

（1）ヌミノース：オットー（Otto, R.）の『聖なるもの』（2010）で記述された用語。「我々の自我の力をはるかに超えた圧倒感，抗しがたい魅力，そして近寄りがたい畏敬の感情を起こさせるようなある体験」をいう。

図4.2.2　小学校6年生Bの箱庭

### (2)遊戯療法における象徴の出現

図4.2.3　陰陽太極図

　さて，遊戯療法において，象徴はどのように出現するだろうか。先ほどのAの事例で，彼が最後に半分だけ青く色を塗ったビー玉は，彼にとっては象徴的な表現であったように思われる。青く塗られた半球と塗られなかった半球が二つ合わさって一つの球となる表現は，中国思想の陰陽太極図を思わせる（図4.2.3）。

　「陰陽思想」は，全ての事象は，それだけが単独で存在するのではなく，「陰」と「陽」の相反する形（たとえば明暗，天地，男女，剛柔，夏冬，昼夜，動物／植物，能動／受動，吉凶など）で存在し，それぞれが消長を繰り返すという思想である。重要なことは，陰陽二元論が，この世のものを，善一元化の観点で，善と悪に分ける善悪二元論とは異なるということである。陽は善ではなく，陰は悪ではない。陽は陰が，陰は陽があってはじめて一つの要素となる。それぞれが森羅万象を構成する要素に過ぎず，相反しつつも，一方がなければもう一方も存在し得ない。森羅万象，宇宙のありとあらゆる物は，相反する陰と陽の二気によって消長盛衰し，陰と陽の二気が調和してはじめて自然の秩序が保たれると説明されている。

　すさまじい怒りや破壊への衝動を，反復される2頭の一騎打ちとして表現したAは，Thとの撃ち合いで死んで「埋葬」を行った。ビー玉の半球を塗る行為は，ビー玉の改造だという。彼が最後にプレイルームに残した半分だけ青く

塗られたビー玉が，何を表しているのだろうか？

　Aも，そしてThも，それを言葉に示すことはできない。けれども，この半球だけ青く塗られたビー玉は，不思議なことに今も，Thの心の中のいきいきとしたイメージとして浮かんでくるのである。象徴を言葉で説明することはできない。しかし「象徴には個人を強力に惹きつけ魅惑する主観的な力強さがある。それは心的エネルギーを解放したり変容させる，生きている有機体である。…象徴は生きている。」（Edinger, 1973）。

## 3. 無意識からのメッセージ

### (1)フロイトの無意識とユングの無意識

　ユングによる心の理解は，フロイト（Freud, S.）の心の局所論から出発している。フロイトの局所理論によれば，意識の領域は自我によって把握されている領域であり，言語化可能で，それと気づくことのできる心の領域である。これに対して，無意識の領域は，いまだに自我によって把握されていない心の領域をさしている。その内容は，自分の心の一部であると認識されていない。

　フロイトは，この無意識の内容として，意識にとって認めがたい心的内容を想定していた。それは，いったん意識によって体験されたものの，抑圧されて無意識に追いやられたと考えられている。それは，個人的体験に由来する内容である（フロイト，2010）。

　これに対してユングは，フロイトの想定した個人的な無意識以外に，時代や文化を超えて多くの人に共通する集合的無意識に着目した（ユング，1982）。その無意識の内容には，個人的に体験されたものだけでなく，生来的に備わる心的内容の形式があり，これを元型と名づけ，その後元型論を発展させた。

　フロイトの考えた無意識とユングの考える無意識との対比を表4.2.1に示した。

　この表に示されているように，フロイトにとっての無意識は，自我によって意識から排除された内容であり，これを意識に再統合することが心の発達をも

表4.2.1　フロイトとユングによる無意識のとらえ方の対比

| フロイト | ユング |
| --- | --- |
| ・生まれた子どもの心はタブラ・ラサ<br>・無意識の内容は，生後の経験から派生したものであるが，自我によって排除されたもの<br>⇒排除された内容（無意識）の再統合が心の発達をもたらす | ・無意識には生後の経験から派生した個人的無意識ばかりでなく，集合的無意識が存在している<br>⇒意識は方向性を持つが，無意識は意識の持つ一面性を補償する方向で作用する |

表4.2.2　個人的無意識と集合的無意識

| | |
| --- | --- |
| 個人的無意識 | 意識の方向に合わないために，意識化を抑止された素材<br>個人の過去の記憶の断片 |
| 集合的無意識 | 微弱なため無意識の中に取り残された要素<br>十分な閾値に達していない空想の混合物 |

たらすとした。これに対してユングにとっての無意識は表4.2.2のように個人的無意識から集合的無意識までのスペクトラムを成す。そこで無意識はつねに自我の持つ方向の偏りを修正するように補償的に作用するとされた。

## (2)ユングの個性化理論

　ユングは，1916年に執筆された「超越機能」において，意識と無意識の補完性についてまとめている（ユング，1996）。これによれば，意識の機能は本来ある方向性をもつために，その方向性と一致しないものは捨象され，自らを狭めてしまうのである。あまりに意識が一面化してしまうと，意識の機能の幅を拡大するためには，意識から締め出された無意識の内容を意識に取り入れる必要が生じる。このようなときに，心理療法において無意識の内容を媒介する夢を取り上げ扱うことが意識の偏向の修正のために役立つという仮説がユングの夢の分析理論の基礎となっている。さらにユング自身はその心理療法実践において，夢と同様に，個人の空想や作品も同じように無意識が反映されていると考え，これらを分析の素材として扱っている。このようなイメージ表現やその過程を尊重する臨床的姿勢の有効性は，今も多くの臨床家を分析心理学に魅きつける力となっているのであろう。

　フロイトの精神分析理論が自我による意識的な自己認識であり，これに対し

てユングの心の理論は，無意識のもつ補償作用によって展開していく。それは自然そのもののように，意図をもたず，バランスをとり，時間の経過とともに外界との相互作用の中で本性が展開していく過程と理解されている。このようなユング独自の，無意識による，意識に対する自然で自発的な補償的機能は，『自我と無意識の関係』において詳細に論じられている。またパーソナリティの個人差・多様性と類型化について述べられた大著『タイプ理論』においても，パーソナリティの発達に関する理論として，心に備わっている可能性を発現する過程としての個性化過程を論じる個性化理論が展開された。ユングは，この個性化を分析心理学の目的と位置づけて重視している。

### (3)遊戯療法における無意識からのメッセージ

このユングの個性化理論は，子どもの遊戯療法においても有効であると思われる。個性化理論において，ユングは，社会に適応しようとする自我の偏った態度を補償する動きが，心の深い層から立ち上がってくる現象に着目している。この無意識のメッセージに耳を傾け，個人がその生き方にとりいれていくことを重視したのである。この無意識から生じるイメージを，どのように受けとめて，どのように生きていくのかについては，個人がそれぞれその答えを見出し，自らそれを決断する過程が重視される。

この個性化の過程について，ユング自身は，人生の後半の心理的課題として論じてきた。しかし，現代の遊戯療法の現場では，私たちの文化があまりにも自我優位になってしまっているために，その影響によって心の自然な発達の道が阻まれている子どもたちに出会うことが多いのである。

現代を生きる子どもたちの中には，親の喜ぶ顔を見たいために，その期待に応えようとする子どもたちが多くいるように思われる。その場合，本来のその子ども自身の感情や欲望は抑圧され，子どもたちは他者の欲望を生きる存在になる。このとき，子どもたちの内面にある本来の自分自身を生きようとする力が，サインとして症状や，適応障害をもたらすのである。

冒頭で紹介したウィックス夫人は，早くも1920年代に，子どもたちの心の不

適応は両親の無意識の影響を受けていると論じている（ウィックス，1983）。さらに少子化が進んだ現代になると，親が子どもたちに「自分が生きられなかった面」を実現する自身の分身であることを期待する傾向はますます強まる。このような親と子の無意識の一体感が強化されてしまう時代において，子どもたち自身の個性化はますます困難になる時代になっているといえるだろう。

　子どもたちの心の成長において，その成長を導くオーガナイザー，成長の核ともいえる要素は，子どもたちの心の深層に潜在している。子どもたちの成長は，一人ひとりが固有に持っている，その子ども本来のあるべき姿に向かう動きである。しかし，人間にとって，その成長のあらゆる可能性が全うされた姿は，現実には実現されない。成長は，ある可能性を成就するために，他の可能性を断念するプロセスでもあるからである。それでも，人は生涯の節目，節目に，その実現を阻まれ生きられなかった可能性の実現に向けて歩もうとする心の内面からのメッセージを受け取る。それが，ユングの論じた個性化に向かう動きのダイナミズムなのである。

　このような，無意識からのメッセージは，なかなか意識でとらえることは困難であり，また言葉で表現することも難しい。それは，心の深層から浮かび上がってくるイメージを介して，把握されることが多いように思われる。

　ユング派の心理療法においては，そのようなイメージは夢の記録を通してセッションに持ち込まれる。あるいは描画や，箱庭，さらにアクティブ・イマジネーションなどの手法を用いることができるだろう。

　これに対して，子どもたちの場合，遊戯室の中で展開される遊びこそ，直接にその中に入って活動できる「夢」であり，「アクティブ・イマジネーション」であろう。もちろん，遊戯療法室に置かれた箱庭も子どもたちにとっては自由な想像を触発し，それを展開する舞台として機能すると期待されるのである。

## 4. イメージ表現のもつ可能性

### (1)小川未明の詩を素材として

こうして，ユング派による遊戯療法において
は，イメージを積極的に用いる姿勢が基盤とな
る。遊戯療法において，おおいに活用されるイ
メージの特徴として，具象性，直接性，自動性，
多義性，象徴性をあげてみたい。これらの特性
について，小川未明の「海と太陽」（小川，
1919/1977）という詩を例に述べてみよう。

この詩は「海」のイメージで始まる。海は夜
も昼も眠っているという発想がおもしろい。
「ごうごう，いびきをかいて」には波の音が重

---

海と太陽
小川未明

海は昼眠る，夜も眠る，
ごうごう，いびきをかいて眠る。

昔，昔，おお昔
海がはじめて，口開けて，

笑ったときに，太陽は，
目をまわして驚いた。

かわいい花や，人たちを，
海がのんでしまおうと，

やさしく光る太陽は，
魔術で，海を眠らした。

海は昼眠る，夜も眠る。
ごうごう，いびきをかいて眠る。

---

なり，そこに巨人のイメージが浮かび上がり「昔，昔，おお昔」の言葉で，蒼
古の世界が立ち上がる。そこで「海がはじめて，口開けて，笑った」とき，
「太陽は，目をまわして驚いた」のは，「かわいい花や，人たちを，海がのんで
しまおうと」したからに他ならない。瞬時に太陽は「魔術で，海を眠らし」た
と，この海の眠りの秘密が明かされる。神話的なイメージが展開する詩である。

### (2)イメージの特徴とは？

**具象性**：小川未明は，海や太陽といった具体物や，いびきや眠りといった子
どもたちにも身近な身体的現象を並べることによって，心の深層を揺り動かす
イメージを読者に伝えることに成功している。そこに，イメージの「具象性」
がある。

**直接性**：「海」や「太陽」という具体に，私たちは，その姿という視覚像だ
けでなく，その移ろいやスケールの大きさ，響き，それらがもたらす光や熱ま
でいきいきと想像することができる。ここに，イメージが私たちの五感に対し
て，ストレートに訴えかける「直接性」を認めることができる。

**自動性**：さらに，イメージはイメージの連鎖を生じさせ，海が大昔，「はじめて，口開けて，笑った」場面が立ち上がる。その無邪気な笑いが，「かわいい花や，人たちをのんでしまおうと」という句に私たちは，津波の恐ろしさを連想するかもしれない。太陽も目をまわすほど驚き，「太陽は，魔術で，海を眠らした」という秘密が語られる。以来，海はごうごういびきをかいて昼も夜も眠り続ける。ここに，イメージは次から次へと連なり，動きを伴って展開していく「自動性」が見られる。

**多義性**：また，「海」や「太陽」，海の笑いや太陽の魔術に付与される意味は一つに限られない。これらが何を意味するのかという説明のために，私たちは多様な地域の神話をひもとくこともできるだろう。そして「海」や「太陽」を素材にした儀式を訪ねることもできるだろう。ユング心理学においては，海は無意識のメタファーとして扱われることが多い。また，闇を明るく照らす太陽は，意識のメタファーとして知られている。近代化に向かう中で，人々の心において，意識によって無意識を眠らせようとしてきたのかもしれない。しかし，その魔術が消えてしまうとき，無意識は目をさまし，口を開いたとき，すべてをのみつくそうとする破壊性が顕れることを，この詩は伝えていると考えてみてもよいだろう。しかし，それも詩から喚起された連想の一つにすぎない。詩のイメージそのものは，それぞれ，様々な意味をすべて含み持つ「多義性」を帯びているのである。こうしてイメージを扱うことで，私たちはたくさんの意味群を一括して扱うことができる。現実の体験そのものは，つねに多義的であるのだが，イメージはその体験を多義のままで扱うことができる媒体なのである。

**象徴性**：この詩においても，イメージは，おそらく作者の意識がとらえている以上のものを表現し私たちに伝えている。この詩は，東日本大震災を知る我々に津波を連想させるだろう。小川未明がこの詩を創作したとき，その脳裏には1896年の明治三陸地震の津波が浮かんでいたかもしれない。地震当時，越前の高田に住んでいた14歳の彼に津波のニュースは，どのように届いたのだろうか。しかし，この詩は，津波を直接扱っているわけではない。むしろスケー

ルの大きな自然そのものが，そのテーマなのだろう。ユングの「人間の理解の範囲を超えたものが無数に存在するのだから，我々は，定義できないものや完全に理解することができない概念を表現するために象徴的言葉をしばしば使用する」（ユング，1975）という論によれば，このイメージの総合体である詩そのものが，象徴として機能しているといえるだろう。それは，意識が体験しているが，簡単に言葉で表現できない「何か」を，どうにかして表現し，他者に伝えようとする試みなのである。

## 5.　イメージのもつ治療的機能

　イメージの治療的機能として，グリーンハラ（Greenhalgh, P., 1994）が提示した，(1)心的内容の伝達機能，(2)感情体験のコンテイニング機能，(3)心的葛藤の解決機能，(4)自我を超えた新しい可能性の発見機能について紹介したい。

### (1)心的内容の伝達機能

　イメージの具象性，直接性がその背景にある。心理療法において，もっとも基本的な原則はクライエントの内的体験，主観的体験を了解することである。クライエントの内的体験を了解するためには，その言語的表現だけでなく，非言語的表現，とりわけイメージを媒介とした表現が大きな助けとなる。具象性をもつイメージは，直接に心理療法家の五感をゆさぶり，クライエントの内的・主観的体験をしっかり伝達してくれるのである。Aの「花に水やりすぎたらどうなるか？　死んでしまう。ウェー」という独り言はその例であろう。

### (2)感情体験のコンテイニング機能

　この機能は，イメージ自体が感情体験の受け皿となり，イメージの媒介によって，感情の体験に耐えることを可能にする。そこでは通常持ちこたえることが難しい激しい感情の体験が対象となる。また，出現するイメージとしては，「収める」イメージ，器のイメージが中心となるように思われる。

　Aとの遊戯療法では，動物の一騎打ちが行われ，屍の山が築かれた箱庭のプロセスにコンテイニング機能が認められるだろう。一騎打ちの敗者は箱庭に投げ入れられ，次の戦いでは箱の外に投げ捨てられ，すべての敗者が最後には再び箱の中に投げ入れられた。「今度の今度，二組に分かれて決闘な！」とAはすっきりした顔で退室し，彼の身体症状の基底にあった凄まじい攻撃のエネルギーは，箱庭の中にしばらくコンテインニングされ，次の対決の機会まで預けておかれることになったのである。

### (3)心的葛藤の解決機能

　この機能は，イメージの自動性によって，イメージの流れの中で葛藤の解決が見出されていくことをさしている。プレイの初期のころ，プレイルームで嘔吐が始まったとき，Th は用意していたバスタオルをAに掛けて，背をさすり，時間終了までプレイルームで過ごした。Aは，このタオルを羽織ったまま病棟に戻ると，哺乳瓶を要求し，2，3日間，哺乳瓶から飲み物を取りつつ過ごす中で，吐き気が収まっていったという。Aは，命を育む「乳」を強く求めていた。しかし，10歳のAは現実に乳児にもどることはできない。それでも，セラピストが掛けたタオルをきっかけに，イメージの中で乳児に「なる」ことができた。入院中のAはこうしてイメージを媒介として乳児の時代を再体験することができた。これは，イメージを媒介とすることで，葛藤を乗り越え，心の中の求めを満たすことが可能であるという，イメージの治療的作用を示すエピソードである。

### (4)自我を超えた新しい可能性の発見機能

　第四の自我を超えた新しい可能性の発見機能とは，その自動性と象徴性が連動するとき，自我を超えた心的機能がイメージとして表現されることで，自我によって発見され，統合されていくことをさす。これによって自我を超えた新たな心的可能性との出会いと統合，自我領域外にあった心理的リソースを発見し，これを使えるようになることが可能になるのである。ドニントン

(Donington, 1963) は，「変容や再生をもたらすのは自我の直接的な力によるものではなく，自我ができ得る最大限のことは，その過程に自身を解放することである」と述べたが，ここで発達が意思されるものではなく，おのずと生じる過程であることが示唆されている点は理解すべき重要な点である。

　最後に再びAの遊戯療法に立ち戻りたい。遊戯療法は，遊戯としてクライエントと Th がともにイメージの中に生きるプロセスを可能にする。Aのイメージがいきいきと活動する現実と内的世界の中間領域すなわちファンタジーの空間に，Th がコミットし，ともに生きる遊びを通して，Aの心の変容が起こってくる。Aにとって，周期性嘔吐症という症状からの回復は，自分自身が新たに生まれ変わることを意味する。しかし，新たに生まれ変わることは，これまでの自分自身の死を意味するのである。それまで Th はAが弱々しい存在に感じられ，なかなか本気で勝負することができず，Aに物足りなさを感じさせていた。しかし，この最終回，見事なAの動きにひきこまれた Th は，「バキューン」と夢中で銃を撃たされてしまう。Aとのプレイは，イメージの水準において，これまでの自分が「死ぬ」ことの必然性を伝えてくれたのである。プレイにおけるイメージを媒介とした伝達は，知的な了解の次元を超えて，ともに心の変容の過程に参与した経験を通して，Th にしっかり伝えられたのだった。

　付記：本稿は以下の論文をもとに，大幅に加筆修正をしたものである。
吉川眞理（2008）．イメージの心理療法的機能について　藤原勝紀・皆藤章・田中康裕（編）心理臨床における臨床イメージ体験　創元社　pp. 191-195.

〈文献〉
Donington, R. (1963). *Wagner's 'Ring' and its symbols*. Faber and Faber.
Edinger, F. F. (1973). *Ego and archetype*. Hearmondworth.
フロイト，S.　新宮一成（訳）（2010）．無意識　新宮一成・本間直樹（責任編集）新宮一成・本間直樹・伊藤正博・須藤訓任・田村公江（訳）　フロイト全集14　岩波書店　pp. 211-254.
Greenhalgh, P. (1994). *Emotional growth and learning*. Routeledge.
ユング，C. G.　河合隼雄（訳）（1975）．人間と象徴　上巻　河出書房新社

ユング，C.G.　野田倬（訳）（1982）．自我と無意識の関係　人文書院

ユング，C.G.　松代洋一（訳）（1996）．超越機能　創造する無意識　平凡社
　　　pp.111-162.

カルフ，D.M.　山中康裕（監訳）（1999）．カルフ箱庭療法［新版］　誠信書房

小川未明（1919/1977）．海と太陽　定本小川未明童話全集　3　講談社　p.403.

オットー，R.　久松英二（訳）（2010）．聖なるもの　岩波文庫

ウィックス，F.G.　秋山さと子・國分久子（訳）（1983）．子ども時代の内的世界
　　　海鳴社

# ③ 「受容と共感」について

## ——子ども中心療法

倉光　修

## 1.　アクスラインの8原理

　本章では，遊戯療法における「受容と共感」の理論的意義について，「子ども中心療法」の視座から考えてみたい。このアプローチはロジャーズ（Rogers, C.）の「クライエント中心療法」に基づいてアクスライン（Axline, V.）らが確立したものである。ロジャーズはセラピストにとって大切な三つの必要十分条件を提示したが，アクスラインもプレイセラピストにとって重要な八つの基本原理を示した。彼女の著書（Axline, 1947）のその記載を私なりに訳してみると次のようになる。

①子どもとの間に温かく親しみやすい関係を発展させる

②子どもをありのままに受け入れる

③子どもがこころゆくまで自由に感情を表現してもよいのだと感じるような雰囲気を醸成する

④子どもが表現している気持ちを感じ取り，子どもが洞察を得られるようなかたちでそれをリフレクトする（伝え返す）

⑤子どもが自分で問題を解決する能力があることに深い敬意を払い，自分で解決するよう機会を与える。行動を選択し変化を起こす責任は子どもにある

⑥セラピストは，いかなるやり方であっても，子どもの行動や話の内容を導

こうとしない。子どもが先導し，セラピストはそれについていく

⑦遊戯療法はゆっくり進む過程であることを認識し，焦らないようにする

⑧ただし，いくつかの制限は設定する。それは，遊戯療法を現実世界に根づかせるために，あるいは，子どもがセラピストとの関係において自分の責任に気づくようにするために必要だからである

　では，これらの諸原理を遵守しながらアプローチすると，なぜ，子どもたちの心理的問題が克服されていくのだろうか。ここでは，アクスラインが関与した古典的な2ケースを取り上げ，とくに，受容と共感に注目しながら検討を加えてみたい。


## 2. アクスラインの事例

### (1)アーネスト

　この有名なケースは，ロジャーズとアクスラインの共著 "*A teacher thera-pist deals with a handicapped child*"（Rogers & Axline, 1945）に記載されている。このケースは教師がセラピストとして担当したことになっているが，訳書ではこのセラピストはアクスライン自身だろうと記されている。私はこの事例について論じたことがあるが（倉光，2011），ここでは「受容と共感」というテーマで，遊戯療法のケースとして再構成して考察したい。なお，引用は訳書（1967）に基づく。

　クライエントのアーネストは，水や食物を飲み込むことに困難が生じている6歳の少年である。彼は，3歳のときにミルクと間違えて洗剤を飲んで入院治療を受ける。父親は母親を見捨て，母親は本児を病院に入院させてそのまま遠方の実家に帰った。母親はその後の3年間に2度しか彼を訪問しなかったので，アーネストは母親の顔を忘れてしまった。アーネストは病院を退院後，Sさんのところに里子として預けられ，小学校に入学した時点でアクスラインの「セラピー」を受けることになる。この時点で彼は，「外科的には治癒した」とされていたが，食べることを拒み，管を胃に差し込んで栄養をとり続けていた。

また，衣服の着脱ができず，夜尿もあった。

## リフレクトの機能

二人がはじめて会った日，すでに，次のようなやりとりが生まれている。

――アーネスト（E）は他の子どもたちが噴水式の水飲み器から水を飲んでいるのを見て，「おもしろそうだな」と言った。セラピストの教師（T）は以下のように話しかける。

　　T　あれから飲んだらおもしろいだろうって思ってるのね。

　　E　（うなずいて同意を示し）でもぼく飲めないんだ。

　　T　あなたには飲めそうもないのね。

　　E　うん，でもおもしろそうだな。

　　T　あなたには飲めそうにない。それでも飲んでみたいのね。

このような会話の後，Eは思い切って水を飲み，Tを見て微笑む。

――この対応は，リフレクト（感情の反射）の一例とみてよいだろう。少し不思議な気さえするが，Tがクライエントのありのままを受容し，その言葉をリフレクトするだけで，望ましい行動変化が顕現している。

## 母性的ケアへの希求

2日後，EはTのそばに来て，「学校がすんでから，先生のリンゴをぼくと一緒に食べない？」と聞く。Tは放課後，リンゴを半分に切ってEに分け与え，二人で食べる。Eは「とてもおいしいリンゴだね」と言って食べ，少しは吐いたものの，いくらかは飲み込んだ。

翌週，TはEを車で家まで送っていき，養母のSさんに会う。SさんはEについて，「わたしの前では食べることを拒む」「いじの悪い子です。彼はうそをつき，盗みます」などと言い立てる。Tが帰ろうとすると，Eはポーチに出てきて「ボクを一緒につれていってほしいの，ここにいるのがいやなんです」と言う。このような状況を見て，Tは保護司と話し合って里親の変更を決定する。

――このように食物を与えたり，里親を変更するように働きかけたりすることは，今日ではセラピストの仕事ではないとされるだろう。しかしながら，このような切実な願望や要求がセラピストによってある程度叶えられたときには

じめて，「先生はわかってくれた」と感じるクライエントもいるように思う。

**実母への働きかけ**

　新しい里親のRさんの家に引っ越しした翌日，EはTに「お母さんに手紙を
かきたい」と言う。彼は「Rさんはよい人だ」が「ぼくはときどき家に帰りた
い，お母さんの家にです」と書いてくれと頼む。Tは代書する。

　しばらくして，母親から来た手紙には，冒頭に「かわいい小さな坊や」とい
う呼びかけがあり，文面には食べられるようになったらEは自宅に帰れると記
され，文末は「愛情込めて。お母さんより」という言葉で結ばれている。

　しかし，母親は保護者参観の日には来ない。Eはカウボーイになって他の母
親を撃つまねをし，Tを指さして「あれがぼくのお母さんだ」と言った。放課
後，一人残ってセラピーを受ける場面では，Eは「哺乳ビンをとって，水を一
杯いれ，それを飲んだ。赤ん坊のように泣き声をあげ，弱々しい赤ん坊のよう
な仕ぐさをした」という。

　──ここでは，母親に対する渇望とTに自分の母親になってほしいという願
望がはっきりと表出されている。EとTはどんなに切ない気持ちだったろう。

**怒りと悲しみの受容**

　感謝祭の直前，母親からEを迎えに行くという手紙が来た。しかし，その日，
母親は一人の男性といっしょにやってきた。Eは彼を知っていたので，そばに
いるのが母親だろうと思って近づき，手をさしのべて言った。「ぼくのお母さ
んでしょう？」。彼女は遠慮がちに腕をEの肩に回しただけで，キスしなかっ
た。

　Eは母親と一緒に家に帰り，週末を過ごした。しかし母親は，土曜日は一日
中留守にし，「日曜日には隣家の人が彼をバスの駅まで連れて行って，彼をひ
とりでおくり帰してきた」。

　その直後のセッションは，怒りと悲しみに満ちていた。Eは金槌で仕事台を
打ち，釘箱を台から落とし，「ぼくはひろってやらないんだ」と言う。そして，
「この釘は罰をうけているんだ。ひどい目にあってる赤ちゃん釘，ママ釘，
パパ釘」と叫ぶ。彼は曲がった釘をTに差し出し，「このおいぼれのあばずれ女

をみろ！」と叫ぶ。

　——うち捨てられた釘が彼の両親や彼自身の象徴であることは明らかであろう。怒りはTに対しても向けられる（転移）。この場面でTは、「新しいことばをおぼえたのをつかってみたいのね」と返す。この本では、ロジャースがところどころコメントを付しているのだが、ここではこの応答を「見事な扱いである」と述べている。しかし、私にはそう思えない。ここではむしろ、「罰を受けてるのね」とリフレクトするだけでもよかったのではないかと思う。しかし、Tが彼の怒りと悲しみを受容し、ともにその感情を体験していたことは確かであろう。彼女はこうした攻撃的な表現でもけっして非難しない。そこでEは、Rさんが養育費をもらっていることを母親から聞いたと話し、「先生もぼくの世話をしてお金をもらっている」「かってにぼくの世話をするがいいさ」と言う。これに対して、Tは「あなたは、Rさんと先生が、ただの職業として、あなたの世話をしていると思うのね」「あなたを愛して世話しているのでないといやなのね」と返す。私は、この応答こそ見事だと思う。

**「ぼくを愛してる？」**

　すると、Eは釘を一握り投げ捨て、「Tのひざのうえにくずおれて、声をかぎりに泣いた」。Tは「さあ、アーネスト。思いきり泣きなさい。あなたは家へ帰ってみてがっかりしたのね」と言う。Eは問う。「先生はぼくを愛してるの？」。Tは応える。「そうよ。愛してるわよ。アーネスト」。

　——アクスラインはこのとき、明らかに理想的な母親の機能を代理対象として果たしている。これは反射ではない。まさに、ロジャーズの第三条件、genuineness（純粋さ）を伴った自己開示である。ロジャーズはその点を指摘して、「"あなたはあなたのお母さんがあなたを愛していないのではないかと、おそれ心配していた。そして今、私があなたを愛しているかどうか心配になったのね"と応答してもよかった」とコメントしている。しかし私は、Tのこの応答こそEの胸を打ったのではないかと思う。

**ぼくはお腹のすいた赤ちゃんだ**

　Eは哺乳瓶をとって乳首を吸いながら言う。「お腹のすいた赤ちゃんだよ…

（中略）…ぼくはもう何も食べられないんだ。みんなもどしてしまうの。…（中略）…ぼくはどうなってもいいんだ。ぼくはもう2度と食べないでもかまわない。死んでもいい。死にたいんだ。死んだ方がましだ。…（中略）…先生は，ぼくの見つけたたったひとりの味方だ。先生と一緒に家に帰りたい，先生と一緒に住みたい」。

　後日，Eは「もしもぼくが食べられなかったら，先生はぼくに食べ物を買ってくれるでしょう？」と聞く。Tが「あなたが食べるなら」と条件をつけると，Eは「そんならぼく食べるよ」と応える。

　──ホスピタリズムが示すように，乳児期に心理的に十分な母性的ケアが受けられないと，人は生きていけない。Eは母乳の代わりに（牛乳と思って）洗剤を飲む。そして，何も「飲み込めない」状態になり，母からの愛情に絶望したときには「死にたい」気持ちになるのである。

　ちなみに，Tの「食べ物を買ってあげる」という発言は，やや非現実的な保証を与えかねないと思う。セラピストは親にも養母にもなれないのだ。しかし，この会話の後，Eが吐いたという記録はない。おそらく，Eにもこの言葉は字義通りにとられてはおらず，しかも，Tの気持ちは伝わったのであろう。深い受容と共感は愛である。

　その後，Eはめざましい成長を遂げ，普通の子どもと変わらない状態になる。Tと病院に行ったとき，Eは食堂で一人食べるものを選び，洗練された会話をし，代金を計算した。けれどもEは，そのあと，自分の帽子とコートをTにわたし，「さあ，ぼくは赤ちゃんです。手伝ってください，きせてください」と言った。Tがコートを着せてやりながら「あなたはときどき赤ちゃんのようにしたくなるのね」と言うと，彼は肩をすぼめて，「それなのに，ときどき，大きくなりたいと思うこともあるんです。今もそうです。お金を払わせてください」と言って，出口で払ったという。食物とお金の関係が見事に昇華されている。

## (2)ディブス

　次に，アクスラインが担当した有名な事例，ディブス（Axline, 1964）について述べておこう。ディブスについては，放送大学の授業科目「臨床心理学特論'17」（小川・倉光, 2017）でも取り上げたが，ここでも「受容と共感」というテーマに沿って再構成して考察したい。以下の引用部分は，訳書（1972）からのものである。

### 教師にはディブスの気持ちがわからない

　アクスラインがディブスに会ったのは，彼が5歳のときで，当時通っていた学校では誰とも視線を合わせず，「部屋のすみをうろつきまわったり，テーブルの下に隠れたり，ピアノのうしろへ入ったり，いつまでも本を眺めたりして」すごし，「身体を前後にゆすったり，手の甲をかんだり，親指をしゃぶったり」していた。そして，教師たちが「やりたくないことを無理にさせようとしたようなときには，きまってかんしゃくを起こした」。たとえば，「お帰りのお時間よ」と言うと，「かえんない！　かえんない！　かえんない！」と叫んで噛みつこうとしたりする。母親は彼に知的障害があると思っていた。

　――このような子どもの苦悩に共感することは教師たちにとってはかなり難しかったにちがいない。ディブスに何かさせようとすることが，彼に強い不快感を引き起こすことは教師たちにもわかる。また，一人で部屋をうろつき回ったり，テーブルの下に隠れたりすることがディブスに何らかの快感を与えているのだろうと推測もできるだろう。しかし，それがいったいなぜなのか周囲の人々にはわからない。行動の理由がわからないと，共感は難しいものである。

### まず，ありのままを受容する

　アクスラインはディブスに会いに学校に行って，しばらく彼の様子を見る。外遊びの時間になって教師がディブスに外に出るか聞くと，彼は「出ない」と言う。しかし，アクスラインが「ちょっと私と二人だけで廊下の向こうの遊戯室に行ってみない？」と誘うと，彼はアクスラインの手をとって校内のプレイルームに向かった。

　――アーネスト同様，驚いたことに，ディブスの場合も初回のコンタクトで

肯定的な変化が認められる。なぜ，こんなことが起こるのだろう。これは推測だが，ディブスは彼を優しく見守るアクスラインの受容的な視線を感じたのではなかろうか。「行ってみない？」という促しは，現実を受容した上でなされた提案であり，「行きなさい」という指示や命令とは異なる。アクスラインはディブスに何かをさせようとはしていないのである。

**ただ，リフレクトする**

　プレイルームに入るとディブスは壁伝いにゆっくり歩き，人形の家の玩具を手にとって，「ドアの鍵はいや，ドアの鍵はいや，ドアの鍵はいや」と何度も繰り返す。このとき，アクスラインは，「そう，あなたはドアに鍵かけるのきらいなのね」と応じる。

　──アクスラインはディブスがなぜそう言ったのかを問わず，ただ，その言葉をリフレクトして，彼の感情をありのままに受容しようとする。実は，ディブスは大きな邸宅に住んでいて，彼の個室には高価な玩具がいっぱいだったのだが，彼はしばしばその部屋に鍵をかけられて閉じ込められていたのである。この時点ではそうした事情はわからなかったが，この「ドアの鍵はいや」という切実な訴えが，このケースの核心であった。遊戯療法のプロセスが進むためにはまず，現状をありのままに受容することが必要なのだ。

**解釈投与は必要でなくても，共感は必要である**

　アクスラインは次回から児童指導センターのプレイルームでディブスと週1回1時間のセッションを持つことになった。その第2回，彼は人形の家のドアを「鍵でしっかり閉め」る。そして，砂場で3人の兵隊を埋めて，「死んじゃった！」と言う。

　その次の回では，ディブスは哺乳瓶を取り，いすにすわってくつろぎ，「じっと私（筆者注：アクスライン）を見つめながら満足そうに哺乳びんを吸っている」。

　──彼以外の家族は両親と妹の3人なので，この3人の兵隊が彼らを意味しているのではないかと推測するのは容易である。また，哺乳瓶を吸うことを指吸いと関連させて，母性的ケアへの強い希求を感じる読者も多いだろう。

　しかし，アクスラインはここで「遊戯の意味は憶測することも，解釈することも，おそらくはかなり正確に結論をだすこともできよう。だが，今の段階ではこのことに言語的解釈を加えること——言いかえれば，さらに情報を探り出そうとすることは，不必要であり，余計なことであり，むしろ制限すべきことのように思われた」と言う。

　——では，セラピストがクライエントの行動の意味を自分の心の中で「解釈」することはまったく必要ないのだろうか。この問題について私は，上記科目のラジオ教材の中で難波愛先生と話し合った。私が「言語的解釈は不要でも，感情的追体験は絶対に必要だと思うんです」と言うと，先生は，「全く同感です。感情的追体験というのは，共感的態度ということですよね。あたかも自分が体験しているかのように，クライエントの感情を推測しつつ体験する。そのようにして相手を理解しようとするセラピストの態度は，絶対にクライエントに伝わると思います」と述べておられた。

　実際，ディブスが学校で飼われているウサギを時々おりから出してやる話をしたとき，アクスラインは「自由の世界へ放してやっているところを，目のあたりに見る思いがした」と記している。遊戯療法においては，解釈の投与は不要でも，行動の背後の感情に共感しようとする姿勢は貫かれているのだ。

## 両親の変化

　あるセッションでディブスは独立記念日の話をして，「兵隊たちは勝手に歩いてまわって，ぜんぶのドアの鍵を開けるんだよ！」と言う。しかし，彼は一人の兵隊を埋め，「これ，パパだよ」と言う。父親への怒りは明らかである。その日迎えに来た父親は，ディブスが独立記念日の話をしようとすると，「そのくだらんおしゃべりをやめないか」と一蹴する。ディブスはため息をついて，うなだれる。

　翌日，母親がアクスラインに面接してほしいと電話をしてくる。そして，アクスラインに会うと次のような話をする。

　……昨日，帰宅した父親が「ディブスが白痴のようにべらべらしゃべった」と母親に言うと，ディブスは父親に「大きらい！　大きらい！」とわめき立て

た。そこで，父親は彼を部屋に連れて行って鍵をかけた。それを見た母親が涙ながらに「ディブスは白痴みたいなたわごとを言っているのではないわ。あなたのことをきらいだと言ったのよ」と言うと，何と父親も泣き出した……。

　母親はこのとき，我が子の苦しみにようやく共感できたのではないだろうか。彼女はアクスラインに尋ねる。「おっしゃってください。ディブスに知能的な欠陥があるとお思いでしょうか」。アクスラインは答えた。「いいえ，ディブスに知能的な欠陥があるとは思いませんわ」。母親はその答えを受け入れた。息子に障害がないことを受容したのである。

**自由への希求**

　次のセッションでディブスは，人形の家の壁とドアを全部外して砂場に埋めて歌う。「おお，きらい―きらい―きらい―」「壁と鍵のかかるドアとそこに押しこめる人」。彼は兵隊を叩き顔につばを吐き砂に埋める。「ぼくがなりたいのは小鳥。壁もドアも敵もみんなみんな越して飛んでいく」。

　数回後，ディブスはついに，人形の家に両親を閉じ込め，家は火事になる。ディブスが泣くので，アクスラインが「お父さんとお母さんがおうちに閉じ込められて燃えているのに出られないから泣くの？」と聞くと，彼は言う。「ぼくが泣くのは，閉じ込められて鍵しめられたときの苦しみを感じるからだよ」。

　このときアクスラインは，彼の怒りや悲しみを心の底から共感・追体験できたのではなかろうか。彼女はディブスを抱きしめる。

　ディブスは男の子の人形を手にとって，「助けてあげるよ！　助けてあげるよ！」と叫び，「ドアの鍵をあけて，火事を消して」，両親を救う。

　プレイルームで生じることは，外の世界の変化としばしばパラレルに生じる。その後，両親との関係は改善され，ディブスは社会的にも適応し，めざましく成長していく。15歳になったとき，停学になった友人を救うために彼は教師に次のような手紙を書いている。

　　この世界には，権威と権力をひけらかすことより，報復と罰を与えることより，はるかに大切なことがたくさんあります。教育者として，あなたがたは無知と偏見と卑劣さの扉の鍵を開けねばなりません。

　——この教師にかつての父親のイメージが重ねられていることは間違いないだろう。訳書のタイトルのように「小さな扉は開かれた」のである。

　（ちなみに，訳書の副題には「自閉児」という言葉がある。たしかに，ディブスには，乳児期に抱かれたときの拒絶反応，代名詞の転倒，エコラリアなど自閉症的な反応も認められる。しかし，今日の医療現場ではディブスに「自閉症」関連の診断名は与えられないように思う。）

## 3．受容と共感の治療的意義

### ⑴潜在的な心の傷や葛藤がイメージされやすくなる

　では，アクスラインの諸原理を遵守しながら，とりわけ，深い受容や共感がなされると，なぜ子どもたちの心理的問題が克服されていくのだろうか。この点を，弘中正美の見解（2002, 2014）を参照しながら検討してみたい。彼は自分の子ども時代の体験や，アクスライン，カルフ（Kalff, D. M.），ジェンドリン（Gendlin, E.）の実践などに基づいて，遊戯療法の機序について理論的考察を深めている。弘中（2002）によれば，遊戯療法においては「言語的表現を伴わない洞察」が重要である。彼は，その体験を「！」と記述する。そのような例として彼は，『次郎物語』の主人公が，地鶏がレグホーンに立ち向かう姿を凝視して「勇壮な気持ちになり」，その後，「家族に対する卑屈な態度を捨てる」ことができた経緯を挙げている。こういった体験は，子どもたちがスーパーマンやウルトラマン，アイドル歌手やスポーツ選手などに憧れてその真似をしたり，漫画の主人公に魅せられてその絵を描いたりするのと類似の機制を含んでいるように思われる。こういったイメージを外界に見出す機会が十分得られない子どもは，あるいは，そういった強いイメージに自分を同一視しにくい子どもは，遊戯療法の場において現出するイメージを生きることで，葛藤を克服していくのではないだろうか。セラピストがその状態を受容し，その感情に共感しようとすることは，そうしたイメージ展開を活性化するのである。

　弘中は，遊戯療法のケースをいくつか挙げている。龍太と名づけられた少年

は，プレイルームの砂場を水浸しにして怪獣や恐竜が戦う混沌とした世界を創り，やがて，箱庭で平和な島を現出させた（弘中，2002）。この島もワニに襲われるが，最後には，「命の水」をかけられた「カメ公軍団」に守られる。この過程で彼は学校をいやがらなくなった。あるいは，弘中（2014）でKと名づけられた少年は，衝動的な行動をとりがちだったが，プレイルームの砂場の中で火を燃やし「敬虔な儀式」を行い，自ら鎮火した後，衝動性が収まった。これらのケースでは，あらゆるセッションに「！」が顕現し，それが展開していく過程と問題が収束していく過程がパラレルに認められる。そして，そこにセラピストの受容や共感が関与しているのである。

　ちなみに，箱庭療法では，大人のケースでも同様の「！」が生じることがある（弘中，2002，2014）。ある母親は箱庭に一匹の猫を置き「ああ，これが息子なんだ」と直観し，またある女性は箱庭にゴジラを置いて「このゴジラは舅です」と述べた。弘中は，精神分析では無意識の意識化・言語化が重視されると述べているが，考えてみれば，たいていの言語はイメージを伴っている。とくに，症状や問題行動を派生させる苦痛や不安を伴う回想や予想は，たいてい，イメージそのものである。したがって，精神分析と遊戯療法の違いは，クライエントが（無意識的であった）トラウマ体験などを意識化・言語化するかどうかではなく，当該体験の現実的イメージ（回想や予想）を主に言語という媒体で表現するか，当該体験に対応する象徴的イメージを主に玩具など言語以外の媒体を用いて表現するか，という点にあると言った方が明確ではなかろうか。フロイトの有名な症例，エリザベートのケースでは，足の痛みと「姉が亡くなり自分が姉の夫と結婚できると考えたこと」が関連していたことに彼女が気づいたときから症状は軽快している。ユング（Jung, C. G.）も類似した女性のケースを報告している。その女性は，自分に関心を示さないと思った男性が，彼女が結婚したことを聞いてショックを受けたと知ったときから抑うつ的になり，ある日，幼い娘が風呂で汚れた水を飲むのを止めなかった。娘は腸チフスで亡くなり，そのときから彼女は抑うつがひどくなって入院したのだった。ユングが言語連想と夢分析を通して彼女が殺人を犯したことに直面化させたところ，

彼女はその事実を受けとめ，回復して退院したという（Jung & Jaffe, 1963）。このようなケースでは，そうしたインパクトのある現実体験のイメージ（！）が回想されたことがまず重要であって，それがたまたま言語で表現されたことによって，セラピストに深く受容され，そのことに支えられて，以後の人生で苦しみを背負って生きる姿勢が醸成されていったとみることもできるのではなかろうか。つまり，そのシーンの表現媒体は箱庭や絵画でも，あるいは映画や演劇でもよかったのだ。

## ⑵親などに否定的に評価されがちな欲求や感情が，ありのままに認められる

　子どもの示す症状や問題行動はたいてい，安全欲求や愛情欲求，優越欲求や承認欲求など基本的欲求がひどく傷つけられたり，ほとんど満たされなかったりした体験から派生する。また，症状や問題行動が基本的欲求を一時的に満たす機能を持っていることも重要である（たとえば，いじめられた子が不登校になれば苦痛を回避でき，コンピュータゲームに没頭すれば優越欲求を満足させることができる）。しかし，多くのクライエントは，このような心の傷や欲求不満をなかなか言葉で表現しない。それは，そうした感情や願望を表出すると周囲の大人とくに親や教師たちが「そんなことは気にするな」「やりかえせ」「弱い子だな」などと言ったり，望ましくない行動については，「やめなさい」「○○しなさい」などと命令したりしがちであることと関係しているように思われる。一部の親は，食事や衣服についてさえ，子どもの希望を一切聞かず，あるいは，子どもが訴えてもまったく無視してしまう。このような状態が日常化すると，子どもの心には「無効化 invalidation」が起こり，『何を言っても仕方がない』という気持ちになって，子どもは次第に自分の希望を口にすることが少なくなる。そして，さらに心の傷が深くなり欲求不満がつのると，症状や問題行動が生じやすくなる。そして，問題行動が現れると，親や教師はいっそう否定的なフィードバックをしがちになる。このような悪循環によって，子どもの自己表現はどうしても萎縮しがちになるのである。

　そこで遊戯療法では，こうした心の傷や基本的欲求の不満をまず，ありのま

まに受け入れようとする。このことは，アーネストやディブスに対するアクス
ラインの態度から明らかに読み取れるだろう。

## ⑶クライエントとの間に一体感が醸成され，クライエントの願望の一部が代理 的・代償的・象徴的に満足される

　遊戯療法では，セラピストの共感が深まると，しばしば，クライエントとの
間に一種の融合状態，一体感が醸成される。そして，現実から理想へ象徴的イ
メージが展開することに伴って，欲求不満が解消され（あるいは，そのまま受
け入れられ），心の傷が癒されていく（あるいは痛みを背負いながら生きていく気
概ができてくる）。しかし，アクスラインのアプローチでは，子どもの苦しみや
怒りに共感するだけでなく，様々な場面で彼女がその欲求を実際に満足させて
いる。すなわち，食物を与えたり，送迎したりしている。このようなサービス
をどうとらえるべきかは後の制限設定のところでもう一度考えてみよう。

　いずれにせよ，遊戯療法では象徴的イメージの展開が重要であることは間違
いない。アクスラインの与えたリンゴも，母乳の象徴だといってよいだろう。

　このように，セラピストが親や仲間のいわば「代理」機能を果たし，基本的
欲求が象徴的であっても満たされることを経て，社会的な行動が出現してくる
ケースは非常に多い。そして，ディブスのケースのように，子どもの変容とと
もに親や学校も変容し，パラレルにプロセスが進むこともよくある。いずれに
せよ，このようなプロセスが進むためには，まず，傷つき苦しんでいる子ども
に対する受容や共感が不可欠なのである。

## ⑷多くのクライエントは，設定された制限に挑むことによって，セラピストの 愛や度量を試す

　遊戯療法においては，感情が受容されても行動は許容されないことがある
（アクスラインの第⑧原理）。一般に自由は一定の枠内でしか存在しない。クラ
イエントの中には，このことを直観して，受容される限界に挑み，セラピスト
の寛容度や愛情をテストするような行動をとることがある。このようなときは，

セラピストは現実の枠を守ることによって，子どものイメージ展開も守ると言ってよいかもしれない。セラピストはクライエントとともに「夢中」になりながらもどこかで目覚めていて，二人を見守る視座も保つ。母子一体感と言っても，母と子の視野は同じではない。セラピストは，サリヴァン（Sullivan, H. S.）の言う「関与しながらの観察」を行うのである。そして，興味深いことであるが，当初設定された限界を少し破ってもなお，セラピストがクライエントに肯定的関心を向け続けている（たとえ「おいぼれのあばずれ女」と罵っても怒らず，自分を愛してくれている）と実感することを通じて，たいていのクライエントは社会的行動に動機づけられていく。遊戯療法の中で，制限にまつわる一種の対決を通して，セラピストの受容と共感の深さが確認され，それによってプロセスが進んでいくのである。

### (5) 結　論

　以上をまとめると，次のように言える。

　心理的問題の多くは，クライエントの潜在的葛藤から派生する。そうした葛藤状況のイメージが言語だけでなく，絵画や箱庭，人形遊びなどを通して表現され，セラピストがクライエントの傷ついた感情や満たされなかった欲求を受容・共感していくと，その表現，とりわけ象徴的イメージ表現がさらに活性化し，さらにセラピストがその苦しみを受容し，ときには基本的欲求の一部を象徴的に満たしていくと，それに伴って，心理的問題が克服され，社会的行動が出現してくる。まるで，順調に生育できなかった草花に，それまで不足していた光や水や栄養を与えるようなものである。このプロセスにおいて，制限にまつわる対決が生じることもあるが，その局面でも，親や教師からは否定されがちな感情や欲求を表現してもセラピストからは非難や攻撃を受けることがないとクライエントが確信できるようになると，しばしば大きな変容や成長が達成されていく。このようなイメージはあえて言語化する必要はないが，何らかの媒体を通して表現され，理解され，共有されることは必要である。クライエントの苦しみや悲しみの深さがセラピストに受容・共感されなければ，プロセス

は進まない。遊戯療法における受容と共感はセラピーの最初の一歩であり最後の一歩なのである。

〈文献〉

Axline, V. (1947). *Play therapy: The inner dynamics of childhood.* (小林治夫 (訳) (1959, 1972). 遊戯療法 岩崎学術出版社)

Axline, V. (1964). *Dibs in search of self.* (岡本浜江 (訳) (1972). 開かれた小さな扉——ある自閉児をめぐる愛の記録 リーダース・ダイジェスト)

Jung, C. G., & Jaffe, A. (1963). *Memories, dreams, reflections.* (河合隼雄ほか (訳) (1972). ユング自伝1——思い出・夢・思想 みすず書房)

弘中正美 (2002). 遊戯療法と子どもの心的世界 金剛出版

弘中正美 (2014). 遊戯療法と箱庭療法をめぐって 誠信書房

倉光修 (1980). 「自閉症」児との相互反応 京都大学教育学部紀要, **26**, 324-333.

倉光修 (2003). 心理臨床の技能と研究 岩波書店

倉光修 (2011). カウンセリングと教育——現場に役立つ統合的アプローチ 誠信書房

小川俊樹・倉光修 (編著) (2017). 臨床心理学特論 放送大学教育振興会

Rogers, C. R., & Axline, V. M. (1945). *A teacher therapist deals with a handicapped child.* (畠瀬稔 (編訳) (1967). ロージァズ全集第5巻 カウンセリングと教育 岩崎学術出版社)

おわりに——今，遊戯療法にできること

　本書は，遊戯療法を学ぼうとしている方に向けて執筆したものである。しかし，さらに，子どもにかかわっているすべての方たちに，ぜひ，読んでいただきたいと思う。

　それは，何よりもまず，子どもたちの状態や行動の背後にある思いを理解していただきたいからであり，子どもたちが遊びに表現する内的世界を通して，その懸命に生きている姿を感じ取っていただきたいからである。そして，困難や苦しみを抱えている子どもたちとその保護者が，遊戯療法の場を訪れるようになることを切に願うからである。

　今日，子どもは様々な困難を抱えさせられている。保護者はなす術もなく途方にくれていたり，たくさんの情報の中で，子どもに何が大切なのか混乱した状態に陥らされている。

　このような子どもと保護者に，遊戯療法は何ができるか。

**遊戯療法の場に生じること**

　今世紀の遺伝子解析研究や脳科学の急速な進歩は，遺伝子の発現や脳の機能の柔軟性を示すに至っている。かつては，遺伝子や脳は変わらないものと考えられてきたが，そうではないことが明らかになったのである。筆者（伊藤，2003；伊藤，2005；伊藤・津田，2015）は，遺伝性疾患の専門医や脳科学者等と研究をしてきたが，遊戯療法は，まさしくそのような生物学的な基盤にも作用すると言っても過言ではないと考えている。

　読者は，本書を通して，遊戯療法においては想像を超えることが起こるという事実に出会われたことと思う。子どもたちによって遊戯療法の場で表現されたそれぞれの遊びについて，どのように感じられたであろうか。子どもの懸命な生きざまに，強く心打たれたのではなかろうか。子どもがこのような表現をするとは，信じがたいほどのことであろうと思う。本書において，事例の詳細な経過や様々な場面が示されたが，これこそ真のエビデンスである。

なぜ，遊戯療法では，このようなことが起こるのだろうか。遊戯療法は，子どもを徹底的に信じることが基盤になっている。そのような「場」を与えられたとき，子どもは持てる力を自由に発揮するに至る。そこには，偶然と言わざるを得ないような驚くべき表現も生じるが，しかしながら，子どもの抱えさせられている課題を知れば，その表現は必然的なものであることが理解されるのである。それは，子どもの意識を超えて，子どもが本来持っている無意識の力が現われでてきたものともいえよう。

　遊戯療法においては，訓練や療育と違って，セラピストの意図的な指導はない。それにもかかわらず，そこには，子どもが向き合う課題にふさわしい遊びや表現が生まれてくる。ときには，宇宙的規模の表現も現われてくる。生死にかかわる超越的次元に触れると言えるのである。

　このような事実を多くの人びとに伝えることが，遊戯療法に携わるわれわれの責務であると痛切に感じている。遊戯療法の場で表現されたものを，しっかりと受け取ることによってはじめて，子どもの心を社会に伝えることが可能になる。本書によって，それが実現されることを願っている。

**様々な場で実施されている遊戯療法**

　今日，遊戯療法は様々な場で用いられるようになった。本書の第3章において，臨床心理士養成大学院附属心理相談室・教育センター・小中学校・児童心理治療施設・母子生活支援施設・小児医療・被災地・高齢者における遊戯療法を取り上げた。これらの場において，臨床心理士が，日々，遊戯療法に真摯に取り組んでいることが伝わってきたと思う。また，近年，子どものための施設に，遊戯療法が行える心理療法の専門家を配置する施策が進んできていることも理解されたであろう。それほどに子どもたちは，複雑な困難を抱えさせられているのである。

　第3章で取り上げた施設のうち，「児童心理治療施設」は，1961年に「情緒障害児短期治療施設」として設立され，2017年に現名称になったが，学校恐怖症（不登校）や非行の増加に対する施策として，子どもたちの心身の環境整備のために，法に基づいて，はじめて「セラピスト（現在の心理療法担当職員）」

が配置された施設である。

　その後，児童養護施設，さらに乳児院，母子生活支援施設，児童自立支援施設等の入所施設においても，心理療法担当職員が配置されるようになった。歴史的には，「児童養護施設」は，戦災による親の死亡等，養護に欠ける子どもの措置が目的で設立されたものであるが，今日，虐待を受けた子ども等が増加し，適切な処遇が求められるようになったのである。また，「母子生活支援施設」は，かつては母子寮という名称であったが，夫の暴力等によって家族生活が維持できない状況での母子による施設入所も増加しており，子どもも心に傷を受けている場合が少なくない。また，本書では取り上げなかったが，「児童自立支援施設」（旧教護院）に措置された子どもにも，虐待を受けてきた子どもや性犯罪にかかわった子どもが多くなっている。このように入所児童に大きな変化が生じてきたことによって，児童福祉施設に心理療法担当職員が配置されるようになったのである。

　これらの福祉領域の子どもの入所施設において，遊戯療法が重要な役割を果たしていることは，一般にはあまり知られていないのではなかろうか。しかし，「子どもの貧困」が問題になっている今日，生きる力を育む遊戯療法の意義は非常に大きいのである。また，教育領域でも，地方自治体によって任意に設置された教育センターや小中学校のスクールカウンセラーにおいて，通所による遊戯療法が実施されていることは，第3章に示したとおりである。教育センターは任意設置であるため，その設置や業務内容は，各地方自治体の方針によって異なるが，市民に対する身近な教育相談の場として，多くの子どもたちの遊戯療法に力が注がれ，そのために臨床心理士を公務員として採用している地方自治体もある。

## 遊戯療法の料金について

　福祉や教育領域の公的機関において遊戯療法等を実施する場合，当然，利用者が料金を負担することはない。

　これに対して，臨床心理士養成の大学院附属心理相談室の大きな特徴は，有料の心理相談室として，地域住民に遊戯療法等の心理療法を提供していること

である。相談が有料であることは，面接構造を守る重要な要因になる。有料制は，たとえ低額であっても，来談者がその意義を認めてこそ通所に至るのであって，相談の開始や継続が，来談者の主体的な判断によって決定されることを可能にする。また，無料である場合，来談者は，セラピストに言いたいことを遠慮して言わなかったり，過度の依存が生じたりし得るが，有料の場合には，要望も言いやすい関係になる。さらに重要なのは，終結の決定である。無料の場合は，セラピストから提案すると，来談者に自分に対するセラピストの熱意が失せたとの傷つきを与え得ることも考えておく必要が生じるが，有料の場合には，来談者の所得を相談料に使うか他のものに使うかは，各人の選択であるとの観点から，話し合うことができるのである。このような「料金と時間」の問題は，「この世の象徴的秩序への参入」という心理療法の本質的意義にかかわるテーマであることを強調しておきたい（伊藤，2011）。

　こうした臨床心理士を養成する大学院は，現在，42都道府県にあり，その内の168大学院に心理相談室が設置されている。これらは，大学や大学院学則に基づいて運営され，地域住民が気軽に利用できる相談機関として，社会に大きな貢献をしているのである。

　さて，相談料金については，1980年に当時の文部省によって，京都大学においてはじめて心理相談の有料化が認められた。これは画期的なことであり，その後，全国の国公私立大学の心理相談室に有料化が広がった。こうして教員の指導のもと大学院生が担当し，本書の事例のように，来談者の主体的な意思による長期の遊戯療法も可能になったのである。

　以上のように，相談が有料か否かによって，公的な相談機関と大学院附属心理相談室，さらには個人開設の心理相談室との間で役割分担がなされているともいえるのである。

　他方，相談料が不要である教育センター等の公的機関では，近年は，長期の遊戯療法を必要とする事例が非常に多くなってきたことにより，公平性の観点から，相談期間を決めるようになったところも出てきている。しかし，本書に示された各事例は，必要な遊戯療法の過程を経ることによって，子どもたちが

確実に成長することを明らかにしている。子どもの遊戯療法において，自己の基盤の確立がなされることが，青年期以降の健康に大きく寄与する重要性に鑑みるならば，個々の子どもの状態に応じて，たとえば低額有料制の導入等，必要な期間の継続相談が可能になるような施策の検討も望まれるのである。

### 子どもたちの抱える今日的課題

　これまで，主に子どもの心の育ちの過程を支える施策について述べたが，周産期等誕生時から困難を抱えている子どももまた増えている。とくに重要な課題になっているのは，周産期のトラブルやがん・胎内感染による重篤な病等の様々な身体的な問題を抱える場合が増加していることである。それは，医療の進歩によって，生命維持が困難であった低体重や早産・感染症・遺伝性疾患・先天性の疾患等を伴う誕生においても，子どもの生命が守られるようになったことにもよるが，そのような場合には，生命だけでなく，子どもの心の成長を守るための施策が重要になる。厚生労働省による周産期医療体制整備指針では，総合周産期母子医療センターや地域周産期医療センターのNICUに臨床心理技術者を配置することが求められている。また，がん対策推進基本計画には，緩和ケアの質の向上のために，臨床心理士の適正配置が図られるよう記載され，小児がんの診療科に臨床心理士が採用されるようにもなった。さらに，感染症等に関しても「相談」の重要性が認識され，子どもと保護者への臨床心理士による援助がなされるようになっている。

　このように，遊戯療法の知見は，成長過程において課題を抱えることになった子どものみならず，周産期の母子に対しても，誕生前からの子どもの心身の健康な発達についての観点から，様々に寄与することが求められているのである。

### 子どもを通して人間世界の心の回復を目指す

　子どもは，社会の鏡である。子どもたちが遊戯療法の中で表現したものに向き合うとき，あらためて，そのように痛切に思う。子どもは，社会が抱える問題を担わせられている。それにもかかわらず，それを訴えるすべを持たない。一方的に担わせられて，何が起こっているのかさえも，わからないのである。

それが，子どもの心のみならず身体や行動に出てくる。それこそ，大人の社会についての警告や将来の人間のあり方に対する SOS の発信であるといえよう。

　このような子どもの言葉にならない様々な表現に，われわれが耳を傾けることにおいてこそ，人間世界の心の回復をもたらす道が見出される。したがって，たとえば，子どもが不登校等になったとしても，けっして悪いことが起こったのではなく，真に大切なことについて，大人や社会が深く考える好機を与えられたといえるのである。

　世界各地で起こっている悲惨な出来事に対して，われわれのできることの第一歩は，子どもの様々な表現を確実にしっかりと受け取ることであると思う。なぜなら，世界中で生じている悲しい出来事は，一人ひとりの大人が，子ども時代に，その心の安心感が確立されなかった結果でもあると言わざるを得ないからである。しかし，この道は遠く，その歩みは，容易ではない。

　困難なこの道の一歩を進めるためにも，遊戯療法家は，子どもの表現を守り，受け取り，そこから学ぶことができるように，ひたすら，みずからの専門性を磨く必要がある。

〈文献〉
伊藤良子（2003）. 現代社会と心理臨床——遺伝子解析をめぐる今日的課題　氏原寛・田嶌誠一（編）臨床心理行為　創元社　pp. 172-187.
伊藤良子（監修）玉井真理子（編）（2005）. 遺伝相談と心理臨床　金剛出版
伊藤良子（2011）. 心理療法論　京都大学学術出版会
伊藤良子・津田正明（編著）（2015）. 情動と発達・教育——子どもの成長環境　朝倉書店

　2019年秋

伊藤良子

# 人名索引

# 事項索引

《執筆者紹介》

伊藤良子（いとう・よしこ）編者，はじめに，第1章，第2章3，第1章・第2章・第3章・第4章扉裏解説，おわりに
　　京都大学名誉教授

高嶋雄介（たかしま・ゆうすけ）第2章1
　　天理大学人間学部 准教授

淀　直子（よど・なおこ）第2章2
　　佛教大学臨床心理学研究センター 相談員

片畑真由美（かたはた・まゆみ）第3章1
　　仁愛大学人間学部 准教授

宮田麻理子（みやた・まりこ）第3章2
　　宝塚市立教育総合センター 教育相談員

永田法子（ながた・のりこ）第3章3（1〜4, 6）
　　中京大学心理学部 教授

中村美津子（なかむら・みつこ）第3章3（5）
　　愛知県公立学校スクールカウンセラー

村松健司（むらまつ・けんじ）第3章4
　　首都大学東京 学生サポートセンター 教授

井上　真（いのうえ・まこと）第3章5
　　児童心理治療施設 横浜いずみ学園 園長

杉山亜佳音（すぎやま・あかね）第3章6
　　社会福祉法人恩賜財団東京都同胞援護会母子生活支援施設 心理士

駿地眞由美（するじ・まゆみ）第3章7
　　追手門学院大学心理学部 准教授

佐藤葉子（さとう・ようこ）第3章8
　　宮城学院女子大学発達科学研究所 客員研究員

門馬　綾（もんま・あや）第3章9
　　船橋市立医療センター 心理士

竹内健児（たけうち・けんじ）第4章1
　　立命館大学大学院応用人間科学研究科 教授

吉川眞理（よしかわ・まり）第4章2
　　学習院大学文学部 教授

倉光　修（くらみつ・おさむ）第4章3
　　放送大学教授／東京大学名誉教授

《編著者紹介》

伊藤　良子（いとう・よしこ）

京都大学大学院教育学研究科単位取得退学　京都大学博士（教育学）
現　在　京都大学名誉教授
主　著　『心理治療と転移——発話者としての〈私〉の生成の場』誠信書房，2001年
　　　　『臨床心理学全書　臨床心理面接技法Ⅰ』（編著）誠信書房，2004年
　　　　『遊戯療法と子どもの今』（共編著）創元社，2005年
　　　　『遺伝相談と心理臨床』（監修著）金剛出版，2005年
　　　　『「発達障害」と心理臨床』（共編著）創元社，2009年
　　　　『身体の病と心理臨床——遺伝子の次元から考える』（共編著）創元社，2009年
　　　　『心理臨床関係における身体』（共編著）創元社，2009年
　　　　『心理療法論』京都大学学術出版会，2011年
　　　　『情動と発達・教育——子どもの成長環境』（共編著）朝倉書店，2015年

遊戯療法
——様々な領域の事例から学ぶ——

2017年12月10日　　初版第１刷発行　　　　　　　　〈検印省略〉

定価はカバーに
表示しています

編 著 者　　伊　藤　良　子
発 行 者　　杉　田　啓　三
印 刷 者　　田　中　雅　博

発行所　株式会社　ミネルヴァ書房
607-8494　京都市山科区日ノ岡堤谷町１
電話代表　（075）５８１-５１９１
振替口座　０１０２０-０-８０７６

© 伊藤良子ほか，2017　　　　　　　創栄図書印刷・清水製本

ISBN978-4-623-08134-9
Printed in Japan

──────────── ミネルヴァ書房 ────────────

http://www.minervashobo.co.jp/